ZWÖLF MONATE FREIHEIT

FRANK DOMNICK

Inhalt

Bibliographische Information der Deutschen Nationalbibliothek:

Die Deutsche Nationalbibliothek verzeichnet diese Publikation in der Deutschen Nationalbibliografie; detaillierte bibliografische Daten sind im Internet über http://www.dnb.de abrufbar.

Printed in Demark by Scandinavianbook.

2. Auflage 2022

Bestellung und Vertrieb:

Nova MD GmbH, Vachendorf

ISBN: 9783969663493

Covergestaltung: Matthias Gerschwitz (www.gerschwitz.com)

Lektorat und Satz: Claudia Pietschmann, ebooks-perfekt.de

EINS

Vorbereitung

Liebe Leserinnen und Leser,

ich freue mich, dass Sie meinen Reisebericht zur Hand genommen haben und sich eine Auszeit vom hektischen Alltag gönnen. Begleiten Sie mich und meinen Mann Thomas durch unser Sabbatjahr. Kommen Sie mit auf eine Reise in fremde Länder mit ihrer spektakulären Natur und exotischen Tierwelt. Seien Sie nah bei uns, wenn wir all das bestaunen, hilfsbereite Menschen uns zur Seite stehen oder wir Opfer krimineller Machenschaften werden.

Vielleicht möchten Sie sogar Ihre eigene Weltreise planen und wissen, was Sie in der Fremde erwartet. Dann würde es mich freuen, wenn dieser Reisebericht dabei behilflich sein kann.

»Jetzt ist aber mal Sabbat!«

Ich erinnere mich an den Spruch aus meiner Kindheit, ohne dass mir ein religiöser Hintergrund meiner Eltern bekannt gewesen wäre. Der Satz bedeutete nichts anderes, als dass wir den Mund halten und den Unfug sein lassen sollten. »Macht mal eine Pause, hört auf zu streiten! Lasst jetzt alles stehen und liegen!«

Sabbatjahr

In der Tora steht als älteste Gebotsversion überliefert, dass hebräische Sklaven im siebten Jahr zwischen Freiheit und Verbleib in ihrer Besitzerfamilie wählen durften. Laut dem dritten Buch Mose, auch Levitikon genannt, sollen im siebten Jahr die Felder brach liegen, damit sich die Pflanzen erholen und neue Kraft sammeln können. Die göttliche Rechtsordnung beschreibt den Wechsel von Arbeit und Ruhe zur Lebenserhaltung und als Schutz vor ausbeuterischer Handhabe.

Dass Gottes Wort in Zeiten einer kapitalistischen Arbeitswelt des 21. Jahrhunderts und in Erwartung optimierter Prozesse und Profitgier kaum Gehör findet, verwundert nicht. Stattdessen fühlen wir uns in einer druckvollen Leistungsgesellschaft zu Hause, in der wir uns dem Zischen und Pfeifen fremder Erwartungen und eigener Ansprüche kaum entziehen können. Klingt das verführerische Wort *Sabbatjahr* da nicht wie eine süße Schalmei im Getöse hämmernder Maschinen?

Im angelsächsischen Sprachraum beschreibt der Begriff *Sabbatical* die Zeit, in der Professoren ihre Lehrtätigkeit an Universitäten unterbrechen, um den Geist und die Freiheit der wissenschaftlichen Forschung in sich neu zu beleben und durch Publikationen die Menschen an den Erkenntnissen teilhaben zu lassen.

Wozu brauchen wir ein Sabbatjahr?

Grundschullehrer zu sein, betrachtet mein Mann Thomas nach seiner Balletttänzerkarriere als zweite Berufung. Er unterrichtet leidenschaftlich gern, macht sich viele Gedanken, beobachtet die schulische Umgebung, hadert und versucht, wechselnde ministeriale Vorgaben sinnvoll in die Praxis umzusetzen. Sein Engagement zu reduzieren kam ebenso wenig infrage, wie es bis zur Rente durchhalten zu können. Zum Glück hatte er eine Schuldirektorin an seiner Seite, die ihm statt der Reduzierung der Unterrichtsstunden eine Berufspause vorschlug, um Kraft zu tanken und mit neuer Begeisterung wieder einzusteigen.

»Nehmen Sie doch ein Sabbatjahr!«

Als Thomas mit der Idee nach Hause kam, war ich irritiert

und brauchte einen Moment, um zu begreifen, was das für mich bedeutete. Ein Jahr lang würde ich zur Arbeit gehen, während Thomas als Dauerurlauber abhing und nach einiger Zeit begann, die Zeit totzuschlagen? Doch er dachte längst weiter und schlug vor, dass ich auch ein Sabbatjahr beantragen könne.

Ich stutzte. Mir war der Gedanke an eine Auszeit fremd. Ein künstlerischer Betrieb wie die Oper braucht fraglos die komplette Mannschaft auf der Bühne und ich war als Opernchorsänger ein Teil davon. Zudem engagierte ich mich ehrenamtlich als Interessensvertreter des Kollektivs. Ich hielt mich keinesfalls für unersetzlich, doch konnte ich tatsächlich aus dem Trott ausbrechen? Je länger ich darüber nachdachte, umso verführerischer klang die Idee eines Sabbatjahres und weckte Sehnsüchte. Manchmal dürstet der Mensch erst, wenn ihm das Wasser vor die Nase gehalten wird. Während ich noch überlegte, überholte Thomas mich mit der nächsten Idee. Wir könnten reisen, wohin auch immer der Wind uns trug. Wir müssten nur den Segelschein beantragen, Segel setzen und losfahren. Die Freiheit liege uns zu Füßen. Wir könnten jedes Ziel ins Auge fassen, das Ruder herumreißen und ein anderes ansteuern, wann immer es uns gefiel.

Thomas und ich gehören einer Generation an, deren Eltern oft gesagt haben: »Wenn wir erst mal in Rente sind, dann ...« Auch bei meinem Vater sah ich das Funkeln in seinen Augen, als er von der Zeit nach seinem Arbeitsleben sprach.

Statistisch kann der Mensch bis ins hohe Alter aktiv, geistig fit und körperlich mobil bleiben. Aber hält die Statistik, was sie verspricht, auch bei mir? Meine Eltern erkrankten kurz vor ihrer Rente an Krebs. Meine Mutter verstarb daran. Es ging mir sehr nahe, wie der fidele Rentnertraum meiner Eltern zerfiel. Mein Vater grub sich ein. Ohne seine Frau und wegen gesundheitlicher Beeinträchtigung waren die Wünsche zerplatzt.

Thomas und ich hatten unsere Traumberufe nur ergreifen können, weil wir es versucht und jede Chance genutzt hatten. Es nicht zu tun, hätten wir später zu Recht bereut. Unser Motto konnte also nicht lauten: »Wenn wir erst mal in Rente sind, dann ...«, denn später heißt es oft: »Ach, hätte ich damals doch ...«

Wer soll das bezahlen?

Die Rechnung war schnell gemacht. Ein genehmigtes Sabbatjahr sah vor, über einen bestimmten Zeitraum bei voller Arbeitszeit auf einen Teil des Gehalts zu verzichten. Unsere Arbeitgeber würden diesen Verzicht für das Sabbatjahr ansparen und in unserem Fall vier Jahre lang zwanzig Prozent Gehalt zurücklegen, um uns im fünften Jahr, dem Sabbatjahr, achtzig Prozent des Gehalts überweisen zu können. Solange ich aber die Erlaubnis meines Arbeitgebers nicht eingeholt hatte, nützten alle Rechenmodelle nichts.

Die Opernleitung überraschte mich mit ihrem Verständnis und genehmigte meinen Antrag, nachdem alle Details geklärt waren. Da Thomas ohnehin eine Fürsprecherin an seiner Seite wusste, war es nur eine Frage der Zeit, wann er die Genehmigung in den Händen hielt. Das Sabbatjahr würde kommen, gesund, krank oder mittellos spielte dabei keine Rolle. Ein Rücktritt vom Vertrag war ausgeschlossen.

Selbstverständlich gibt es andere Wege als das Sabbatjahr, sich eine Auszeit zu verschaffen. Einige bevorzugen den radikalen Schnitt und kündigen ihr Arbeitsverhältnis, weil der Job zur Qual geworden ist. Sie blicken selbstbewusst in die Zukunft, nehmen erst die Auszeit und suchen sich danach einen neuen Job. Das ist die mutigste Variante. Beim unbezahlten Urlaub kann sich der Arbeitnehmer wenigstens die weitere Anstellung sichern, muss aber ohne Gehalt nach einem Monat die Sozialabgaben selbst entrichten. Glücksspiele sind eine kitzelige Angelegenheit und viele warten bis ins hohe Alter auf den großen Gewinn.

Günter Jauchs Quiz »Wer wird Millionär?« besitzt zumindest den Charme, sich die Auszeit verdienen zu können. Doch reicht die Schlauheit, um sich einen ausreichenden Gewinn zu sichern?

Für Thomas und mich war das Sabbatjahrmodell alternativlos, die anschließende Rückkehr an unseren Arbeitsplatz garantiert. Es gab nur einen Haken: Wir mussten noch viereinhalb Jahre warten, bevor es hieß: »Leinen los!«

Bei jedem Blick auf den Globus feuerten wir uns gegenseitig an. Wohin sollte die Reise gehen? Wir schwirrten vom Nordpol zum Südpol, kreisten um die Welt und schwebten über die vielen Länder hinweg, die wie kleine Pralinen darauf warteten, von uns vernascht zu werden. In unseren Badewannengesprächen spielten wir nicht mit der Quietschente, sondern jonglierten mit zahlreichen Ideen: Vermietung der Wohnung ja oder nein, finanzielle Kalkulation, medizinische Vorsorge bei welchen Reisezielen und Reiserouten. Das mittlere Lebensalter verlangt bereits eine gewisse Bequemlichkeit und ist nicht mehr auf waghalsige Kletter- und Motorradtouren, Bungeejumping oder das Nächtigen auf steinigem Wüstengrund aus. Solange uns das Abenteuer davon verschont, würden wir eine fantastische Zeit vor uns haben.

Wir beschlossen, Australien und Neuseeland, das Ende der Welt, als Höhepunkt unserer Reise zu betrachten. Wann, wenn nicht im Sabbatjahr, könnten wir entspannter diese Traumziele erkunden? Aber auch der Weg galt als Ziel, denn ein Wunsch überlagerte alles andere. Wir wollten frei sein, unabhängig entscheiden und uns keinen Zwängen und Terminen unterwerfen, weshalb wir die Idee des »Around-the-World-Tickets« verwarfen. Für etwa viertausend Euro pro Person in der Economy-Class hätten wir bis zu sechzehn Stationen in eine Richtung um den Globus festlegen müssen, wobei Änderungen einen Aufpreis bedeutet hätten und jede Flexibilität verloren gegangen wäre. Doch die totale Freiheit, so erfuhren wir schnell, konnte es nicht geben. Die Visabestimmungen einzelner Länder machten uns einen Strich durch die Rechnung, denn sie verlangen bereits bei der Einreise die Angabe des Ausreisedatums.

Australien und Neuseeland liegen auf der Südhalbkugel. Wir überlegten, innerhalb des Sabbatjahres mit den gegensätzlichen Jahreszeiten zu spielen und die für uns beste Zeit zu wählen. Für Australien erschien uns der dortige Frühling oder Herbst ideal, um der großen Sommerhitze zu entgehen. Auf welchem Weg wir Ozeanien erreichen wollten, dafür blieb noch ausreichend Bedenkzeit.

Im Sommer 2016 stockte uns der Atem. Der Unfall meines Vaters riss uns aus allen Träumen. Er war in seiner Wohnung gestürzt und hatte sich einen Oberschenkelhalsbruch zugezogen. Mit einundachtzig Jahren hatte er nicht mehr viel dagegenzusetzen, wurde fehlerhaft operiert, bekam eine Lungenentzündung, wurde noch einmal operiert und durfte wochenlang das Bein nicht belasten. Schnell wurde klar, dass er sich nicht mehr selbst versorgen konnte. Ich fühlte mich schlecht, ihm das Heim nicht ersparen zu können, zumal ich wusste, wie sehr er sich dagegen sträubte.

Thomas' Mutter hingegen gehört trotz aller Wehwehchen bis heute zu den fittesten Ü-Achtzigern, die man sich vorstellen kann. Stramm organisiert sie noch immer ihren Alltag. Doch wie schnell eine vermeintlich stabile Lage kippen kann, war uns durch meinen Vater vor Augen geführt worden. Die Sorge um seine Zukunft ließ die Reiseplanung komplett in den Hintergrund treten.

Ein halbes Jahr später erzählten wir Freunden von unserem Sabbatjahrprojekt. Auf die Frage, ob wir über Asien oder Amerika Richtung Australien aufbrechen wollten, zuckten wir mit den Schultern. »Fliegt doch über Afrika!«, kam der Rat eines Freundes. Afrika, natürlich! In Südostasien rechneten wir mit schwüler Hitze, die uns grundsätzlich nicht gut bekommt. Thomas hatte zuvor Amerika erwähnt, das uns zwar spannende, aber riesige Distanzen bis Australien auferlegte. Also warum nicht Afrika? Da Thomas seit jeher für diesen Kontinent, seine Geschichte, aber auch die großen Tierwanderungen in der Serengeti schwärmt, kamen ihm sofort zahlreiche Ideen. Leider musste ich ihn ein wenig zügeln. Individualreisen nach Kenia, Tansania, Äthiopien und in andere, unter Bürgerkrieg, IS, Boko Haram und mangelnder medizinischer Versorgung leidende Staaten kamen für mich nicht infrage. Ich fürchtete, ohne Bindung an einen Veranstalter mit meinem insulinpflichtigen Diabetes unüberwindbare Probleme zu bekommen, von der Sicherheitsgefährdung ganz zu schweigen. Wie und wo sollte ich bei tagelangen Safaris meinen Jahresvorrat an Insulin permanent kühlen? Wie sah die Essensversorgung im afrikanischen Busch aus? Ich traute mir diesen Schritt im Rahmen einer Weltreise nicht zu.

Südafrika hatten Thomas und ich mit unseren damaligen

Partnern bereits gesehen. Da Namibia in puncto politischer Unruhen und medizinischer Versorgung zu den sicheren Ländern Afrikas gehört und dennoch eine große Natur- und Artenvielfalt bietet, schienen wir den optimalen Kompromiss gefunden zu haben.

Eurowings bot im November 2017 günstige Flüge an. Thomas begann plötzlich zu drängen, wollte buchen und eine Entscheidung herbeiführen. Ich zögerte, fand es ratsamer, Preise zu vergleichen und zu überlegen, ob sich etwas Besseres auftat. Doch ich erlag der Überredungskunst meines Mannes und buchte die Tickets. Mit dem Flug nach Windhuk stand für den 31. August 2018 der Beginn unserer großen Reise fest.

Thomas packte derart das Planungsfieber, dass er gleich die Frage nach der Unterkunft aufwarf. Jeder suchte von nun an auf seinem eigenen Laptop.

Das schwule Buchungsportal Misterb&b brachte uns alsbald mit Rolf und Hermann in Windhuk zusammen, die für vierzig Euro pro Nacht ein Privatzimmer anboten. Wir planten, so oft wie möglich bei Einheimischen unterzukommen, die uns aus erster Hand über Land und Leute berichten könnten. Eine Woche in der Hauptstadt des Landes erschien uns angemessen, um uns zu akklimatisieren und mit Namibia vertraut zu machen.

Wir waren am Ende beide froh, den Anfang gemacht zu haben, und vertagten uns bei der Frage, wie eine individuelle Reise durch Namibia aussehen könnte. Kurze Zeit später lasen wir, dass Lodges in Namibia ein Jahr im Voraus gebucht werden sollten. Thomas machte große Augen und hatte die Idee, sich Hilfe bei der Agentur »Afrika & mehr« in Hannover zu suchen. Als wir zum Termin erschienen, sah uns die Mitarbeiterin skeptisch an und versprach, ihr Möglichstes für eine vierwöchige Rundreise zu tun. Innerhalb weniger Tage hatte sie aus den noch verfügbaren Kapazitäten einen Plan erstellt. In den Orten Swakopmund und Lüderitz sorgten wir per *Airbnb* und *booking.com* selbst für eine Bleibe. Doch was war aus dem Wunsch geworden, unabhängig und frei entscheiden zu wollen, wann, wie und wohin wir fuhren? Ich muss gestehen, dass wir für den geordneten Beginn des Sabbatjahres dankbar gewesen sind, zumal unsere Vorfreude dadurch keineswegs getrübt wurde. Ganz im Gegenteil, das Planungsfieber setzte sich fort. Unser

Herz schlug noch immer für die Traumstadt Kapstadt, sodass wir nach Namibia dorthin zurückkehren wollten. Mit einer Flugstunde lag es quasi um die Ecke von Windhuk.

Obwohl wir uns noch viel Zeit hätten lassen können, fragte ich mich mit Blick auf die Landkarte, wie es nach Südafrika weitergehen sollte. Es lag nahe, von Johannesburg nach Sydney zu fliegen. Ich recherchierte. Mit jedem Tag stieg der Preis und die Anzahl der freien Plätze schrumpfte, denn ich hatte Thomas' Einverständnis vorausgesetzt, dass wir uns ab acht Flugstunden den »Luxus« der komfortableren Premium Economy leisten wollten. Er konnte sich daran nicht erinnern, und wenn doch, fürchtete er um unser Budget. Ich fürchtete allerdings um meine langen Beine bei fast zwei Metern Körperlänge und buchte kurzentschlossen für gut zweitausend Euro die Tickets.

»Wenn wir so weitermachen, kommen wir nicht weit«, behauptete er, doch ich schätzte unser finanzielles Polster anders ein.

Von nun an stand fest: Wir würden uns der absolut spontanen Reisefreiheit im weiteren Verlauf Schritt für Schritt nähern. Namibia war durchorganisiert, in Südafrika würden wir drei Wochen zur freien Verfügung haben, um anschließend mit dem dreimonatigen Visum in Australien endlich schalten und walten zu können, wie es uns beliebte.

Das Warten hat bald ein Ende

Thomas' Schuljahr und meine Opernsaison neigten sich langsam dem Ende entgegen. Wir begannen, Verträge zu kündigen. Ich versorgte mich bei der *HanseMerkur* für sieben Monate und 250 Euro mit einer Auslandskrankenversicherung. Wir hielten es für sinnvoll, zwei Reisekreditkarten bei der Santander Bank zu beantragen, die mittlerweile mit ihren Konditionen die bislang beliebte DKB-Bank abgelöst hatte.

Nebenher war ich damit beschäftigt, für meinen Vater und den Diabetes Vorsorge zu treffen, weshalb ich stundenlang mit Krankenkassen und Ärzten telefonierte. Ich musste erklären, Widerstände abbauen und um Verständnis für ein ungewöhnlich großes Medikamentenpaket bitten. Im Frühsommer bekam ich endlich die Zusagen und lehnte mich einen Moment zufrieden zurück.

Als ich mit meinem Vater häufiger über unsere Pläne sprach, schien ihm bewusst zu werden, was das Sabbatjahr für ihn bedeutete: Lange Zeit würde ich nicht in seiner Nähe sein. Er begann plötzlich, uns von risikoreichen Ländern abzuraten, womit er auf alle unsere Reiseziele anspielte. Er würde es lieber sehen, wenn wir in Deutschland Urlaub machten. Dabei drückte er fast flehentlich meine Hand und sah mich lange an. Ich war gerührt. Solche Gefühlsregungen kannte ich von ihm nicht, versuchte ihm aber zu erklären, dass es kein normaler Urlaub sei, sondern eine einmalige Chance im Leben, die wir kein zweites Mal bekommen würden. Doch mein Vater ließ nicht locker und schlug zähneknirschend vor, dann eben nur in Europa Urlaub zu machen. Zum Glück fielen mir seine beruflichen Reisen ein, die ihn mit Stolz nach Rio de Janeiro, Amsterdam und Miami geführt hatten. Daran erinnert, musste er zugeben, dass das schon tolle Reisen gewesen seien. So konnte ich ihm ein wenig Verständnis für unsere Situation abringen. Wir kamen überein, dass wir heutzutage von jedem noch so entfernten Winkel der Welt in Kontakt treten könnten. »Da hast du auch wieder recht«, sagte er, drückte nochmals meine Hand und wünschte uns viel Spaß. Ich war mir sicher, dass meine Schwester eine gute Vertretung für mich sein würde.

Einen emotionalen Moment ganz anderer Art bescherte uns Thomas' Mutter. Als wir Ostern in großer Familienrunde zusammensaßen, erfuhren wir, dass sie sich einen Reisepass hatte ausstellen lassen. Auf die erstaunte Frage nach dem Grund flüsterte man uns zu, dass sie gewappnet sein wolle, falls uns etwas zustoße. Mit zweiundachtzig Jahren würde sie notfalls das nächste Flugzeug besteigen, um uns mit allen Mitteln zu retten. Wäre sie selbst verhindert gewesen, hätte sie sicherlich jemanden gekannt, der die deutsche Luftwaffe alarmieren und uns aus verdreckten Spitälern oder Gefängnissen befreien und nach Deutschland ausfliegen würde. Sie blieb in Gedanken der Fels in der Brandung. Uns hätte nichts Besseres passieren können.

Vor den Sommerferien verabschiedeten uns Thomas' Schulkinder und deren Eltern sehr herzlich mit einer Gartenparty, bei der Thomas ein kleines Kunststoff-Känguru überreicht wurde. Es sollte uns Glück bringen und auf Fotos zu sehen sein, damit die Kinder sicher sein konnten, dass ihr Lehrer an sie denkt.

Im Mai 2018 hatte ich mein Coming-out als Schriftsteller, meinen Debütroman veröffentlicht, und wollte nun als Buchautor ins Blickfeld einer großen Leserschaft kommen. In kurzer Zeit veranstaltete ich Lesungen, um auf das Buch aufmerksam zu machen.

Am Tag nach der ersten Lesung begann die große Anspannung von mir abzufallen. Geist und Körper signalisierten mir, nur das Notwendigste zu tun. Dass wir dennoch zu einem Fahrradausflug aufbrachen, war ein Fehler gewesen. Ich hantierte ungeschickt, fiel vom Rad und kehrte mit einem gebrochenen Handgelenk zurück. Es war zum Heulen. Glück im Unglück bedeutete, dass noch genug Zeit war, die Reise ohne Gips anzutreten. Die letzte Lesung fand im Altenheim meines Vaters statt. Ich freute mich sehr, dass unweit des Gymnasiums, an dem ich vor dreiunddreißig Jahren das Abitur bestanden hatte, ehemalige Lehrer und Schülereltern dem Presseaufruf gefolgt waren.

Die Sommerferien vergingen. Nachbarn und Freunde kehrten aus ihren Urlauben zurück. Sie begannen wieder zu arbeiten. Und wir schauten ihnen dabei zu.

Unser jährliches Nachbarschaftsgrillen wandelten wir in eine große Abschiedsparty um. Viele bedachten uns mit kleinen Geschenken und praktischen Andenken, die wir während der Reise gut gebrauchen konnten. Dieses Fest bewies aufs Neue, wie viele wunderbare Menschen uns verbunden sind.

Mit der Zeit aber begann uns das ständige Abschiednehmen zu nerven. Die Zeit der Planung und des Redens war vorbei.

Wir packten die Koffer und schafften es um Haaresbreite, das Gewichtslimit einzuhalten. Da wir in gemäßigte Klimazonen reisten, wählten wir zweckmäßige Kleidung für zwei Wochen. Der weitaus gewichtigere Rest bestand aus zwei Laptops, der

Kamera mit Objektiven, Akkus, Kabeln und zwei Handys. Thomas wollte bestimmte Dinge wie seinen Haartrimmer, die elektrische Zahnbürste und ein Potpourri diverser Cremes nicht missen, während ich auf das Nageletui bestand. Nicht zu vergessen die vielen Reiseführer, die selbstredend Land für Land abgearbeitet und entsorgt werden mussten. Die aufgequollenen Granulattaschen zum Kühlen der Insulinmenge wogen extrem und durften nur im Handgepäck verstaut werden, ebenso das voluminöse Zubehör, das jeden Diabetiker beruhigt auf Reisen gehen lässt. Eigentlich hatten wir alle Ratschläge erfahrener Weltreisender komplett in den Wind geschlagen und es uns im wahrsten Sinne des Wortes nicht leicht gemacht.

Thomas hatte stolz einen Reiseblog eingerichtet, der Freunde und Familien auf dem Laufenden halten sollte. Damit sich alle unsere Blogadresse merken konnten, hatte er sie ausgedruckt und auf Hunderte Packungen Tempo-Taschentücher geklebt. Eine witzige und schöne Idee, wie ich fand.

Wir waren unserer Nachbarin und Freundin Melanie unendlich dankbar, dass sie sich bereiterklärt hatte, sich während unserer Abwesenheit um die Wohnung und die Post zu kümmern. Wir würden per WhatsApp in Verbindung bleiben für den Fall, dass Fragen oder ungeahnte Probleme auftauchen würden.

Am 31. August 2018 war der Tag der Abreise gekommen. Unser Sabbatjahr begann!

ZWEI

Namibia

Am 31. August schnallten wir uns die schweren Rucksäcke um, trugen die Koffer auf die Straße und sahen uns an. Wann würden wir zurückkehren? Und wie? Was würde bis dahin passiert sein? Thomas sorgte sich allen Ernstes um seinen geliebten Mandarinenbaum, obwohl die Hausbewohner versprochen hatten, ihn zu pflegen. Ob auf sie Verlass war?

Während der ICE von Hannover nach München rollte, saßen wir im Bordrestaurant und nippten am Kaffee. In unseren Gesprächspausen sah ich aus dem Fenster und betrachtete die Hügel, Wälder, Äcker und grünen Wiesen. Nichts lag brach, alles hatte seine Bestimmung. Deutschland war bis auf die letzte Stelle hinterm Komma durchdacht.

Ich musste lächeln, denn mir ging Thomas' Vorhaben durch den Kopf, dass er jede Gelegenheit nutzen wolle, frühmorgens am Strand joggen zu gehen, um mit Brötchen zum Frühstück zurückzukommen. Das Sabbatjahr sollte für ihn auch ein Fitnessjahr werden. Dass er den *Ayers Rock* besteigen, im *Great Barrier Reef* schnorcheln oder mal eine Wanderung machen würde, hielt ich für denkbar, am Strand zu joggen jedoch nicht.

Der Alltag hatte bisher jedem von uns genügend Raum für eigene Bedürfnisse gelassen. Zeitversetzte Arbeit, zeitversetzte Freizeit und doch genug Zeit für Gemeinsamkeit. Von nun an würden wir ein Jahr lang vierundzwanzig Stunden am Tag auf engstem Raum zusammen und in der Fremde aufeinander angewiesen sein. Konnten wir damit umgehen?

Nach gut fünf Stunden kamen wir am Flughafen an und irrten durch die Halle. Das Personal wies uns sanft, aber bestimmt auf diverse Automaten hin, an denen wir selbst einchecken konnten. Dazu gehörte, die Reisepässe zu scannen, um unsere Bordkarten und irgendwelche Schnipsel zu erhalten, mit denen wir zur automatisierten Gepäckaufgabe gehen sollten. Dieses Prozedere hatten wir so noch nie durchlaufen, weshalb wir uns der technischen Herausforderung stellten, um auf anderen Flughäfen gewappnet zu sein. Somit vermieden wir die langen Schlangen am Abfertigungsschalter.

Unsere Fingerkuppen tanzten auf den Displays und probierten diverse Buttons aus, bis wir nach mehrfachem Error endlich begriffen, wie der Pass eingelegt werden musste. Dank der Schnipsel verschwand das Gepäck alsbald in dunklen Kanälen. Der Airbus 330 nach Windhuk stand bereits auf dem Flugfeld. Mit diesem enttäuschend kleinen Fluggerät segelten wir also ins Sabbatjahr. Dabei hatte ich mich so sehr auf den Jumbo, die Boeing 747 gefreut, die für mich immer als Synonym für Flüge in die große weite Welt galt.

Bei der Platzreservierung hatten wir clever sein wollen und die erste Reihe vor der Wand zum Personalbereich gewählt, um ein paar Zentimeter mehr Platz zu schinden. Das Gegenteil war der Fall. Ich bat das Flugpersonal um Erlaubnis, die freien Plätze hinter uns nehmen zu dürfen, sodass ich meine Beine unter dem Sitz des Vordermannes ausstrecken könnte. Mit einem schlichten »Leider nein!« endete das Gespräch. Ich ärgerte mich, da meines Erachtens niemand einen Nachteil gehabt hätte. In der Nacht sah ich, dass das Flugpersonal die freien Plätze zum Schlafen nutzte. Es war ihnen gegönnt.

Vor uns lagen zehn Stunden Flug. Als wir Afrika überquerten, erinnerte ich mich an einen Moment auf meiner Südafrikareise Anfang der Neunziger. Von Brüssel nach Johannesburg hatte die Maschine einen Stopp in der Republik Kongo eingelegt und ich hatte die schwüle, leicht modrige Luft sowie das entfernte Heulen der Tiere durch die geöffneten Luken wahrgenommen.

Dass mich dieses sinnliche Erlebnis nun auf unserem Nonstop-Flug einholte, zeigte mir, dass bedeutende Erlebnisse unvergesslich bleiben.

Frühmorgens gegen halb sieben betraten wir namibischen Boden. Die »ewige afrikanische Sonne« begrüßte uns, während die noch frische Luft des zu Ende gehenden Winters uns um die Nase wehte, erst recht auf 1600 Höhenmetern.

Kaum hatten wir den Kerosingestank hinter uns gelassen, setzte der Beamte auch schon nach kritischem Blick den Stempel in unseren Pass. Die offizielle Warnung lautete, der namibische Zoll könne »aus Versehen« ein zu frühes Rückreisedatum eintragen, was zu ändern großen Aufwand bedeuten würde. Uns jedoch wurde sogar mehr Zeit zugestanden, als nötig gewesen wäre.

Als wir aus dem Gebäude traten, suchten wir zuerst nach dem Platz für Raucher. Nachdem wir kurze Zeit später die Zigarette entsorgt hatten, wollten wir die Bushaltestelle ausfindig machen, von der die Busse nach Windhuk losfuhren. Da wir keine fanden, fragte Thomas eine Flughafenangestellte. Doch sie schüttelte eher gelangweilt den Kopf. Der Reiseführer sei nicht aktuell. Es stünden nur Mietautos oder Taxis zur Verfügung. Letzteres für vierhundert namibische Dollar. Bei einem Kurs von 1:15 für vierzig Kilometer würde uns die Fahrt fünfundzwanzig Euro kosten. Thomas hatte in Deutschland bereits etwas Geld in namibische Dollar umgetauscht. Wir beschlossen, eine höhere Summe an einem der beiden Bankautomaten im Eingangsbereich zu ziehen. Dafür nutzte ich erstmals die neue Reisekreditkarte. Als auch der zweite Versuch mit der Meldung »*Prozess abgebrochen*« scheiterte, atmete ich tief durch. Beim dritten Fehlversuch drohte die Karte eingezogen zu werden. Und das am ersten Tag unserer Reise. Thomas gestikulierte, dass er es mit seiner Karte probieren wolle. Doch auch er scheiterte, woraus ich schlussfolgerte, dass es weder an uns noch an den Karten liegen konnte. Wir stellten uns am anderen Automaten an, wo sich nicht ohne Grund eine Schlange gebildet hatte. Als wir kurze Zeit später den gewünschten Betrag in den Händen hielten, fiel mir ein Stein vom Herzen.

Wir fuhren mit dem Taxi durch das trockene, schroffe Land,

das seine Vegetation gänzlich verschluckt zu haben schien und nichts Lebendiges hervorbrachte.

Erst hinter dem Auas- und Erosgebirge sprossen zarte Knospen an bewaldeten Hängen und ließen den Frühling erahnen. Nach dem Gewerbegebiet erreichten wir den Stadtteil Klein Windhuk. Das Taxi hielt vor einem mächtigen schwarzen Eisentor, während hohe Mauern und Stacheldraht das Grundstück sicherten.

Von der ersten Sekunde an empfing uns Herzlichkeit. Rolf begrüßte uns sofort mit »My dears!« als Freunde des Hauses. Ich hatte mit jeder Art von einfacher Unterkunft gerechnet, doch als wir das Innere des Gebäudes sahen, schlug unser Herz höher. Weite, offene Ebenen, wo Türen verpönt waren, außer zu den Schlafzimmern. Balkone und Terrassen durften wir für vierzig Euro pro Nacht ebenso nutzen wie alle anderen Räume, das Streicheln der sechs dicken Labradore inbegriffen. Obwohl wir das kleinste Gästezimmer bekamen, waren wir glücklich.

Rolf und Hermann beherbergten drei weitere Gäste. Die Hausangestellte wurde uns als »Familienmitglied« vorgestellt.

»Do what you want. It's your house« lautete das Motto.

Rolf als CEO einer Gesundheitsorganisation und Hermann als Steuerberater, Buchhalter und Liquorshop-Besitzer gehörten zweifellos zu den namibischen Millionären. Hermann überließ Rolf das Geschäft mit der Vermietung und machte sich selbst rar. Rolf hingegen trug sein Herz auf der Zunge und bot eine kurze Rundfahrt durch Windhuk an. Wir sagten natürlich nicht Nein. Für den nächsten Tag schlug er das *GocheGanas Spa Camp* vor, das sich dreißig Kilometer vor der Stadt befindet. Ein Wellnessbesuch am zweiten Tag in Namibia kam mir befremdlich vor, andererseits freuten wir uns über Tipps von Einheimischen.

Rolf hatte umgehend einen Taxifahrer geordert, der uns zum *GocheGanas Camp* bringen sollte. Wir fuhren durch Gewerbegebiete auf der Bundesstraße gen Süden, bogen nach einigen Kilometern auf eine Schotterpiste ab und ruckelten durch verdorrtes Buschland. Bodenwellen und Schlaglöcher strapazierten die Achsen und Räder des Fahrzeugs auf beängstigende Weise.

Nach gut der Hälfte der Strecke wies uns der Fahrer auf eine

Baumgruppe hin, hinter der sich eine Giraffe befand. Wir drückten uns die Nase am Fenster platt. Plötzlich streckte sie den Kopf über die Baumkronen hinweg, trat langsam aus der Deckung und zeigte sich in ihrer ganzen Pracht. Wir sahen unsere erste, in freier Wildbahn lebende Giraffe! Ich kramte aufgeregt nach dem Handy, um ein Foto zu schießen, doch der Fahrer zeigte sich wenig empathisch und trat aufs Gaspedal. Wir drehten uns um, doch die Giraffe verschwand in einer Wolke aus Staub. Ich war enttäuscht. Dieses Afrika mit einer Giraffe zwischen Wellnesscenter, Autohäusern oder Werkshallen entsprach nicht meiner Erwartung.

Als wir das *GocheGanas Camp* erreichten, fühlten wir uns fehl am Platz. Es wirkte ausgestorben und abweisend, sodass wir uns nur zögerlich herantrauten. Am Einlass machte das Personal mit wenig einladender Mimik deutlich, dass wir keinen guten Tag erwischt zu haben schienen. Nach dem ersten Rundgang ahnte ich bereits, dass wir die vier Stunden, bis das Taxi uns abholen sollte, mehr oder weniger absitzen würden. Zum einen verdiente die lauwarme Sauna den Namen nicht, zum anderen war der Außenpool mit eiskaltem Wasser gefüllt. Und für einen beheizten Indoor-Pool war ich nicht nach Namibia gereist. Ich fühlte mich hier fremd. Einzig der Blick über das Buschland mit seinen skelettartigen Bäumen machte mir gute Laune, weil es sich einen Moment lang wie Afrika anfühlte.

Wir staunten, wie stark die Sonne bereits am Tag des kalendarischen Frühlingsanfangs auf unsere Körper brannte. Während ich im schattigen Windzug fröstelte, schlief Thomas in der Sonne ein. Die trügerische UV-Strahlung verschaffte ihm den sattesten Sonnenbrand auf dem Bauch, den ich je gesehen habe.

Ich studierte den Reiseführer, holte Getränke und suchte erfolglos die Umgebung nach wilden Tieren ab.

Ein anderer Taxifahrer brachte uns nach Hause und erfüllte mir den Wunsch, bei den Giraffen zu verweilen, damit ich endlich mein Foto machen konnte.

Windhuk

In den nächsten Tagen erkundeten wir die Innenstadt Windhuks. Anfangs zu Fuß, später mit den sehr günstigen Taxis. Als wir bei der Gelegenheit dem Taxifahrer den Bahnhof als Ziel nannten, schien er nur Bahnhof zu verstehen. Die englische Übersetzung *station* machte es für ihn auch nicht klarer. Wir zweifelten an den Sprachkenntnissen des jungen Mannes und bald gingen uns die Ideen aus. Ich wurde misstrauisch, ob er mit seiner gespielten Unwissenheit Umwege fuhr, die uns teuer zu stehen kommen könnten. Doch das Hin und Her klärte sich, als er plötzlich »Stadion!« rief und im nächsten Moment vor dem alten Gebäude hielt.

Viele Gebäude erkannten wir aus der Reisedokumentation »Verrückt nach Zug« wieder, mit der wir uns zu Hause auf Namibia vorbereitet hatten. Der alte Bahnhof und die umliegenden Handels- und Verwaltungsgebäude blitzten wie kleine Diamanten aus der Kolonialzeit inmitten der modernen Bebauung auf. Straßennamen, Amtsstuben und Institutionen tragen zum Teil heute noch deutsche Namen wie *Kaiserliches Vermessungsamt, Lüderitzstraße, Stübelstraße* usw.

Auf uns wirkte Windhuk pragmatisch, bescheiden und wenig glamourös. Namibiakenner hatten die Stirn gerunzelt, als wir sagten, wir würden uns dort eine Woche aufhalten. »Warum? Da gibt's doch nichts zu sehen.« Sie hatten nicht ganz unrecht verglichen mit Hamburg, Paris oder Berlin, die im Gegensatz zu Windhuk eine weit zurückreichende Geschichte haben.

Das Dreigestirn aus Parlamentsgebäude, *Tintenpalast* genannt, mit seinem vorgelagerten Garten, der *Christuskirche* und dem mächtigen *Owela* Museum bildete für mich das optische Zentrum. Typisch deutsch fand ich die Erklärung für den Namen *Tintenpalast,* der auf die Unmenge Tinte verweist, die deutsche Bürokraten in ihren Amtsstuben verbraucht hatten. Am Fuße des *Parliament Gardens* steht wirkungsvoll und dennoch bescheiden seit 1913 die neoromanische Christuskirche, mittlerweile umgeben von der breiten *Robert Mugabe Avenue.* Unweit ragt das *Owela* Museum in die Höhe, dessen drei goldglänzende Fassaden sich wie riesige Türzargen über den zylindrischen Gebäudekörper stülpen. An breiten Hauptstraßen liegen mehrgeschossige Hotelkomplexe und Konzernfilialen, die ein typisch modernes Stadtbild abgeben.

In einer Nebenstraße entdeckte ich das Schild *National Theatre of Namibia.* Neugierig schaute ich hinein. Außen wie innen war es karg und schmucklos und ähnelte einer größeren Schulaula. Das Historische Museum an der Ecke wirkte ebenfalls improvisiert.

Wie in einem Darkroom schlängelten wir uns auf engstem Raum an provisorischen Trennwänden vorbei, um Trachten, Fotos, Zeitungsberichte und Nachbauten von Strohhütten zu entdecken. Ich hatte das Gefühl, ständig den Kopf einziehen zu müssen und Gefahr zu laufen, etwas umzuwerfen. Die Ausstellung wurde, wie ich fand, den vielen stolzen Ethnien Namibias in ihrer Vielfalt und Geschichte nicht gerecht.

Eines Abends entdeckten wir unweit des Zentrums auf einem Hügel die Heinitzburg, von deren Terrasse wir uns einen schönen Sonnenuntergang mit Blick über Windhuk und das Bergpanorama erhofften. Doch leider kamen im letzten Moment die Wolken dazwischen. Inzwischen zum Luxushotel umgebaut, wurde die Burg 1914 von Wilhelm Sander errichtet und wenig später an den Grafen von Schwerin verkauft, wie wir erfuhren. In der Zwischenzeit fiel uns auf, dass Namibias Geschichte einzig über die deutsche Kolonialzeit definiert schien.

In der frühen Abenddämmerung im Stadtgebiet herumzuspazieren, löste in uns ein mulmiges Gefühl aus. Menschenleere Straßen machten uns misstrauisch, denn wir wussten zu wenig über die Sicherheitslage in diesem Land und besonders in der Stadt. Eine Unberechenbarkeit lag in der Luft, die uns nicht behagte. Das Bild von hohen Mauern und Stacheldraht tat sein Übriges. Unsere Gastgeber machten große Augen und schüttelten den Kopf, als wir ihnen unsere Empfindungen schilderten. Sie rieten uns, gegen Abend nicht sorglos durch die Straßen zu streifen. Dem entnahmen wir, dass es tagsüber kein Problem wäre, und planten, bei strahlendem Sonnenschein die beinahe festungsartig gesicherte Wohnsiedlung von Klein Windhuk zu durchstreifen, mit dem Ziel, dem Botanischen Garten einen Besuch abzustatten.

Als wir uns durch die schmalen Straßen geschlängelt und über die Architektur und den kreativen Baustil der Wohlhabenden ereifert hatten, erreichten wir eine Hauptstraße, auf der wir steil bergauf in Richtung Innenstadt gingen. Ein Hinweisschild zum Botanischen Garten fanden wir nicht, obwohl wir ganz in der Nähe sein mussten. Das brach liegende Niemandsland auf der anderen Straßenseite konnte wohl kaum Teil der Gartenanlage sein.

Hinter der nächsten Abbiegung fanden wir endlich den Eingang.

Nachdem wir statt eines Eintrittspreises eine angemessene Spende entrichtet und den Rundgang voller Erwartung auf superexotische Pflanzen gestartet hatten, trauten wir unseren Augen nicht. Vor uns tat sich eine braune Welt auf, die uns in ihrer Totenstarre erschreckte. Die Namensschilder wirkten wie Grabsteine. Wir riefen uns in Erinnerung, dass der namibische Winter erst zu Ende gegangen war und wir Unmögliches verlangten. Umso schwerer fiel es uns, diesen Pflanzenfriedhof mit seinen endemischen Gewächsen wertzuschätzen, und wir begannen zu witzeln. Die Stimmung kippte vollends, als Thomas am Picknickplatz zwei Äpfel aus dem Rucksack nahm, die zur Wegzehrung gedacht waren, und sie an die trockenen Äste eines Baumes hielt, während ich ihn beim »Pflücken« filmte. Unsere Blogleser sollten sich die Augen reiben, welche Naturwunder wir zur Dürrezeit in Namibia erlebten.

Enttäuscht, aber gut gelaunt verließen wir den Garten und fragten uns, wohin der Weg rechts von uns wohl führen mochte. Manchmal überkommt uns die Neugier. Dann gehen wir seltsame Pfade und hoffen, auf Unerwartetes zu stoßen, was beim Erklimmen der kaum asphaltierten *Anderson Street* auch passierte. Über Staub und Stein erreichten wir das Plateau, von wo aus sich ein herrlicher Blick über die Stadt und die umliegenden Berge bot. Drei Stunden später hätten wir hier einen fantastischen Sonnenuntergang in romantischer Zweisamkeit erlebt. Doch so lange wollten wir nicht warten, erst recht nicht, als wir ein Schild entdeckten, auf dem dieser Hügel zur »High Criminal Area« erklärt wurde. Wir schluckten. Hier wurde nicht nur vor Taschendieben gewarnt. Meine Fantasie ging mit mir durch. Hätte es nicht mehr Sinn ergeben, das Schild am Fuße des Hügels aufzustellen und den Spaziergänger rechtzeitig zu warnen? Jegliche Romantik war verflogen. Wir eilten auf der anderen Seite den Berg hinunter. Zwei Autos, die langsam an uns vorbeifuhren und deren Fahrer uns ansahen, als hätten wir nicht alle Tassen im Schrank, oder uns als potenzielle Opfer ausspähten, spornten uns an, noch schneller zu laufen.

Erleichtert erreichten wir die belebte *Nelson Mandela Avenue* und traten den Heimweg an.

Unterwegs beobachteten wir Kleinbusse, die niemals durch den deutschen TÜV gekommen wären. Sie hielten dort, wo ein Pulk Menschen auf sie wartete. Wie wir später erfuhren, bringen die Busse die Arbeiter nach Feierabend in ihre Townships zurück, um sie am nächsten Morgen wieder abzuholen. Das hing damit zusammen, so erklärten Rolf und Hermann, dass Firmen die pünktliche Anwesenheit dieser Mitarbeiter an ihrem Arbeitsplatz sicherstellen wollten. Wir sollten also lernen, dass diese Menschen ohne Busse nicht in der Lage waren, den Arbeitsweg selbstverantwortlich und pünktlich zu organisieren. Es fiel uns schwer, die herabwürdigende Erklärung zu akzeptieren. Dabei wirkten unsere Gastgeber weder blasiert noch protzten sie mit ihrer privilegierten Stellung. Im Gegenteil, sie monierten die schwache Politik, die es nicht schaffe, der benachteiligten Bevölkerung Perspektiven aufzuzeigen. Rolf und Hermann selbst boten diesen Menschen Kleinjobs als Gärtner oder Reinigungskräfte an und besorgten Fahrräder für bessere Mobilität. Doch oft verhinderten gesellschaftlich und kulturell bedingte Unterschiede den langfristigen Erfolg einer Teilhabe am Wachstum. Thomas und ich waren nur Touristen, die Land und Leute kennenlernen wollten. Aber nicht jede Information schmeckte uns, vor allem wenn unser Menschenbild von Gleichheit und Gleichberechtigung infrage gestellt wurde. In Namibia unterstellten wir, dass Menschen wegen ihrer ethnischen Zugehörigkeit abqualifiziert wurden. Dass dies nur die halbe Wahrheit sei, behaupteten unsere Gastgeber, könnten wir daran sehen, dass People of Color nicht nur ihre Nachbarn, sondern äußerst erfolgreiche Geschäftsleute seien. Auch sie lebten hinter Mauern und Stacheldraht, um sich vor Kriminellen zu schützen. Nicht die Hautfarbe, sondern Bildung, Erfolg und Reichtum würden über die gesellschaftliche Stellung entscheiden.

Mir gefiel die Idee, die Township Katutura aufzusuchen und uns selbst ein Bild von den dortigen Lebensumständen zu machen. Hermann fragte leicht genervt, ob wir Armutstourismus betreiben und uns in Gefahr begeben wollten. Natürlich nicht. Ich fühlte mich unverstanden und rang nach den richtigen Worten. Licht mag faszinierende Bilder entstehen lassen, doch der Schatten gehört zur Wahrheit. Katutura bedeutet übersetzt: Der Ort, wo man nicht leben möchte.

Bevor wir unsere vierwöchige Rundreise antraten, besuchten wir Martin und seine Familie in Ludwigsdorf, einem ebenfalls wohlhabenden Stadtteil von Windhuk. Martin war mit Thomas' Cousine verbandelt gewesen. Als Geologe hielt er sich längere Zeit in Namibia auf und erklärte sich bereit, meinen überschüssigen Insulinvorrat während der Rundreise in seinem Kühlschrank zu lagern, was mich kolossal erleichterte. Wir trafen uns bei ihm und seiner Familie zu einem Braai, wie ein Grillabend im südlichen Afrika genannt wird, und philosophierten über das Leben in Namibia. Sie bestätigten Rolfs und Hermanns Bild von der namibischen Gesellschaft.

Nach einer Woche verabschiedeten wir uns von unseren Gastgebern, bei denen wir uns sehr wohlgefühlt hatten.

Das Mietauto, mit dem wir nun vier Wochen das Land bereisen wollten, wartete am kleinen zentrumsnahen Flughafen der Stadt auf uns. Nach unkomplizierter Übernahme stand eine Premiere bevor. Wir mussten uns im Linksverkehr beweisen. Zu Fuß oder im Taxi hatten wir versucht, seitenverkehrtes Denken zu trainieren.

Thomas versuchte, als aufmerksamer Beifahrer zu helfen, und wies mich auf mögliche Komplikationen und Unfallgefahren hin. Wir fürchteten einen frühzeitigen Schadensfall, weshalb ich meine ganze Konzentration aufbot, um Fahrmanöver korrekt durchzuführen. Doch zwei nervöse, sich sorgende Menschen sind oft einer zu viel. Je öfter Thomas helfen wollte und meine Gedanken kreuzte, umso zappeliger wurde ich. Wir hatten das Navi mit all unseren Zielen programmiert und mit auf die Reise genommen. Es bewährte sich ab dem ersten Moment.

Auf dem Weg zum dreihundert Kilometer entfernten *Waterberg Plateau* fuhren wir an Menschen vorbei, die im Dunst von Abgasen, Staub und Hitze Lebensmittel und Haushaltsdinge verkauften. Als wir an ihnen vorbeifuhren, erloschen ihre erwartungsvollen Blicke.

Die Landschaft blieb karg, während lange, schnurgerade Strecken uns ermüdeten. Der Autovermieter hatte auf Unfallgefahren wie abschüssige Straßenränder hingewiesen, die einen Überschlag provozierten, wenn nicht die Spur gehalten würde. Dass die *gravel roads* eine viel heftigere Herausforderung bedeuteten, würden wir noch erleben. Steinschlag und Reifenpannen gehören zum alltäglichen Ärgernis von Touristen.

Die weite Ebene bot wenig fürs Auge. Manchmal tauchten in der Ferne einzelne kegelförmige Berge oder kleine Gebirgszüge auf. Nach gut zweihundertfünfzig Kilometern verließen wir die Nord-Süd-Tangente, bogen östlich Richtung *Waterberg Plateau* ab und fuhren durch die Kalahari. Die Bedeutung des Wortes Kalahari ist »weiter, großer Abstand«, was die Landschaft nicht besser hätte beschreiben können.

Als wir am Straßenrand Warzenschweine entdeckten, schreckten wir auf. Sie mussten sich durch den für sie errichteten Zaun gemogelt haben, um sich am grünen Gras im Graben laben zu können. Wir drosselten die Geschwindigkeit, damit sie nicht unter unsere Räder kamen, falls sie sich entschlossen, plötzlich loszustürmen. Was wir unter wachsamem Blick als Warzenschwein zu erkennen glaubten, entpuppte sich beim Vorbeifahren oftmals als kaputter LKW-Reifen.

Da achtzig Prozent der namibischen Straßen nicht asphaltiert sind, hüllte uns der Gegenverkehr in eine riesige Staubwolke.

Auf den letzten Kilometern zu unserer Lodge sahen wir auf beiden Seiten Termitenhügel, die uns in Abständen wie rote Zinnsoldaten den Weg wiesen. Sie begeisterten mich wegen ihrer Größe und wechselnden Gestalt. Einige spitzten sich wie der sprechende Hut bei Harry Potter kegelförmig zu. Ihre Höhe reichte teilweise bis in die Kronen der Savannenbäume. Zig Millionen Termiten hatten über Monate und Jahre an diesen beeindruckenden Kunstwerken gebaut.

Und dann war es so weit. Ein breites Tor öffnete sich wie auf einer Ranch und wir fuhren auf geharktem rotem Schotter bis zur Rezeption der *Wabi Game Lodge* vor. Eine freundliche Mitarbeiterin führte uns zur Unterkunft, die aus zwei riesigen Zimmern bestand, sodass wir im Badezimmer kurz einen Walzer tanzten. Die Anlage glich einem Gutshof, der Geräteschuppen, kleine Tiergehege und domestizierte Wildtiere vorhielt. Pfauenhennen trippelten an uns vorbei und ließen sich auf dem Rand des Zierbrunnens nieder, während der Hahn beeindruckend krächzende Balzlaute ausstieß. Dabei stellte er sein farbenprächtiges Rad auf und drehte sich um die eigene Achse. Obwohl mir Pfaue aus Deutschland bekannt waren und sie ursprünglich nicht aus Afrika stammen, empfand ich diese Szene als verheißungsvollen Start unserer Rundreise durch die namibische Wildnis.

Am nächsten Vormittag planten wir, das *Waterberg Plateau* zu erklimmen. Dreißig Minuten sollte der Aufstieg dauern und für jeden leicht zu bewältigen sein. Stattdessen mühten wir uns auf und ab, stiegen über Baumwurzeln an Büschen und Ästen vorbei, kletterten um Felsen und fragten uns, warum wir keinen Meter an Höhe gewannen und nur die Felsflanke entlanggingen. Dennoch rangen wir nach Luft und bestaunten in den Pausen die unglaublichen Farben der Felswand. Gelbe und zartgrüne Flechten lagerten auf hellrotem Granit, dunklem Basalt und Schiefer. Uns kam es vor, als hätte jemand mit breitem Pinsel seine Farbpalette ausprobiert.

Endlich sahen wir den steilen Zugang zum Plateau und kämpften uns mit knapper Luft nach oben. Uns wurde eine grandiose Aussicht über die unendliche Kalahari geschenkt, die in der Ferne den Horizont küsste. Karge dunkle Büsche bedeckten den Boden wie Streusel einen Blechkuchen. Wir hockten uns auf einen Stein und ließen den Blick schweifen, während der Wind unseren Schweiß trocknete. Wie auf dem Reißbrett entworfen, zogen Zufahrtswege kahle helle Schneisen durch die Landschaft.

Unvorstellbare achtundvierzig Kilometer in der Länge und fünfzehn Kilometer in der Breite misst das Plateau. Ich wies Thomas auf einen rotbraunen Felsen hin, aus dem der weiße Stamm eines kleinen Baumes wuchs und dessen Baumkrone im hellen Blattgrün leuchtete. Ich wusste, dass manche Pflanzen die Kraft haben, Stein zu durchdringen, doch dieser Baum wirkte wie eine Kunstinstallation.

Je länger wir uns dort aufhielten, umso plastischer rückte mir die Geschichte um das Plateau ins Bewusstsein. Am Waterberg hatte 1904 die Schlacht zwischen den deutschen Streitkräften und dem Stamm der Hereros gewütet. Leutnant Lothar von Trotha war als knallharter Hund mit zweitausend Soldaten zur Verstärkung von Hamburg nach Swakopmund geschickt worden, um die Truppen vor Ort zu unterstützen und den Aufständischen eine verheerende Niederlage beizubringen. Zehntausende Hereros hatten sich Schutz suchend an den Waterberg zurückgezogen. Doch gegen die Brutalität eines von Trotha kamen sie nicht an. Als der Sieg der Deutschen längst besiegelt war, schnitt von Trotha den Hereros zusätzlich alle Versorgungswege ab, sodass diese elendig verdursteten. Selbst damalige Militärs waren angewidert von dem Massaker und der Begriff vom ersten Völkermord im 20. Jahrhundert wurde zum unrühmlichen Beginn eines kriegerischen und zerstörenden Jahrhunderts durch die Deutschen. Es brauchte nicht erst einen Dr. Mengele von Hitlers Gnaden, um Rassenforschung an Opfern zu betreiben. Das geschah bereits im Falle der Hereros und Nama im Namen des deutschen Kaisers.

Rechtzeitig kehrten wir zur Lodge zurück, um an einer Sundowner-Tour teilzunehmen. Josef fuhr unsere Gruppe im Jeep durch den großen Savannenbesitz der *Wabi Game Ranch*. Einige Tiere wie Gazellen, Giraffen und Helmperlhühner mit ihrem leuchtend hellblauen Kopf waren noch unterwegs und kreuzten unseren Weg. Als die Sonne sich langsam senkte, kamen wir an ein großes Wasserloch und rissen die Augen auf. Vor uns badete eine kleine Gruppe Flusspferde. Nach einigen Minuten näherten sich die Tiere dem Ufer, wo Josef ein paar Strohballen deponiert hatte. Die massigen Viecher trotteten aus dem Wasser, rissen die Mäuler auf und verschafften uns tiefe Einblicke in ihren leuchtend rosafarbenen Schlund. Die Kameras klickten. So einen Moment bekamen wir kein zweites Mal geschenkt.

Am nächsten Tag hatten wir eine Halbtagessafari gebucht. Da die Gäste abgereist und neue noch nicht angekommen waren, hatten wir die einmalige Chance, Josef ungehemmt mit unseren Fragen über Land und Leute zu torpedieren. Er gab sich schüchtern und dennoch auskunftsfreudig. Die Lodge stehe für neunundneunzig Millionen namibische Dollar zum Verkauf. Ein neues Gesetz erlaube keinem Ausländer, sondern nur Namibiern und dem Staat, sie zu erwerben. Leider könne keine der beiden Gruppen diese Summe aufbringen. Außerdem berichtete Josef, dass er elf Monate arbeite und im Dezember, wenn die Lodge schließe, zwei, drei Wochen nach Windhuk zu seiner Familie fahre. Somit sehe er seinen Sohn nur einmal im Jahr. Bei einem Trauerfall bekomme er außer der Reihe frei und dürfe die Ranch verlassen. Wir fragten, ob er sich denn nicht ein Leben in Windhuk vorstellen könne. Josef winkte ab. Es gebe dort für ihn keine Arbeit. Außerdem lebe er für das weite Land und die Tiere. Nur hier fühle er sich wohl. Thomas und ich nickten stumm.

Auf der Rückfahrt schritt eine Giraffe majestätisch über die rote Landepiste, die den Gästen und dem Besitzer der Lodge für den privaten Anflug zur Verfügung stand. Gazellen, eine Herde Ellipsen-Wasserböcke, Büffel, Warzenschweine, Steinböcke, Perlhühner, die in rauen Mengen vor uns flüchteten und protestierende Schreie ausstießen, all diese Tiere erfüllten unsere Sehnsucht nach dem »wahren« Afrika. Vögel schwirrten durch die Lüfte, doch waren sie so flatterhaft, dass wir nur den behäbigen Gelbschnabeltoko vor die Kamera bekamen. In den Bäumen fielen uns fein gewebte, korbähnliche Riesennester auf. Thomas hatte gelesen, dass sich Webervögel auf kunstfertige und artistische Weise ihre beeindruckende Behausung bauen.

Oft waren es die Giraffen, die uns lange in ihren Bann zogen. Mit ihrem schlanken Kopf und den wachen Augen hielten sie den Blick aufs große Ganze gerichtet, während ihr Maul geruhsam die Blätter kaute. Ich bewunderte ihre zweigeschossige grazile Gestalt, die auf den dürren Beinen so zerbrechlich wirkte wie eine schlanke Blondine auf extrem hochhackigen Pumps. Der lange Hals pendelte seelenruhig hin und her, und fast könnte der Betrachter vergessen, mit welcher Schlagkraft die Giraffe damit ihren Gegner bekämpft.

Bei einem Kaffee auf der Terrasse der Lodge bekamen wir am Nachmittag die Gelegenheit, uns mit der leitenden Angestellten zu unterhalten. Sie gehört den Damara an, einem Volksstamm, der nur einen geringen Prozentsatz der namibischen Bevölkerung ausmacht. Uns waren beim Sprechen ihre Klick- und Schnalzlaute aufgefallen. Darauf angesprochen zögerte sie ein wenig, sie uns vorzuführen. Das Wort »Khoekhoegowab« war somit für uns unaussprechlich. Als wir es ausprobierten, lächelte sie belustigt. Außerdem gab sie uns Einblicke in ihr Leben und erklärte uns, wie wenig Geschwister, Freunde und zukünftige Ehepartner gegen das gewichtige Wort der Mutter auszurichten haben. Gehe ein junges Paar eigene Wege, müsse es sich vor der Enttäuschung der Mutter hüten. Sie habe aber das Glück gehabt, sich ausbilden lassen und über Jobs hocharbeiten zu können, um nun mit ihrem Kollegen die Lodge verantwortungsvoll führen zu dürfen.

Nach drei erlebnisreichen Tagen verabschiedeten wir uns von der *Wabi Game Ranch* und erreichten nach knapp 280 Kilometern die Grenze zum *Etosha* Nationalpark, *der* große Hotspot für jeden Namibiabesucher. Auch für uns standen die »Big Five« auf dem Wunschzettel. Elefanten, afrikanische Büffel, Nashörner, Löwen und Leoparden. Auf einem Gelände so groß wie Hessen fieberten wir dem Moment entgegen, sie aufzuspüren.

Der Nationalpark erhielt seinen Namen Etosha wegen der großen Salzpfanne, die übersetzt *großer weißer Platz* bedeutet.

Da wir frühzeitig in der *Emanya Lodge* eingecheckt hatten, lag es nahe, am Nachmittag eine erste Erkundungstour zu starten. Wir entrichteten achtzig Dollar Eintritt pro Person und wussten, dass wir spätestens mit Einsetzen der Dämmerung den Park verlassen mussten.

Kaum fuhren wir am äußeren Rand der Salzpfanne entlang, bat mich Thomas, die Fahrt zu unterbrechen. Er war auf eine Gruppe Vögel aufmerksam geworden, die hektisch mit ihren

Schnäbeln auf etwas herumhackten. Aufgrund der Entfernung erkannten wir erst nach einiger Zeit, dass es sich um Geier handelte, die ihre Köpfe tief im Aas versenkten und sich dran satt aßen. Unser Herz schlug schneller. Wir wurden Zeugen eines tierischen Überlebenskampfes. Doch damit nicht genug. Immer mehr Geier flogen heran, bis sich ein zappelnder Pulk bildete, der sich gierig am blutigen Fleisch vergriff. Und dann folgte der Moment, in dem alle plötzlich innehielten, die Köpfe hoben und versteinert in militärischem Gehorsam verharrten. Wir hielten die Kamera auf das Geschehen. Die Spannung stieg, doch es passierte nichts. Wir starrten gebannt nach vorn. Obwohl wir weit genug entfernt waren, kommentierte Thomas flüsternd und voller Aufregung das Geschehen.

Und dann kam sie: die Löwin! Unsere Freude war grenzenlos, und wir versuchten, jede Kleinigkeit des sich ankündigenden Dramas aufzusaugen. Jede noch so kleine Regung verhieß Spannung. Die Löwin schritt wie eine Königin unbeeindruckt den Pulk ihrer Untergebenen ab, ohne sie dabei eines Blickes zu würdigen. Doch wir erwarteten, dass sie abrupt losstürmen und alle anderen Tiere in die Flucht schlagen oder sie mit dem Maul zerreißen würde. Die satte Löwin schien aber kein großes Interesse an einem Beutezug zu haben und verschwand so gelangweilt, wie sie gekommen war. Dennoch wagte kein Geier, das große Fressen fortzusetzen. Wir waren fasziniert, wie perfekt der

Instinkt der Tiere ihr Überleben sichert. Deshalb verwarfen wir von nun an die Idee, trotz Verbots kurz auszusteigen, um unser kleines Geschäft zu verrichten. Unsere Instinktlosigkeit könnte tödlich enden. So ein Erlebnis zu Beginn des *Etosha*-Besuchs würde kaum noch zu überbieten sein.

Die *Emanya Lodge* beherbergt Gäste in friesenähnlichen, mit Reet gedeckten Häusern. Kaum dass wir das Gelände betraten, sahen wir offene stylische Pavillons, in denen Maniküre, Pediküre und Fußmassagen angeboten wurden. Das luxuriöse und rein weiße Ambiente fremdelte gewaltig mit dem braunen wilden Afrika.

Wir nutzten die Dämmerung, um mit einem Campari-O aus bequemen Polstern heraus von einer hochgelegenen Terrasse auf die Elenantilopen am Wasserloch hinunterzuschauen. Fast jede Lodge leistet sich Tränken, damit Gäste mit Erinnerungen an wilde Tiere ins Bett gehen und zuvor den Getränkeumsatz ankurbeln.

Als wir zu Abend essen wollten, wussten wir noch nicht, dass uns eine handfeste Überraschung bevorstand. Uns fiel anfangs nur die devote Haltung des Personals auf. Wir vermuteten in ihnen Angehörige der San, die durch besonders kleinen Körperwuchs auffallen. Als wir auf dem Weg zu unserem Tisch mit einem kurzen »Hello!« an den übrigen Gästen vorbeigingen, schlug uns unangenehme Reserviertheit entgegen. Dann eben nicht! Keine Minute später näherte sich jemand.

»Thomas? Frank?«

Wir blickten auf und starrten völlig perplex in Andreas Augen. Eine gemeinsame Bekannte aus Thomas' Kollegenkreis war mit ihrem Freund auf einer Namibiareise zufällig zum selben Zeitpunkt wie wir am selben Ort. Was für ein unglaublicher Zufall!

Nach dem Essen setzten wir uns auf ein Glas Wein zusammen und tauschten uns aus. Leider fuhren sie am nächsten Tag bereits weiter, sodass wir uns in Namibia nicht mehr wiedersehen würden. Dafür aber so bald wie möglich in Hannover.

Beim Rauchen kam ich mit einem jungen Mann ins Gespräch, der nach unserem Urlaub fragte. Ich erwähnte, dass Südafrika unser nächstes Ziel sei, worauf er sich als Kapstädter outete und berichtete, dass er aufgrund der wachsenden Kriminalität überlege, das Land zu verlassen. Ich schluckte ob dieser düsteren Prognose.

Nahe der *Emanya Lodge* checkten wir am nächsten Tag in der *Mushara Lodge* ein, die ebenfalls hohen Standard bot, aber mit ihren vielen Holzfarben landestypischer wirkte. Doch vor den Toren des *Etosha*-Parks die Beine hochzulegen empfanden wir als Frevel und starteten die nächste Tagestour, um tiefer in die wilde Tierwelt vorzudringen. Aufgrund der Größe des Parks und der langsamen Fahrgeschwindigkeit standen ohnehin mehrere Ausflüge an.

An diesem Tag beobachteten wir Zebras, Gazellen, Springböcke und Elefanten. Die Dickhäuter zu beobachten wurde zur wahren Freude. Ihre bedächtigen, lauernden und strategischen Bewegungen zu verfolgen, machte uns riesigen Spaß. Wir sahen Elefantenkühe schützend ihre Kinder zum Wasser geleiten, während Gazellen und Zebras, die zuerst die Tränke erreicht hatten, zurückwichen, respektvoll Abstand hielten und den Elefanten den Vortritt ließen. Die strikte Hackordnung erlaubte, dass sie sich erst später dazugesellen durften.

Dass wir Namibia im trockenen Frühling besuchten, hatte den Vorteil, dass die Tiere aus dem Dickicht an die Wasserlöcher pilgerten und sich damit allen Beobachtern auf dem Präsentierteller zeigten. Parkende Autos ließen stets vermuten, dass ihre

Fahrer seltene Tiere wie Löwen, Leoparden und Büffel gesichtet hatten. Dann lugten Ferngläser und Teleobjektive aus den Fensterschlitzen, als handelte es sich um investigative Journalisten. Für Gazellen und Springböcke hielt niemand mehr an, denn es gab sie in rauen Mengen.

Als Thomas plötzlich unangenehmen Blasendruck verspürte und keine Toilette mehr erreichbar war, fuhr ich schnell in die weite Fläche hinaus, wo sich selbst im niedrigen Gras kein Löwe verstecken konnte.

Ich schloss Zebras mit ihrem ungeheuer plastisch wirkenden Streifenmuster in mein Herz. Wir fanden einander liebkosende Zebras ebenso wie die beiden Raufbolde, die sich ansprangen und männliche Rituale zelebrierten.

Kurz danach zwang uns ein Strauß, die ohnehin langsame Fahrt abzubremsen. Er kam aus dem Gebüsch, stolzierte vor uns die Fahrbahn entlang und streckte uns sein dickes gefiedertes Hinterteil entgegen. Ausgiebig bewunderten wir den Körper, der nach unserem Dafürhalten unförmiger kaum sein konnte. Der winzige Kopf auf dem langen Hals, der üppige Leib auf extrem dünnen, staksigen Beinen; wie wollte sich dieses Tier vor seinen Feinden in Sicherheit bringen? Dass der Strauß es konnte, wussten wir. Dennoch sahen wir ihm ungläubig hinterher.

Auf den Fahrten durch den *Etosha* lebten wir zwischen Traum und Wirklichkeit, konnten diese faszinierende Ursprünglichkeit gar nicht richtig fassen und begreifen.

Die nächsten zwei Nächte sollten wir auf der *Halali Ranch* mitten im *Etosha Park* verbringen, was eine besonders reizvolle Vorstellung war. Würden wir bei nächtlichem Tiergejaule überhaupt einschlafen können? Doch kaum hatten wir die im staubigen Dunst liegende, barackenähnliche Anlage erreicht, wurde uns mitgeteilt, dass eine Fehlbuchung vorliege, weil die Termine falsch angegeben worden seien. Da das Camp ausgebucht war, konnten sie uns nicht unterbringen und vermittelten uns an das ebenfalls staatliche *Okaukuejo Camp*.

Wir weinten der *Halali Ranch* keine Träne nach, wussten aber noch nicht, dass wir im siebzig Kilometer entfernten *Okaukuejo Camp* vom Regen in die Traufe kamen. Das Einchecken geriet zu einem skurrilen Erlebnis. Die Rezeptionistinnen fertigten uns in ihren staatlichen Khaki-Uniformen wie grimmige DDR-Zollbeamtinnen am antifaschistischen Schutzwall ab. Kein Lächeln, kein herzlicher Willkommensgruß. Wir fühlten uns zwar mit dem Allernötigsten versorgt, mussten aber dreimal nachfragen, wann die kaputte Glühbirne ersetzt werden würde. Der Pool war seit Längerem weder gereinigt noch an den schadhaften Stellen repariert worden. Wir konnten die Unterschiede kaum glauben. Einerseits irritierten uns luxuriöse, privat geführte Lodges, wo jeglicher Komfort zum Standard erklärt wurde. Andererseits empfingen uns staatliche Camps wie unliebsame Gäste, als wären wir selbst schuld, wenn wir hier übernachten wollten.

Am folgenden Tag schlossen wir das Kapitel *Etosha* mit einer Rundfahrt im westlichen Gebiet ab. Zum letzten Mal ließen wir uns von der Salzpfanne mit ihrer aufgeplatzten Kruste durch die flirrende Weite bis zum Horizont beeindrucken. Am Weg entdeckten wir das Kap-Borstenhörnchen und beobachteten es. Ähnlich unserem Eichhörnchen sah es herzerweichend an, während die Zähne an Samen und Früchten knabberten. Wie eine Antenne richtete es seinen langen borstigen Schwanz auf

Während Thomas sich im Zimmer ausruhte, ging ich zur Tränke, um einen fantastischen Sonnenuntergang zu beobachten und eines meiner Lieblingsfotos zu schießen: ein kleiner Elefant, der als Schattenriss durch den glutroten Sonnenkreis am Rande des Wasserlochs entlangtapst.

Am Ausgang des Nationalparks, fünfunddreißig Kilometer vom Camp entfernt, bemängelte der Kontrolleur, dass wir keine Gebühren für die Parkbenutzung gezahlt hätten. Da wir Gäste im Park gewesen seien, sagte ich, müssten wir sie nicht bezahlen. Doch der Wachmann blieb hart und schickte uns zurück. Wütend hielt ich den grimmigen Damen vor, den Betrag nicht berechnet zu haben. Mit eiserner Miene kassierten sie ab und wandten sich wortlos dem Nächsten zu. Wir waren siebzig Kilometer umsonst gefahren.

Dass der Etosha-Park der Höhepunkt der Namibiareise gewesen war, stand für uns außer Frage. Doch wir irrten gewaltig.

Touristen, die uns entgegenkamen, berichteten, dass die *gravel roads* gen Süden teilweise in kriminell schlechtem Zustand seien. Da wir entgegen der üblichen Fahrtrichtung das Land bereisten, uns die Schotterpisten aber bisher unproblematisch erschienen, waren wir gewarnt.

Tatsächlich dauerte es nicht lange, bis wir uns voll und ganz auf Schlaglöcher und Bodenwellen konzentrieren mussten. Im Durchschnitt kommt der Namibiareisende pro Stunde fünfzig Kilometer weit. Doch der Zustand der Pisten stellt ihn vor die Frage, ob er die Schäden langsam umkurvt oder versucht, in weit höherem Tempo über sie hinwegzufliegen.

Manchmal entdeckten wir ein Auto mit blinkenden Lichtern am Wegesrand. Wir näherten uns, um bei der Reifenpanne zu helfen, doch die meisten hatten nur angehalten, um ihr Geschäft zu verrichten, eine Zigarette zu rauchen oder zu fotografieren.

Das von Einheimischen geführte *Etosha Safari Camp* überraschte uns mit seinen farbenfrohen kreativ recycelten Gegenständen: Sitze aus zurechtgesägten Schubkarren oder gestapelten Reifen, dekorative Blechdosen als Aschenbecher. *Der* Hingucker war das elefantöse Hinterteil aus Mosaiksteinchen an der gefliesten Duschwand in unserem Bad. Wir blieben am folgenden Tag die ganze Zeit am Pool liegen, entspannten uns und wehrten nervige Mücken ab.

Viele Unterkünfte sind allerdings in deutscher Hand. Ihr Landbesitz mag aus Zeiten des Kolonialismus herrühren oder von vor Jahrzehnten Ausgewanderten erworben worden sein. Letzteres traf auf die *Bambatsifarm* zu. Als wir von der Straße abbogen, mussten wir uns auf dem Privatgelände über Kilometer wie durch ein ausgetrocknetes Flussbett zur Unterkunft vorkämpfen. Schlaglöcher und große Steine erschwerten die Zufahrt. Deutscher Perfektionismus sieht anders aus.

Da wir hier nur eine Nacht verbrachten, starteten wir gleich nach der Ankunft mit einem Ausflug zur Fingerklippe, einer Felssäule von vierzig Metern Höhe, die solitär von einem Hügel aus in den Himmel ragt. Solche finden wir zugegebenermaßen auch in der Sächsischen Schweiz oder im Teutoburger Wald. Das wirklich Sensationelle war die Landschaft mit dem riesigen ausgetrockneten Flussbett des *Ugab*. An den ehemaligen Ufern erstrecken sich erodierte, kurze wie langgezogene Tafelberge, die mich an das *Monument Valley* in den USA erinnerten. Thomas beklagte das fehlende Grün, während mich die monochrom braune Landschaft und verstreute, abgestorben wirkende Büsche begeisterten. Wie romantisch musste der Freiheit suggerierende Blick in die untergehende Sonne mit einer qualmenden Zigarette sein? Bis dahin hätten wir allerdings noch Stunden warten müssen.

Fingerklippe

Ugab-Tal

Dafür ergab sich auf der Rückfahrt eine Gelegenheit, die wir so schnell kein zweites Mal erleben würden. Am Wegesrand verkauften *Himbas* Schmuck. Die *OvaHimba* sind eine Ethnie im Norden Namibias und Südangolas mit circa siebentausend Angehörigen. Sie stellen sich dem Trend des sich modernisierenden Lebens entgegen, fühlen sich der Tradition ihres halbnomadischen Lebens verpflichtet und verzichten auf neuzeitliche Errungenschaften. Als mir die beiden halbnackten Frauen mit ihrem ausladenden Halsschmuck gegenüberstanden, bedeckte rötliche Farbe aus Butterfett, Ockerfarbe und einem aromatischen Harz ihre Körper. Sie nutzen diese Emulsion, um sich vor Sonne, Trockenheit und Stechmücken zu schützen. Ich sträubte mich, sie ohne Erlaubnis zu fotografieren und sie zu historischen Ausstellungstücken zu degradieren, mochte aber auf dieses Bild keineswegs verzichten. Als ich ausgestiegen war, wollten sie mir ihren Schmuck verkaufen, doch ich fragte höflich nach einem Foto und bot ihnen dafür Geld an. Nur widerwillig stimmten sie zu. Für zwanzig namibische Dollar pro Foto ließen sie mich gewähren. Ihr kleiner Junge mit dem aufgeblähten Bauch folgte mir zum Auto und war offensichtlich an einem Geschenk interessiert. Thomas beglückte ihn mit süßen Gummibärchen. Ich fragte mich, warum Thomas ausgerechnet meine mobile Kohlenhydratreserve verschleuderte. Aber er ist nun mal ein empathischer Lehrer und hinreißender Kinderversteher, der weiß, was sich die

Kleinen wünschen. Ich ließ die *Himba*-Frauen die Süßigkeit prüfen, bevor der Junge sie behalten durfte.

Diese Begegnung machte mich nachdenklich, denn ich wollte das wilde Afrika sehen, hatte es vor Augen und fragte mich allen Ernstes, wie man nur so leben und sich diese Bürde auferlegen konnte. Im nächsten Moment bewunderte ich sie für die Lebensentscheidung, ihre Tradition zu bewahren.

Nach dem Abendessen versammelten sich oft die Bediensteten, um die Gäste mit Volks- und Stammesliedern zu unterhalten Sie klatschten, sangen und verströmten, so kam es uns vor, pure Lebensfreude. Falls nicht, waren sie äußerst überzeugende Schauspieler.

Am nächsten Tag ließen wir die berühmte *Spitzkoppe* aus und steuerten auf das Brandbergmassiv zu. Wie eine Mondlandschaft präsentierte sich die unwirtliche Gegend um die *White Lady Lodge*. Im Umkreis von Hunderten Metern lagen die Unterkünfte in der Halbwüste verstreut. Einfache Natursteinhäuser besaßen eine Steckdose und zwei Glühbirnen, die von einer Autobatterie gespeist wurden. Eine fast leere Propangasflasche versorgte uns mit warmem Wasser. Eine Art wohldosiertes »Survival«-Abenteuer. Das entfernt gelegene Haupthaus mit Rezeption und Speisesaal lag vor einer skurrilen rötlichen Felsenformation. Da tauchte in der Wüste unvermittelt der sattgrüne Garten der White Lady Lodge vor unseren Augen auf, der wie ein Hologramm aus einem Science-Fiction-Film wirkte. Wir prüften den Rasen auf seine Echtheit. Das Grün lebte wirklich auf diesen wenigen Quadratmetern.

Der Name *White Lady* Lodge rührt von der Darstellung einer Schamanenfigur her, die lange falsch interpretiert für eine weiße Dame gehalten wurde und als Felsmalerei in der *Tsisab*-Schlucht des Brandbergmassivs zu sehen ist. Obwohl ich an Felsmalereien nicht sonderlich interessiert bin, nahmen der beste Ehemann der Welt und ich an einer Gruppenführung teil, auch um uns nach der langen Fahrerei die Beine zu vertreten. Wir wanderten in das Gebirge, an Akazienbäumen und Spuren von Leoparden vorbei. Der Guide meinte, dass einer von ihnen in der Nacht auf Beutezug gegangen sei. Ich drehte mich um, maß in Gedanken die Entfernung zu unserem Haus und fragte ein wenig besorgt, ob Leoparden nachts um unser Haus schleichen würden, worauf der Guide den Kopf schüttelte. Absolut beruhigen konnte er mich aber nicht. Während wir durch felsiges Gelände staksten, mahnte uns der Guide, das Tempo zu halten. Wir fanden aber das Gespräch mit einer Frau in der Wandergruppe so anregend, dass wir immer wieder den Guide vergaßen und nur langsam vorankamen.

Eine knappe Stunde später hockten wir vor dem berühmten Motiv der *White Lady*. Ich schaute es mir brav an, lauschte dem Guide, fand aber die Landschaft um einiges interessanter. Die Topografie Namibias begeisterte und verwunderte mich. So auch das Brandbergmassiv, das wie ein runder über zweitausend Meter hoher Felsklecks aus der Landschaft emporragt. Wir waren bisher durch weite Savannen und semiaride Wüsten gefahren, wo sich vereinzelt Berge aufrichteten, als hätte sie jemand wie Legosteine übers Land verteilt. Ich staunte über diese bizarre Landschaft mit spitz zulaufenden Insel- oder gestreckten Tafelbergen sowie Vulkankratern. Zu Thomas' Leidwesen war alles in ein uncharmantes Braungrau gekleidet und die Wolken verhinderten, dass wir das Brandbergmassiv in der Glut der Abendsonne »brennen« sehen konnten.

Seit Reiseantritt quälten mich Ischiasbeschwerden, die zum Glück fast nur beim Sitzen auftraten. Deshalb saß Thomas immer öfter am Steuer, damit ich mich auf der Fahrt unruhig drehen und wenden konnte, um dem Schmerz auszuweichen.

Bevor wir Swakopmund erreichten, machten wir Halt im *Omandumba Bush Camp*, wo uns eine Übernachtung in einem Zelt bevorstand. Wir waren ein wenig besorgt, wie bequem es sein würde, doch schnell stellte sich heraus, dass es sich um eine Art Bundeswehrzelt mit Platz für zwei Betten und zwei Koffer handelte. Doch wo war das Bad, die Toilette? Erst als wir durch das Zelt gestolpert waren und es auf der anderen Seite wieder verlassen hatten, erreichten wir die Tür zum gemauerten Bad. Über die Sinnhaftigkeit des Zeltes, und warum nicht gleich ein einfaches Haus gebaut worden war, lässt sich trefflich spekulieren. Von den Erongobergen umringt, staute sich die schwülheiße

Luft, sodass abends Blut saugende Insekten lechzend in den Angriffsmodus übergingen. Thomas mahnte mich immer wieder, die doppelten Reißverschlüsse am Zelt auch tagsüber verlässlich zu schließen, was nicht ganz meiner Natur entsprach, weil sie sehr schwergängig waren und mir auf die Nerven gingen. Entsprechend umständlich tapsten wir in der Nacht bei jedem Toilettengang durch das enge Zelt und fummelten mehrmals an den Verschlüssen herum.

Etwas angenehmer saßen wir unter der Veranda am Haupthaus, wo die kalten Getränke griffbereit im Kühlschrank standen und wir uns mit den anderen Gästen unterhielten.

Claudia vertrat die Betreiber, die wegen einer Beerdigung abwesend waren. Sie verströmte mit ihrem schwäbischen Akzent und ihrer lockeren Art eine angenehme Atmosphäre. Viele Jahre hatte sie als Friseurin in Swakopmund gearbeitet und verdingte sich jetzt mit Vertretungsjobs. Für meine Ischiasbeschwerden hatte sie sofort eine Empfehlung. Sie bot mir die Dienste ihrer Freundin in Swakopmund an, die mit Shiatsu behandelte. Ich war skeptisch, doch Claudia wie auch Thomas meinten, dass es ein Versuch wert sei. Sie hatten recht. Claudia rief sofort ihre Freundin an und machte einen Termin aus. Jetzt, wo die Entscheidung gefallen war, fühlte ich mich erleichtert, denn die Schmerzen hatten mich nach acht Wochen mürbe gemacht.

Nach dem Essen führten wir am Lagerfeuer sehr nette Gespräche mit den anderen Gästen. Ein junges Paar aus Gütersloh entwarf innovative Kunststoffprodukte, unter anderem Rauchmelder, die auch unter unseren Decken hingen. Ihr neuester Plan sei, mit Freunden eine Lodge in Botswana zu eröffnen. Ein Paar in den Achtzigern war vor Jahrzehnten aus Deutschland nach Namibia ausgewandert und hatte eine Teppichfabrik mit landestypischen Materialien und Designs betrieben. Für die sehr resolute Frau kam eine Rückkehr nach Deutschland nie mehr infrage. Namibia sei ihr Land und die Firma bleibe ihr Ein und Alles. Auch sie berichtete, wie schwer es sei, junge Namibier verschiedener Ethnien langfristig in einen Arbeitsprozess zu integrieren und ihre Kreativität zu fördern.

Am zweiten Tag im *Omandumba Bush Camp* besuchten wir das *Living Museum* der *San*. Die San sind eine der ältesten Stammesgruppen in Namibia und zeichnen sich durch kleinen Körperwuchs aus.

San-Männer

Erongogebirge

Das Projekt gefiel uns sehr. Europäische Fachleute hatten für Stammesvertreter ein Geschäftsmodell entwickelt, das den San ermöglicht, Touristen ihre Kultur näherzubringen und damit Geld zu verdienen. Als wir einen Rundgang gebucht hatten, begaben sich zwei San mit uns auf einen Rundgang durch die Landschaft. Wir waren verblüfft, als die beiden sagten, sie seien dreißig Jahre alt. Ihre Jugendlichkeit hatte uns auf frühes Teenageralter schließen lassen. Sie erzählten von giftigen und nützlichen Pflanzen, wie sie Tierspuren lesen, Feuer machen, Fallen aufstellen und sich an Beute heranpirschen. Einer von ihnen erklärte in der Sprache der San, was natürlich keiner von uns verstand, und der andere auf Englisch. Wir fanden diesen Exkurs sehr lehrreich, zeigte er doch einmal mehr auf, wie perfekt diese Menschen an die Lebensumstände in der Natur angepasst sind und sie als gleichberechtigten Partner ansehen. In uns verflog jeder noch so zarte Hochmut, als wir uns vorstellten, in dieser für uns fast schon lebensfeindlichen Welt bestehen zu müssen. Der Maler Franz Marc hätte die San für ihre absolute Naturverbundenheit in den kräftigsten Farben gemalt.

Während der kleinen Rundfahrt am frühen Abend durch den Kessel des Erongogebirges badeten wir im Licht der untergehenden Sonne in der goldgelben Graslandschaft.

In Swakopmund erwartete uns der Klimaschock, kaum dass wir die küstennahe Namibwüste durchquert und den Atlantik erreicht hatten. In der angeblich deutschesten aller Städte Namibias regnete es und die Temperatur war auf weit unter 20 Grad gefallen, sodass wir gleich lange Hosen und Regenjacken aus dem Koffer nahmen.

Wir hatten in Deutschland eine *Misterb&b*-Unterkunft für einen absoluten Spottpreis von vierundzwanzig Euro pro Nacht gebucht. Gudrun, ihre Tochter und ihre Mutter lebten zusammen in einem Haus am Rande des Ortes, nur wenige Schritte zum Strand. Sie begrüßten uns so herzlich, dass wir uns sofort wohlfühlten. Erst recht als Gudruns Jack Russell mit Namen *Toffie* an uns hochsprang. Ich hätte mir nie träumen lassen, mich in einen Hund zu verlieben, doch *Toffie* machte es möglich. Er war keck, handzahm, wild und anlehnungsbedürftig. Auch Thomas erlag seinem Charme.

Mit Gudrun tauchten wir schnell in tiefgründige Gespräche ab und erzählten in großer Offenheit über unsere Leben. Gudruns Mutter war seinerzeit mit ihrem Mann nach Namibia ausgewandert und berichtete von der harten Umstellung, die der Neuanfang damals mit sich gebracht hatte. Sie seien auf sich gestellt gewesen und hatten nur mit ihrem handwerklichen Geschick das Leben meistern können. Gudruns Tochter Emily stand die Einschulung bevor. Wir lebten also in einem »Mädelhaus«.

Ich erwähnte in diesem Kapitel bereits die Reisedoku »Verrückt nach Zug«, die wir uns vor der Reise angeschaut hatten. Darin waren Touristen von Kapstadt per Zug nach Windhuk gereist, begleitet von diversen Reiseführern. In einer der Folgen bot ein Reiseführer den Gästen Bulltong, einen landestypischen Snack an. (Wir hatten bisher eher lustlos auf den getrockneten Fleischstäbchen herumgebissen.) Diese Szene war uns im Gedächtnis geblieben. Gudrun erklärte, sie lebe von Emilys Vater getrennt, der dem umtriebigen Job als Reiseführer nachgehe. Als wir nachfragten und sie uns ein Bild zeigte, konnten wir nicht glauben, in ihm jenen Bulltong-Reiseleiter wiederzuerkennen. Was für ein Zufall! Als er kurz vorbeikam, um seine Tochter abzuholen, zeigte er allerdings wenig Interesse an uns.

Für die vier Tage in Swakopmund hatten wir uns einiges vorgenommen. Ich wollte den Shiatsu-Termin wahrnehmen. Dann mussten wir unbedingt Swakopmund erkunden. Thomas wünschte sich zudem die allseits begehrte *Little Five Desert Tour*. Nach den *Big Five* im *Etosha* wollten wir nun die kleinen exotischen Lebewesen in der Namib erleben. Die Tour leitete der beliebte Chris, der angeblich eine lustige und informative Führung versprach. Gudrun empfahl uns außerdem eine Katamaran-Fahrt in der *Walvis Bay*.

Da wir aber an einem Freitag in Swakopmund angekommen waren und keine Kontaktdaten besaßen, fürchteten wir, keine freien Plätze mehr zu erwischen, und setzten alle Hoffnungen auf die Touristen-Information. Der Wunsch, Freiheit und Spontanität zu leben, konnte sich in solchen Fällen nachteilig auswirken. Doch wir hielten unwissentlich einen Trumpf in der Hand und der hieß Gudrun. Sie bot sich an, für uns nachzufragen. Wie befürchtet, war die Tour mit Chris schon für Wochen ausgebucht und Thomas sehr geknickt. Diese Tour hatte ihm sehr am Herzen gelegen. Doch jetzt lief Gudrun zur Höchstform auf, hatte eine Idee und zauberte einen Bekannten namens Burger aus dem Hut, der sich mit seiner Firma *Etangola* selbstständig gemacht hatte und Ausflüge in Swakopmund und Umgebung anbot. Da sich die *Little Five Desert Tour* großer Beliebtheit erfreute, hatte er diese in sein Programm aufgenommen. Tatsächlich bot er uns am nächsten Morgen um neun Uhr eine Halbtagstour durch die Namibwüste an. Auf meine Frage, wie viele Personen daran teilnehmen würden, erwiderte Gudrun, dass er die Tour nur für uns mache. Da war es wieder, dieses unverschämte Glück. Wir durften eine exklusive *Little Five Desert Tour* erleben. Kurze Zeit später war für den übernächsten Tag auch die Katamaran-Tour gebucht.

Elisabeth, meine Shiatsu-Therapeutin, wohnte am anderen Ende von Swakopmund. Während wir sprachen, massierte sie mich. Als Thomas mich abholte, zweifelte ich, dass die Behandlung mir geholfen hatte. Natürlich durfte ich vom einmaligen Streicheln keine Wunder erwarten. Die knappe Zeit in Swakopmund ließ nur noch einen zweiten Termin zu.

Swakopmund gilt als mondänes Seebad, in das neben Touristen besonders Windhuker einfallen, wenn sie der Hitze im Inland entfliehen wollen. Einige historische Gebäude strahlten wieder im alten Glanz, andere nicht. Obwohl die deutsche Kolonialzeit seit über hundert Jahren der Vergangenheit angehört, lag für uns das Deutschtum noch immer in der Luft und vor unseren Augen. Während des Rundgangs versuchte ich, mir die historische Situation vorzustellen, als im ausgehenden 19. Jahrhundert der Bau des künstlichen Hafens zum Einfallstor für deutsche Kolonialisten und Soldaten wurde. Die Engländer, die die nahegelegene Walvis Bay besetzt hatten, beäugten den Einmarsch misstrauisch, intervenierten aber nicht, weil sie kein Interesse am nutzlosen Land hatten. Die selbstbewussten Deutschen hatten die Lage genutzt und 1885 ihr Protektorat mit dem Hissen der Reichsflagge proklamiert. Somit war der Küstenstreifen bis auf die Walvis Bay in deutscher Hand.

Auf unserem Streifzug entdeckten wir Jugendstilhäuser, kleine Geschäfte in Promenadennähe und konnten dennoch nicht in den überschwänglichen Kanon der Bewunderer Swakopmunds einstimmen. Vielleicht dämpfte das graue Wetter die

Stimmung. Wären wir im namibischen Sommer hier gewesen und mit mutigen Badegästen einen Fußbreit in den eiskalten Atlantik gestiegen, hätten wir vielleicht anders geurteilt.

In Swakopmund erlebten wir hautnah das kontrastreiche Klima Namibias, als wir am nächsten Morgen mit Burger zu unserer *Little Five Tour* starteten. Die hohen Dünen der Namib halten die Feuchtigkeit und den Regen des kalten Benguela-Stroms an der Küste, während bereits wenige Kilometer davon entfernt Trockenheit herrscht. Während der Fahrt in seinem Jeep berichtete Burger von den industriellen Projekten, die vor der Stadt sichtbar Gestalt annahmen und das brachliegende Land vereinnahmten. Swakopmund soll zu einem bedeutenden Zentrum Namibias werden.

Kurze Zeit später türmten sich die Sanddünen auf und breiteten ein wundervolles und nicht enden wollendes gelbrotes Panorama vor uns aus. Burger wies auf die Beschaffenheit des Sandes hin, der stellenweise schwarz durchzogen war. Was es damit auf sich hatte, zeigte er anhand des Taschentuchtricks. Er legte den weißen Stoff auf den Sand, hielt die Hand darauf und drehte das Tuch um. Die Oberfläche des Stoffes war nun schwarz geworden. Er hatte mit einem Magneten in der Hand feine Eisenspäne aus dem Sand gefiltert. Dass uns die riesigen Dünen so plastisch vorkamen, lag also nicht nur an dem flachen Sonnenstand, sondern auch am dunklen Eisen, das die Wirkung verstärkte. Ich konnte kaum den Blick von den majestätischen Erhebungen abwenden, die kraftvoll und zugleich elegant die Kulisse dominierten. Über dem Gelbrot der Dünen thronte der knallblaue Himmel. Einfach und doch so beeindruckend.

Nach einer Weile machte uns Burger auf eine große Spinne aufmerksam - hellgelb und grau gestreift. Sie hatte ihr silbriges Netz großflächig zwischen die Äste einer der wenigen Wüstenpflanzen gesponnen. Im Gegensatz zum massigen Körper wirkte ihr Netz umso zerbrechlicher. Wir blieben eine ganze Weile dort stehen und betrachteten es.

Nur wenige Meter entfernt wuchs ein dorniges Gestrüpp, das hellgrüne stachelige Arme ausbildete, an denen eine große Frucht reifte. Burger klärte uns auf, dass es sich um die Nara-Frucht handele, ein gelbliches kürbisartiges Gewächs, dessen Wurzeln unglaubliche vierzig Meter tief bis zum Grundwasser reichen. Doch es gab noch mehr Grund zum Staunen. Wir fuhren mit Karacho weiter über die Dünen, bis Burger stoppte, ausstieg und mit Argusaugen den Boden absuchte. Als wir ihm folgten, wies er uns auf flächige Sandverschiebungen hin. Danach begann er, mit einem Stock behutsam im Sand zu stochern, und förderte ein Tier ans Tageslicht: die Zwergpuffotter, eine äußerst giftige Schlange. Das Wissen darum machte mich leicht nervös. Kurze Zeit später drückte Burger das Gaspedal durch, sprang aus dem Auto und hantierte wieder mit dem Taschentuch herum. Er rannte ohne Schuhe die Dünen hinauf, was uns maßlos irritierte. Was taten wir, wenn eine andere Zwergpuffotter ihn biss? Wusste er, was er tat? Wir beruhigten uns damit, dass er die Natur mit all ihren Gefahren seit Kindheitstagen kannte und dort aufgewachsen war, als wäre es sein Spielplatz gewesen. Er schien zu wissen, dass er nach einem giftigen Biss nur wenige Stunden Zeit hatte, um sich entspannt in der Apotheke oder beim Arzt das Gegengift zu besorgen. Doch Burger zeigte uns lächelnd das nächste Wunder. Er warf am Hang der Düne das Tuch in die Luft, fing es wieder auf und wiederholte den Vorgang. Plötzlich blieb er stumm stehen und grub mit der Hand im Sand. Dieses Mal förderte er die Schaufelnase, eine kleine Echse zutage, so klein, als wäre sie gerade erst geschlüpft. Sie zappelte und wollte sofort wieder in den Tiefen des Sandes verschwinden. Dazu sind ihre Nasenlöcher nach hinten gerichtet und ein Deckel verhindert, dass Sand eindringt. Als wir fragten, weshalb er das Taschentuch hochgeworfen habe, erklärte er, dass durch das Tuch ein Schatten entsteht. Die Schaufelnase erstarrt vor Schreck, weil sie einen Greifvogel vermutet. Diesen Moment hatte Burger genutzt, um das Tier zu fassen.

Nach einem kurzen Moment preschte Burger wieder los. Wir liefen ihm hinterher die steile Sandwand hoch und kamen völlig außer Atem. Doch es hatte sich gelohnt. Grinsend hielt Burger den Palmatogecko in der Hand. Ein unglaubliches Wesen, kleiner als die Schaufelnase. Ein Wissenschaftler hat das Tier als Gummibärchen auf vier Beinen beschrieben. Fast durchsichtig flimmerten die Schuppen in zarten Pastelltönen. Schwimmhäute ermöglichen es dem Gecko, Sand zu schaufeln, wenn er nachtaktiv durch die Gegend »schwimmt«.

Ohne Burger wären wir aufgeschmissen gewesen und hätten

keines dieser skurrilen Wesen zu Gesicht bekommen. Burger war hier zu Hause.

Namib-Gecko

Namibwüste

Ich hatte kleinen Kriechtieren bisher nie viel abgewinnen können, doch an diesem Tag in einer derart beeindruckenden Umgebung standen die *Little Five* den *Big Five* in nichts nach. Reportagen, hochauflösende Fotos und Erzählungen können uns begeistern, aber nicht das eigene Erleben mit allen Sinnen ersetzen. Was ich sah, berührte mich tief und nachhaltig.

Wir düsten mit dem Jeep auf die Dünenkämme, um das herrliche Panorama mit den wechselnden Lichtreflexen zu beobachten. Ein ordentlicher Wind pfiff über uns hinweg. Sandkörner peitschten in unsere Gesichter, sodass wir uns immer wieder abwenden mussten. Ich zückte dennoch die Kamera, wechselte die Objektive, denn diese Ansichten musste ich für die Ewigkeit festhalten.

Thomas hatte sich in den Sand gesetzt und beschlossen, das Mittagessen vorzubereiten, welches vornehmlich aus den beiden hartgekochten Eiern bestand, die Gudrun uns als Wegzehrung mitgegeben hatte. Als er sie zu pellen anfing, fürchtete ich, sie mit sandiger Panade gereicht zu bekommen. Doch ein guter Grundschullehrer handelt stets mit Weitsicht.

Nach unserer Rast in den Dünen dachte ich, Burger würde die Tour beenden und nach Swakopmund zurückkehren. Stattdessen fuhr er in die entgegengesetzte Richtung und hielt uns auf meine Frage hin im Unklaren, was er vorhatte. Als wir nach einer guten halben Stunde in eine gottverlassene Gegend kamen, sahen wir ratlos aus dem Fenster, während Burger durch eine zerklüftete Landschaft bretterte. Orientierungslos sah ich zu, wie er den Jeep haarscharf an Klippen und Abgründen vorbeilenkte. Bodenwellen schüttelten uns und wir glaubten, in die nächste Senke zu stürzen.

Als wir endlich anhielten, zeigte Burger auf ein großes grünes Gewächs. Es wucherte allein vor sich hin, sah mitgenommen und leicht zerfranst aus. Er lächelte, als er unsere fragenden Gesichter sah. »Das ist eine Welwitschie.« Welwitschie? Diesen Namen hörten wir zum ersten Mal. Dabei handelte es sich um die Wappenpflanze Namibias, Swakopmunds und ist Namensgeberin für die namibische Rugby-Mannschaft *The Welwitschias.* Diese endemische Pflanze gibt es nur in Namibia und Südangola, und sie besteht aus zwei Blättern, die extrem langsam wachsen. Es war erstaunlich genug, dass in dieser Öde überhaupt etwas gedeihen kann, doch als Burger uns das Alter der Welwitschie mitteilte, glaubte ich, nicht richtig zu hören. Vor uns lebte ein tausendfünfhundert Jahre altes Fossil. Wir standen einer der ältesten Pflanzen der Welt gegenüber. Sie mit der Hand zu berühren und mir vorzustellen, welcher Vorfahre sie ebenfalls berührt haben könnte, sprengte meine Vorstellung. Hundertjährige Eichen waren das eine, eine Pflanze mit diesem greisen Alter konnte ich mir nicht mehr erklären. Schon gar nicht in dieser wüstenartigen Region.

In der Nähe entdeckte ich eine Art Gänseblümchen im zarten Weißrosa. Wie konnten die beiden Gewächse in der Dürre überleben? Reichte der morgendliche Tau wirklich aus, sie am Leben zu erhalten? Unsere Petunien lassen im Sommer nach einem Tag ohne Wasser die Köpfe hängen. Ich durfte die Natur dieses Landes anscheinend nicht mit den mir bekannten Maßstäben messen.

Die Mondlandschaft bildete den Abschluss unserer Tour. Östlich von Swakopmund hatte der Swakop-River vor über zwei Millionen Jahren das Granitgestein ausgewaschen und tiefe Einschnitte hinterlassen. Die oberen Hügelkämme setzten sich basaltschwarz vom restlichen Ocker ab. Wir sahen von einem Plateau in die Weite. Eine Raumkapsel der NASA hätte perfekt ins Bild gepasst und eine Mondlandung vortäuschen können. Für schöne Fotos brauchte ich aufgrund der Entfernung das Teleobjektiv. Als ich mit leichtem Knopfdruck den Bildausschnitt fokussieren wollte, vernahm ich ein schurrendes Geräusch. Die Kamera stellte das Objektiv nicht mehr scharf. Als ich manuell einwirkte, kam leichte Panik in mir auf, denn es knirschte beim Drehen des Objektringes. Mir war sofort klar, dass ich von nun an ein großes Problem haben würde, denn durch den heftigen Wind in der Namib hatte sich Sand im Inneren festgesetzt. Ich fluchte und legte die Kamera vorsichtig zurück. Konnte das neue Teleobjektiv repariert werden oder hatte ich die Anschaffungskosten in den Sand gesetzt? Ein Albtraum, wenn nicht; denn die Weltreise hatte gerade erst begonnen. Ich trauerte schon jetzt um jedes Motiv, das ohne Teleobjektiv nicht erreichbar sein würde.

Welwitschie

Mondlandschaft

Während der Heimfahrt ergingen wir uns in Schweigen. Die Sonne hatte an uns gezehrt. Die spektakulären Bilder, die Flut von Informationen und Extremen legten sich wie ein schwerer Mantel um uns. Ich hoffte, dass die unglaublichen Eindrücke dieses Tages später nicht im schnelllebigen Alltag verloren gingen. Ich spürte, dass mich von der ersten Stunde unserer Reise die Neugier antrieb. Mich umzuschauen, Ungewohntes und Fremdes zu entdecken, zu verstehen und einzuordnen fand ich bereichernd und spannend. Dazu passend fuhren wir weit vor der Stadt im wüstenähnlichen Hinterland an einer Siedlung vorbei, wo Menschen im Begriff waren, sich niederzulassen. Wir fragten Burger, wer hier denn bitte schön wohnen wolle, Kilometer von der Stadt entfernt, wo die Hitze erbarmungslos zuschlug und alles im Staub versank. Burger schien verblüfft und sagte, dass er der Erste wäre, der sich dort ein Haus bauen würde, wenn er das nötige Geld hätte. Thomas und ich schwiegen und sahen uns verwundert an.

Wir berichteten Gudrun aufgeregt von unseren Erlebnissen, dankten ihr für die Empfehlung, liebkosten Toffie und fielen müde, aber selig ins Bett.

Dachte ich an die Walvis Bay, stellte ich mir ein verträumtes Fischerdörfchen vor. Stattdessen fraß sich ein Sechzigtausend-Einwohner-Ort immer weiter in die Namib. Hier liegt der größte Hafen des Landes. Karge neue Siedlungen wurden in den Sand betoniert. Gegenüber der Hafenanlage verströmte eine Township eine bedrückende Armut und Hektik. In den schmalen Straßen ging es zu wie in einem Bienenschwarm. Ich wollte aus dem Auto heraus unauffällig Fotos machen. Doch Thomas bat mich, es zu lassen, um den Eindruck zu vermeiden, dass Weiße sich am Elend der *People of Color* sattsehen. Ich verstand seine Bedenken, drückte aber dennoch, diesmal aus größerer Entfernung, ab.

Wenig später erreichten wir den Hafen mit den Ausflugsbooten. Er wirkte nicht gerade einladend. Die kaum beschilderte Zufahrt, der staubige Parkplatz und die Souvenirhütten wirkten heruntergekommen.

Die Katamaran-Tour startete bei frischem Wind und dunklen Wolken. Als wir aufs Wasser hinausfuhren, hüllten wir uns sofort in Decken. Ich fühlte mich an misslungene Familienurlaube an deutschen Küsten erinnert. Plötzlich machte uns hektisches Gejuchze stutzig. Eine Robbe war an Bord gehopst und die Teilnehmer kriegten sich kaum ein. Uns war klar, dass das Ganze ein abgekartetes Spiel sein musste. Da die Crew die Robbe sogar mit Namen ansprach, vermuteten wir dahinter eher ein domestiziertes Verhalten des Tieres und keine spontane Laune der Natur.

Das Tier kam in freudiger Erwartung, für die tapsenden Flossen, das bettelnde Grunzen und die vielen Fotos Fische in den Rachen gestopft zu bekommen. Dazu kamen Pelikane. Auch sie landeten auf dem Boot und zauberten ein Lächeln der Ausflügler hervor.

Plattformen für Schiffsreparaturen, an denen drei rostige Stahlriesen vertäut waren, ragten gewaltig aus dem Meer und verschandelten die Küstenidylle.

Zur Mittagszeit zogen wir an Sandbänken vorbei, die unter den fetten Leibern unzähliger Robben kaum noch zu erkennen waren. Lautes Grunzen und Quieken erfüllte die Luft. Jungtiere tollten im Wasser, während die Älteren an Land dösten und manchmal einen Blick riskierten, um ihre Kinder zu beobachten. Am Ende stellten wir fest, dass sich die Katamaran-Tour mit der von Burger keinesfalls messen lassen konnte.

Auch der zweite Termin bei der Shiatsu-Königin schien kaum Linderung zu verschaffen, weshalb Elisabeth mich bat, darüber nachzudenken, inwieweit die Beschwerden psychosomatisch sein könnten. Die Vorbereitungen und Sorgen, die mit der Reise verbunden waren, könnten Stressschmerz ausgelöst haben. Ich dankte ihr sehr für ihre Bemühung, mir schnell helfen zu wollen, und versprach, ihre Übungen zu beherzigen.

Der Abschied von Gudrun, ihrer Familie und *Toffie* fiel uns schwerer als gedacht. Wir hatten uns in ihrem Haus sehr wohlgefühlt. Als wir auf gepackten Koffern saßen, steckte sie uns noch die Adresse eines Freundes zu, der Interesse habe, uns in Sydney kennenzulernen. Wir versprachen, in Kontakt zu bleiben.

Die Fahrt zum *Desert Quiver Camp* und das *Sossusvlei* schürten hohe Erwartungen. Alles, was wir über die Namib und das Sossusvlei gelesen hatten, klang nach einem fantastischen Erlebnis. Konnten wir die rasche Abfolge der Eindrücke überhaupt noch verkraften? Namibia war erst der Beginn unserer Weltreise und ich staunte, mit wie vielen spektakulären Bildern wir in unseren Köpfen bereits jonglieren mussten. Doch zunächst verlangten die schlechter werdenden Schotterpisten und Schlaglöcher meine ganze Konzentration. Die Sorge um die Reifen war unser ständiger Begleiter, zumal ein Touristenpaar uns auf der *Bambatsifarm* berichtet hatte, dass sie bisher fünf Reifenwechsel auf ihrer Fahrt hatten vornehmen müssen und absolut genervt waren.

Nackte schroffe Berge, Steinwüsten und eine Onyx-Antilope vor granitrotem Felsen malten ein gleichsam faszinierendes wie schrecklich trostloses Bild. Hier hat das Leben keine Chance, dachte ich. Doch kaum hatte ich den Gedanken gefasst, fuhren wir entgeistert an einer kleinen Wellblechsiedlung vorbei. Ein hoher Drahtzaun schützte die Menschen in ihrer Armut. Aber vor wem? Vor wilden Tieren und möglichen Wegelagerern? Wir konnten nicht begreifen, wie hier ein Leben scheinbar ohne Strom und Wasser und dreißig, vierzig Kilometer von der nächsten Versorgung entfernt möglich sein konnte. Die beiden Jungs, die sich schleichend im Ghetto bewegten, kamen mir wie Aussätzige vor. Zwanzig Kilometer weiter tauchte plötzlich hinter einem Berg ein Mann auf. Er ging über Steine auf die Schotterpiste zu. Woher kam er? Wohin wollte er? Außer der weit entfernten Wellblechsiedlung gab es nichts. An einer Mitfahrgelegenheit schien er auch nicht interessiert, wodurch seine Wanderschaft im Jogginganzug ohne Rucksack oder Tasche einen Sinn für uns gemacht hätte. Diese Szene werde ich immer mit Namibia in Verbindung bringen.

Das *Quiver Desert Camp* lag nahe am Rande der Namib vor den Toren des *Sossusvlei*. Auf weiter Ebene mit Blick auf ein fernes Gebirge verteilten sich im Halbkreis Häuser, die mit locker versetzten Holzstäben vom Boden bis zum Scheitel zeltartig überdacht waren. Das Innere glich einem einfachen, aber guten Hotelzimmer. Wir bestellten uns ein vorbereitetes Abendessen, das uns zur gewünschten Zeit geliefert wurde. Mit dem Schwenkgrill auf der Terrasse grillten wir unser Fleisch, deckten den Tisch und aßen mit Blick in die untergehende Sonne. Rasch trat die blaue Stunde ein und nach ihr das nächtliche Dunkel. Thomas folgte mir, als ich mich mit dem Weinglas in der Hand vom Haus entfernte. Es lag pure Romantik in der Luft. Mutterseelenallein standen wir auf dem Platz. Jeder suchte die Hand des anderen, während wir die Köpfe hoben und zum Himmel sahen. Ein Sternenmeer, wie ich es noch nie zuvor erlebt hatte, ergoss sich über unsere Köpfe. Und als wäre das nicht prachtvoll genug, gesellte sich ein Schweif dichter heller Punkte dazu, der mir womöglich optimistisch verkünden wollte, dass unsere Reise unter einem guten Stern stand. Es war ein wunderschöner Moment, als wir uns gegen die schräge Mauer lehnten und Thomas sein Wissen von der Welt über unseren Köpfen mit mir teilte.

Im Hochgefühl des nächtlichen Rausches starteten wir am frühen Morgen bei herrlichem Sonnenschein in die Dünenwelt. Nachdem wir uns tags zuvor ein Ticket besorgt hatten, hob sich um sieben Uhr die Schranke und entließ die Blechkarawane auf eine sechzig Kilometer lange Strecke, die uns in die schlichte und dennoch dramatische Schönheit der Landschaft führte. Wir ignorierten allesamt die Geschwindigkeitsbegrenzung und rasten voller Vorfreude in die Namib. Asphaltierte Straßen gelten gemeinhin als Verschandelung natürlicher Lebensräume. Die Straße ins Sossusvlei war allerdings nicht nur ein Segen für die Touristen, sondern auch für die Natur. Der Verkehr war einst über eine Schotterpiste geführt worden und hatte viel Staub aufgewirbelt, was für die endemische Flora den Erstickungstod bedeutet hätte. Dank der geteerten Straße hat sie sich wieder erholt.

Nach einer Dreiviertelstunde erreichten wir den Parkplatz und stiegen in einen Kleinbus, der uns zum Ausgangspunkt brachte. Wenn es einmal wieder regnet, versandet hier das Wasser des Sossusvlei, was übersetzt »blinder Fluss« bedeutet, da es in der Namib versickert.

Vor uns breitete sich die bizarre Landschaft aus, die Sand in schmeichelhaft gewundenen Formationen präsentierte. Unser Blick ging zum Gipfel des *Big Daddy*, der wie eine rote Nadelspitze in den stahlblauen Himmel ragte. Um ihn zu erklimmen, brauchten wir Kraft für 375 Höhenmeter. Es sei keine Schande, so sagte unser Reiseführer, den beschwerlichen Weg nicht zu schaffen. Doch wir ließen uns trotz unseres wenig trainierten Zustands nicht entmutigen. Das Ziel vor Augen folgten wir dem schmalen Grat und balancierten den Dünenkamm entlang. Uns gelang es erstaunlich gut, die Schritte auf den fußbreiten Weg zu setzen und ohne übermäßige Anstrengung voranzukommen. Mit jedem Meter stieg auch die Hoffnung, den Gipfel zu erreichen. »Je kleiner die Füße, desto leichter die Schritte«, sagte eine ältere kleine Frau und segelte an uns vorbei. Sie hatte recht. Je länger wir liefen, umso öfter rutschte mein Fuß zur Seite weg und musste sich wieder hocharbeiten.

Mit jedem Höhenmeter öffnete sich der Blick auf das herrliche Panorama der Wüste. Nach einiger Zeit stellten wir fest, wie sich andere einen schlanken Fuß machten und von der linken Seite zum Gipfel stapften. Da erinnerte ich mich an den Tipp eines Touristen, der uns zum linken, leichteren Weg geraten hatte. Stattdessen waren wir blind der Masse gefolgt. Unser Kampfgeist blieb dennoch ungebrochen, denn der »rechte« Pfad bedeutete größere Ehre. Dass wir uns diese aber noch hart erarbeiten mussten, bemerkten wir, als eine steil aufragende Wand aus Sand vor uns auftauchte. Erst wenn diese erklommen war, würden wir auf direktem Weg zum Gipfel gelangen. Wir pausierten, um die letzten Kräfte zu mobilisieren. Thomas war schweißgebadet und sah recht blass aus. Ich konnte mich selbst zum Glück nicht sehen. Nach einem kräftigen Schluck Wasser krochen wir wie behinderte Schildkröten auf allen vieren die steile Wand hoch. Ein anstrengender Zentimeter folgte dem nächsten. Immer wieder rutschten wir zurück und glaubten an ein Nullsummenspiel. Mit ausgepumpten Lungen und trockenem Mund überwanden wir das Hindernis und sahen zum Gipfel auf. Für Thomas schien das Scheitern auf den letzten Metern unausweichlich. Unsere Muskeln hatten alles gegeben, dennoch war ich optimistisch und konnte Thomas motivieren. Langsam und mit viel Zuspruch gingen wir weiter, um nach zwei Stunden und fünfzehn Minuten den Berg bezwungen zu haben.

Minutenlang atmete ich durch, bis der Blick klar wurde und die grandiose Aussicht auf die Sandwüste bis zum Horizont sich in allen Gelb- und Rottönen vor uns ausbreitete. Ich küsste Thomas auf die nasse Stirn und setzte mich neben ihn.

Eine halbe Stunde labten wir uns an der Aussicht. Direkt vor uns lag das berühmte *Death Vlei*. Wie die Kinder rannten wir den Hang zur Salzpfanne hinunter und schlichen ausgelaugt über die graue verkrustete Oberfläche zum anderen Ende, wo die Skelette abgestorbener Akazienbäume mit einem stolzen Alter von bis zu 500 Jahren aus dem Boden ragten. Obwohl der Tod sie längst ereilt hat, verwittern sie aufgrund des extremen Klimas äußerst langsam. Kontrastreicher konnte eine skurrile Natur nicht leuchten: blauer Himmel, rote Dünen, ein aufgeplatzter grauweißer Salzboden, aus dem dunkle Baumgerippe mit goldenen Ablagerungen ragen. Wie ein überdimensionales Werbeposter spannte sich das *Death Vlei* vor uns auf. Lange Zeit konnten wir den Blick nicht abwenden, bis wir erschöpft, aber stolz zum Auto zurückkehrten und ein letztes Mal zum entfernten Gipfel des *Big Daddy* schauten.

Vom Desert Quiver Camp aus mieden wir die C27 aufgrund ihres angeblich schlechten Zustands und umfuhren sie erst gen Osten und dann nach Süden. Wir wichen sogar auf D-Straßen aus, die noch unberechenbarer waren und uns eine abenteuerliche Fahrt bescherten. Erst auf unebenen Feldwegen, an Zäunen und dem Gelände vorbei sowie über Schlaglöcher hinweg. Das Navi präsentierte sich in Höchstform und führte uns durch jeden entlegenen Winkel Namibias, sodass wir glaubten, nach langer Fahrt die *Koiimasis Ranch* »Fest Inn Fels« erreicht zu haben. Thomas öffnete das Gatter des Privatgeländes. Das Navi zeigte jedoch zwanzig weitere Kilometer an. Das konnte nicht sein. Ich war misstrauisch, doch Thomas meinte, wir sollten den Weg versuchen; und so fuhren wir durch eine goldgelbe, sandige Grassavanne. Mittlerweile ärgerte ich mich über die ignoranten Betreiber, als wollten sie ihre Gäste über Bodenwellen springen lassen und ihnen mit Bodenlöchern Fallen stellen.

Durchgeschüttelt erreichten wir nach einer halben Stunde die Unterkunft. »Fest Inn Fels« brachte es auf den Punkt. Die Häuser klebten förmlich am Hang der Berge fest. Als wäre die Fahrt nicht nervig genug gewesen, begrüßte uns unmotiviertes Personal. Wir schienen die einzigen Gäste zu sein. Überall staute sich die Hitze und nervige Fliegen schwirrten uns ständig vor dem Gesicht herum. Viel zu entdecken gab es nicht. Ein nahegelegener Hof mit Federvieh, Hunden und Katzen war uns nur einen kurzen Spaziergang wert. Ansonsten bewegten wir uns nicht vom Fleck und lagen am kleinen dreckigen Pool oder auf der erhöhten Veranda mit Liegen. Eine Safari wäre ein interessanter Programmpunkt gewesen, doch sie wurde grußlos abgesagt. WIFI und eine Klimaanlage gab es auch nicht. Das klobige altbackene Interieur schien aus den Siebzigern zu stammen. Alles wirkte furchtbar apathisch. Nur eine kleine Anekdote brachte unsere Gemüter in Wallung. Nach dem Essen fragte die Bedienung, ob ein Dessert oder ein Absacker gewünscht sei. Als sie uns den auf Deutsch geschriebenen Zettel mit Vorschlägen reichte, trauten wir unseren Augen nicht. Da stand tatsächlich ein Getränk, das sich *Schwuler Kudu* nannte. (Ein Kudu gehört zur afrikanischen Antilopengattung.) Unglaublich! Nach einem kurzen Lacher blieb uns die Luft weg und wir empörten uns, stellten uns dumm und baten die Bedienung, uns die Bezeichnung *Schwuler Kudu* zu erklären. Sie zögerte und gab vor, unsere Frage nicht zu verstehen. Als sie so tat, als hätte sie begriffen, lächelte sie verlegen. Wir fragten, ob sie denn keinen lesbischen Pflaumenschnaps im Schrank habe. Diese Frage überforderte sie nun völlig. Wir machten den deutschen Besitzer für diese Geschmacklosigkeit verantwortlich. Die Vorstellung, dass viele Touristen sich bei diesem Cocktailnamen auf die Schenkel geklopft haben, machte uns wütend.

Das Bahnhofshotel in Aus hätte als Zwischenübernachtung auf dem Weg nach Lüderitz keine besondere Erwähnung verdient, wenn uns dort nicht ein großer femininer Angestellter mit geschminkten Augen und einem für uns eindeutigen Lächeln begrüßt hätte. Er ließ keinen Zweifel daran, dass für ihn nach langer Zeit wieder die Sonne in Schwarzafrika aufging. Wir konnten seine Situation nachempfinden. In einem Land oder gar Kontinent, in dem Schwule mit Anfeindungen zu rechnen haben und zudem kaum »Gleichgesinnte« finden, führt ein Aufeinandertreffen wie unseres zu der beruhigenden Erkenntnis, dass man mit seinen Gefühlen und Neigungen nicht allein auf der Welt ist.

Am nächsten Tag folgten wir hinter Aus der hundertzwanzig Kilometer langen Sackgasse nach Lüderitz. Die B4 gehört zwar zu den wichtigsten Verkehrsadern des Landes, doch Langeweile war vorprogrammiert, denn landschaftlich durften wir nichts erwarten. Es war stürmisch und die Luft voller Staub. Thomas hatte gelesen, dass Wildpferde in der Gegend weiden würden, und hatte deshalb Äpfel besorgt, um sie anzulocken. Als er die Pferde entdeckte, hielt ich auf dem Seitenstreifen. Thomas winkte die Tiere herbei, die nur mühsam aus ihrer Lethargie erwachten und äußerst skeptisch auf uns zukamen. Als Thomas sie streichelte, schienen sie das Liebkosen nicht mehr gewohnt zu sein. Mein Mann als Pferdenarr strahlte und war glücklich.

Während der Weiterfahrt machten wir eine äußerst unangenehme Erfahrung. Vögel flatterten in Scharen aufgeregt durch die stürmischen Böen und erinnerten an den berühmten Thriller von Alfred Hitchcock. Unser Problem war, dass einzelne auf der Straße seelenruhig am Aas ihrer Artgenossen pickten. Waren sie so ausgehungert, dass sie wie Kannibalen übereinander herfielen? Weshalb flüchteten wendige und reaktionsschnelle Tiere so spät vor herannahenden Autos? Wenn sie es taten, war es oft zu spät, sodass sie von der Karosserie erfasst wurden. Die dumpfen Aufprallgeräusche ließen uns verzweifeln und wir reduzierten die Geschwindigkeit. Doch vierzig Stundenkilometer statt der erlaubten hundertzwanzig würden im Verkehr für alle zur Gefahr. Wir trauerten bei jedem Zusammenstoß.

Als wir uns Lüderitz näherten, hatte der Sturm Sandverwehungen auf die B4 getragen. Die Namibwüste zeigte sich unerbittlich und begrub die Straßenmarkierungen unter sich. Als wir nach Lüderitz hineinfuhren, wirkte die zwischen Meer und Dünen eingepferchte Stadt beschaulich und durch ihre bunten Häuser lebensfroh.

An der Lüderitzbucht bezogen wir Quartier im *The Cormoran*, das mit einer neuwertigen Ausstattung, vor allem aber mit einem breiten Balkon zum Meer aufwartete. Möwen segelten schreiend durch die Luft, während sich weiche Wellen sacht an den aufgeschütteten Steinen brachen. Wir richteten uns ein, erkundeten die Stadt und kauften Lebensmittel ein. Als ich in die Gesichter der Lüderitzer sah, glaubte ich weit weniger Lebensfreude zu erspüren, als die farbenfrohen Fassaden es vermuten ließen. Spiegelten sich die fünfzigprozentige Arbeitslosigkeit und entsprechende Armut in den Augen wider?

Überbleibsel des Deutschen Kaiserreichs fanden wir auch hier. Jugendstilhäuser, deutsche Straßennamen, Sehenswürdigkeiten wie das Woehrmann-Haus (Privatreeder aus Hamburg), das Goerke-Haus (Leutnant der Deutschen Schutztruppe) und die Felsenkirche (1912) hoch oben auf dem Hügel zeugten vom deutschen Kolonialismus vor über hundert Jahren.

Das kleine Lüderitzmuseum erinnerte mich an das, welches wir in Windhuk besucht hatten. Auch hier wurde in einer Lagerhalle ein wirres Sammelsurium aus historischen und regionalen Gegenständen wie auf einem Flohmarkt ausgestellt.

Thomas schlug den Besuch des *Goerke-Hauses* vor, da er sich für Jugendstilvillen und ihre Einrichtung interessiert. Ich war nicht sonderlich motiviert und folgte Thomas durch die Zimmer. Leutnant Goerke spielte geschichtlich eine eher untergeordnete Rolle, und ob seine Uniform im Mahagoni- oder Eichenschrank gehangen hatte, spielte für mich keine Rolle. Ich versuchte stattdessen, einem anderen Phänomen auf die Spur zu kommen. Das *Goerke-Haus,* wie viele andere deutsche Hinterlassenschaften, gehört zur Liste der Nationalen Denkmäler Namibias. Ich fragte mich, warum Namibier noch heute und besonders nach der Unabhängigkeit von Südafrika 1990 an den Reliquien und Gebräuchen der Kolonialzeit festhielten. Namen und Bauwerke mussten sie an Vertreibung, brutale Unterdrückung und Tod durch die deutsche Kolonialmacht erinnern. Trotz Recherchen habe ich bisher keine befriedigende Antwort darauf gefunden. Nahmen Namibier ihre Geschichte erst seit der deutschen Kolonialzeit bewusst wahr und betrachteten die Jahrhunderte zuvor als identitätslose Vorzeit?

Unbestritten befanden wir uns an dem Ort, wo 1884 die deutsche Kolonialisierung durch den Tabakhändler Lüderitz aus Bremen seinen Anfang genommen hatte. Mit Lug und Trug hatte er sich Land von den Nama ergaunert, um mit der Zustimmung Bismarcks und des deutschen Kaisers florierende Handelswege ins Innere Afrikas zu etablieren. Jede Ethnie, die sich den Deutschen in den Weg stellte, wurde gekauft oder bekämpft. Für Ordnung sorgte pikanterweise Heinrich Göring als Reichskommissar, der Vater des späteren Nazis Hermann Göring. Obwohl die deutsche Kolonialzeit bereits nach gut dreißig Jahren mit Beginn des Ersten Weltkrieges geendet hatte, war das ehemalige Deutsch-Südwest zum Grab für viele Angehörige ansässiger Ethnien geworden.

Am Abend hatte Thomas auf dem Balkon Kerzen angezündet, uns Rotwein eingeschenkt und Decken bereitgelegt. Beim Schlagen der Wellen und mit dem Glas in der Hand tauschten wir unsere Gedanken aus.

Als wir die Lüderitzhalbinsel besuchten, die landschaftlich wenig Spektakuläres zu bieten hat, wollte ich zum Gedenkkreuz von Bartolomeu Dias' Entdeckung 1488 gehen. Als wir locker bekleidet aus dem Auto stiegen und uns die erste Böe erfasste, bat mich Thomas, von meinem kleinen Ausflug über die Brücke auf den Felsen Abstand zu nehmen. Er hatte recht, denn ich würde mir nichts Gutes tun. Dennoch blickte ich neidisch auf die Touristengruppe, die sich dorthin auf den Weg machte.

Wir blieben so lange auf der Halbinsel, bis die Sonne an der stürmischen Südküste unterging. Das tosende Meer ließ riesige Schaumkronen aufsteigen, die sich zwischen den Felsen türmten, als hätte jemand Kanister voller Waschpulver ins Meer gekippt.

Während unseres Lüderitz-Aufenthalts stand unbedingt die Geisterstadt Kolmanskop auf dem Programm. Wir machten uns nach dem Frühstück auf, weil wir die vorgegebene Besuchszeit einzuhalten hatten. Die vergessene Diamantenstadt liegt nur zehn Kilometer vor Lüderitz an der B4. Der Sturm hatte keineswegs nachgelassen, sodass wir von peitschenden Sandböen heimgesucht wurden. Wir wurden eindringlich darauf hingewiesen, uns nicht zu weit von den Häusern zu entfernen, wollten wir nicht vom Überwachungssystem erfasst und von den Sicherheitskräften abgeführt werden. Angeblich wollte sich die Betreibergesellschaft jeden zufälligen Diamantenfund nicht entgehen lassen, obwohl es inzwischen unwahrscheinlich war, einen Edelstein zu finden.

Der Afrikaans-Name Kolmanskop geht auf Johnny Coleman zurück, einen *Nama,* der 1905 mit seinem Karren in der Sanddüne stecken geblieben war, gerettet wurde, aber den Karren dort hatte stehen lassen müssen. Drei Jahre später wollte die Eisenbahngesellschaft die Strecke nach Lüderitz ausbauen. Der Arbeiter Lewala, der den Flugsand vom künftigen Gleisbett schaufeln musste, entdeckte dabei glitzernde Steine im Sand. In seinem vorigen Job im südafrikanischen Kimberly darauf trainiert, Rohdiamanten ausfindig zu machen, zeigte er sie stolz seinem deutschen Chef August Stauch. Der schickte sie nach Swakopmund zur Analyse. Als klar war, dass es sich um Diamanten handelte, meldete dieser einen Claim an und wurde steinreich. Lewala ging leer aus und bekam rein gar nichts. Bleibt für mich die Frage, warum dieser Ort nicht posthum den Namen Lewalakop erhalten hat. Dieser Fund führte zu einem Diamantenrausch, was Kolmanskop in jener Zeit zur reichsten Stadt Afrikas machte.

Nachdem die Diamantenfelder abgebaut worden waren, verlagerte die Betreibergesellschaft die Suche gen Süden und Kolmanskop verlor an Bedeutung. Man überließ die Stadt den Naturgewalten. Sand türmt sich seitdem meterhoch in den skelettierten Häusern, in denen wir verrostete Waschbecken, Badewannen und ziselierte Geländer aus jener Zeit fanden.

Eine private Museumsgesellschaft bemüht sich, das Haupthaus originalgetreu zu erhalten und so Besuchern einen Eindruck vom damaligen Leben zu vermitteln. Trotz des Sandsturms stellten wir uns vor, was für eine herrliche Filmkulisse Kolmanskop für Stephen Kings Gruselgeschichten abgeben würde. Doch es ist Eile geboten. Die Wüste holt sich allmählich zurück, was ihr vor über hundert Jahren abgetrotzt wurde.

Lüderitz

Kolmannskuppe

Unsere Rundreise in Namibia näherte sich dem Ende. Uns blieben noch drei Übernachtungen auf dem Weg nach Windhuk. Die ersten 370 Kilometer führten uns ins Landesinnere zur *Mesosaurus Lodge*. Wir machten uns Sorgen, wie viele Vögel auf der B4 dieses Mal Opfer unserer Kühlerhaube werden würden. Doch kein einziger ließ sich mehr blicken oder schwirrte herum.

Der *Köcherbaumwald* galt von Anfang an zu meinen Zielen auf der Namibiarundfahrt. Nordöstlich von Keetmanshoop lag unsere Unterkunft. Sie gehörte zwar nicht zu den luxuriösesten und ich rümpfte kurz die Nase, doch das hutzelige Steinhaus mit Strohdach ähnelte in seiner dürftigen Bauweise den Comic-Zeichnungen der Hütten von Asterix und Obelix. Ein Strohdach über gemauerten Natursteinen. Dafür fanden wir die Unterkunft authentisch und mit ihrem besonderen Charme der Landschaft angepasst.

Ein alter Bure namens Giel bot uns gleich eine Erkundungstour über seinen Besitz an. Er sprach fantastisch Deutsch mit niederländischem Akzent. Als wir ihn nach dem Namen *Mesosaurus* fragten, zögerte er mit der Antwort, bis wir hinter dem ersten Gatter stoppten und er uns das Grab eines deutschen Soldaten aus dem Jahre 1904 zeigte. Nur einen Schritt entfernt, lieferten zwei Kalksteinplatten mit den fossilen Abdrücken des Mesosaurus die Antwort.

Als Giel vor Jahrzehnten die Farm gekauft hatte und sein Land abgefahren war, hatte er Steine mit Abdrücken gefunden, die ihm erdgeschichtlich interessant erschienen. Deshalb ließ er einen Experten der Universität kommen, der bestätigte, dass auf seinem Land vor über 250 Millionen Jahren der Mesosaurus, eine kleine Reptilienart, in einem Binnenmeer gelebt hatte. Die Existenz dieser Lebewesen hatten Forscher auch in Südamerika nachgewiesen. Ein weiterer Beweis für den Superkontinent Gondwana, der vor über 250 Millionen Jahren Südamerika, Afrika, die Antarktis und Australien zu einer Landmasse vereint hatte. Durch plattentektonische Verschiebungen seien sie später in die heutigen Kontinente getrennt worden.

Thomas und ich starrten eine Weile auf die konturscharfen Abdrücke. Erdgeschichtliche Ereignisse mit dem Lebensalter eines Menschen zu vergleichen, erscheint ohnehin unvorstellbar und überfordert allein rechnerisch meine Vorstellungskraft. Die über hundert Millionen Jahre alten Abdrücke als Beweis aber in der Hand zu halten, ließ mich fassungslos zurück.

Wir erkundeten das Gelände bis zum Köcherbaumwald. Ich war sehr gespannt, welche Wirkung der Aloenwald auf mich haben würde. Der Name Köcherbaum, erklärte Giel, rühre daher, dass Jäger vor langer Zeit aus den runden Ästen des Baumes den Köcher für ihre Pfeile hergestellt hatten. Der Anblick war faszinierend. In der späten Nachmittagssonne leuchteten sie golden und setzten sich schimmernd vom immer dunkler werdenden Blau des Himmels ab. Der Köcherbaum trägt eine pilzartige Krone, an deren Astenden rosettenförmig angeordnete Blätter abstehen, die wie kleine Kronen die Astspitzen zieren.

Ihre Schattenrisse in der blauen Stunde fotografiert, geben ein unglaublich bizarres Bild dieser ungewöhnlichen Pflanze wieder.

Giel wies uns auf die singenden Steine hin. Singende Steine?

Vor uns lagen quaderförmige Doleritsteine mit einem satten Alter von 160 bis 180 Millionen Jahren, die in dieser Gegend und in ihrer Form einzigartig sind. Die verrußt wirkenden Blöcke scheinen wie »von Hand« gestapelt zu sein. Die Wirkung wurde jedoch nur durch Erosion erzeugt. Giel führte uns zu einem Doleritberg und schlug die Steine in einer bestimmten Reihenfolge an. Es erklang jeweils ein anderer Ton, sodass er uns unvermittelt die Melodie von »Bruder Jakob« und eines namibischen Volksliedes vorspielte. Mir blieb es ein Rätsel, wie der Klang ohne Hohlraum entstehen konnte.

Am Abend saßen wir draußen vor dem gemauerten Kamin und ließen die Ereignisse der wochenlangen Rundfahrt im flackernden Schein des Feuers Revue passieren. Namibia hatte sich uns als Land der Extreme präsentiert. Weniger die Schönheit als die vielen Wunder und sensationellen Erlebnisse hatten uns einen fulminanten Start in unser Sabbatjahr ermöglicht.

Fossiler Abdruck eines Mesosaurus

Nach dem Frühstück fuhren wir zur *Kalahari Anib Lodge*, unserer letzten Station. Die Reiseagentur hatte eine perfekte Dramaturgie für unsere Namibiareise erarbeitet und den idealen Schlusspunkt gesetzt. In der größeren Anlage ließen wir die Seele baumeln, entspannten am Pool unter den Bäumen und bedienten uns seit Langem mal wieder an einem wunderbaren Buffet. Dennoch nutzten wir die Zeit, um zu einem Stausee in der Nähe zu fahren. Wir hätten im trockenen Namibia niemals geglaubt, auch nur einen Tümpel im Landesinneren zu finden. Völlig erstaunt sahen wir Angler, die sich als Mannschaften zusammengefunden hatten und mit höchst professionellem Equipment eine Art Wettkampf austrugen. Die Szenerie kam uns derart unwirklich vor, dass wir sie eine ganze Weile beobachteten.

Ein letztes Special gab es dann doch noch. Während wir auf der Liege am Pool ruhten, tauchte auf der Grünanlage plötzlich ein Keiler auf, der in Ruhe graste und ab und an bedrohlich seine Hauer zeigte. Wie selbstverständlich mischte er sich unter die Gäste. Ich fürchtete, diese Kampfbombe könnte irgendwann schlechtgelaunt zum Angriff übergeben. Doch alle Gäste blieben gelassen und schossen ein Foto.

Am nächsten Morgen brachen wir nach dem Frühstück auf, um die restlichen 400 Kilometer nach Windhuk hinter uns zu bringen. Die Zeit drängte. Wir holten das bei Martin gelagerte Insulin ab und gaben mit großem Stolz den Wagen zurück, denn wir waren unfallfrei und ohne Schaden über die lange Distanz gegangen.

Obwohl Thomas ebenso fasziniert von Namibia war wie ich, lechzte er nach grünen Landschaften. Vom monochromen Staub und Sand schien er sich geradezu in eine grüne Hölle zu träumen. Aber genau diese Kargheit war es, die für mich den skurrilen Charme des Landes ausmachte und die »Wunder« umso deutlicher herausstellte.

Wir wünschten Namibia, erfolgreich seine Probleme zu lösen, die Menschen zu einen und ihnen eine wirtschaftliche Perspektive zu geben. Eine kaum leistbare Herkulesaufgabe, denn während ich diese Zeilen schreibe, berichtet mir Gudrun aus Swakopmund, dass die Wirtschaftskraft sinkt, der namibische Dollar fällt und die Dürre Farmer vor riesige Probleme stellt.

Um drei Uhr am Nachmittag flogen wir nach Kapstadt, wo die zweite Etappe unserer Weltreise beginnen würde.

DREI

Südafrika

Das Leben schreibt kuriose Geschichten. Als ich Thomas kennenlernte, stellte sich heraus, dass jeder von uns Jahre zuvor mit dem damaligen Lebenspartner nach Südafrika gereist war. Nach über zwanzig Jahren eine Flugstunde von Namibia entfernt dorthin zurückzukehren, lag auf der Hand. Erst recht, weil Kapstadt für mich zu den schönsten Städten der Welt gehört und Johannesburg für uns das Sprungbrett nach Australien sein würde. In den nächsten drei Wochen planten wir, die noch fehlende Etappe in unserem Südafrika-Album nachträglich zu dokumentieren: die *Garden Route,* angeblich eine der schönsten Küstenabschnitte des Landes.

Nach dem Anflug auf die Kapregion drehte der Pilot eine spektakuläre Schleife über Kapstadt. Während wir über den berühmten *Table Mountain, Signal Hill* und *Lion's* Head hinwegflogen, erfasste mich eine leise Melancholie. Für einen kurzen Moment erinnerte ich mich an jenes turbulente, aber hoffnungsvolle Verliebtsein, mit dem ich damals nach Südafrika geflogen war und das mich vielleicht ein Leben lang mit diesem Land hätte verbinden können. Es war anders gekommen. Das Leben hatte es gut mit mir gemeint, Thomas aus dem Hut gezaubert und mir zur Seite gestellt.

Es gab zwei Optionen, vom Flughafen in die Stadt zu kommen. Thomas bevorzugte wie immer den Bus, doch der Andrang war so groß, dass wir ohne Reservierung über zwei Stunden hätten warten müssen. Somit stand uns eine Premiere bevor. Ich hatte auf Anraten unseres Bekannten Udo in Deutschland die Uber-App auf mein Handy geladen, die wir aber noch nicht ausprobiert hatten, da Uber-Taxis in Deutschland nicht zugelassen sind und sie wegen des Mietwagens in Namibia obsolet gewesen war.

Thomas und ich reisten nicht blauäugig nach Südafrika und hatten Berichte und Warnungen des Auswärtigen Amtes durchaus gelesen. Die Kriminalitätsrate schien im Vergleich zu den Neunzigern nicht gesunken zu sein. Als ich vor der Abreise mit Udo gesprochen hatte, der als Geschäftsmann ständig durch die Welt reist, warnte er uns. Ob wir uns bewusst seien, dass Touristen in diesem Land, besonders am Abend und in der Nacht, nicht sorglos durch die Stadt schlendern sollten. Er wolle uns keine Angst machen oder die Vorfreude trüben. Ich erwähnte, dass schon Anfang der Neunziger Sicherheit ein Thema gewesen sei und öffentliche Verkehrsmittel für uns das Mittel der Wahl seien. Doch davon riet Udo ab. »*Und wenn ihr ein Auto nehmt, keinesfalls Thomas alleine im Auto sitzen lassen. Jemand könnte mit einer Waffe hineinspringen und ihn bedrohen. Auch keine normalen Taxis!*« Viel blieb nicht mehr, dachte ich. »*Nur ein Uber-Taxi ist sicher, da behältst du die Kontrolle, die Fahrt wird überwacht und der Fahrpreis wird bargeldlos vom Konto abgebucht. Du kennst den Fahrer, seinen Namen, das Kennzeichen und kannst die Route verfolgen. Wenn der Fahrer negativ auffällt, bewertest du ihn schlecht. Im wiederholten Fall wird er von Uber abgemahnt oder gekündigt.*«

Dass die Uber-App sinnvoll sein konnte, wollte ich nicht leugnen. Udo gab zu, dass nichts passieren müsse, aber das eigene Verhalten entscheide zumeist, ob uns etwas zustoße oder nicht. Wie recht er hatte!

Auf dem Vorplatz des Flughafens versuchten wir uns an der Uber-App. Ich glaubte, sie bereits einsatzbereit eingerichtet zu haben, doch nach einleitenden Hinweisen forderte sie uns auf, die Kreditkarte einmalig zu scannen. Ich dachte hingegen, alle Bankdaten hinterlegt zu haben. Irritiert hielt ich sie auf das

Display, wo ein vorgegebener Rahmen erschienen war. Die App reagierte nicht. Ich drehte und wendete die Karte, vergrößerte den Abstand, doch nichts passierte. Nach fünf Minuten war Thomas nervös geworden, sagte, meine Hand zittere viel zu sehr, das könne ja nicht funktionieren. Er versuchte es selbst und scheiterte ebenfalls. Wir waren ratlos und fluchten, dass die Technik so unzuverlässig war. Ich rauchte die nächste Zigarette. Wie sollten wir in Kapstadt ohne die Uber-App überleben? Ich war sauer und enttäuscht.

Erst nach einer Ewigkeit hatte Thomas einen Geistesblitz. Wie sollte ein Display scannen können? Dafür war die Kamera auf der Rückseite des Handys zuständig. Ich raufte mir die Haare, wie dumm und fahrig ich gewesen war, denn plötzlich piepte die App und zeigte an, dass die Karte registriert war.

Doch damit war es nicht getan. Jetzt folgte das Problem mit dem angegebenen Treffpunkt. Wir fanden uns trotz angezeigter Ortskarte in dem unübersichtlichen Gelände nicht zurecht. Die App zeigte verschiedene Parkplätze an. Thomas spekulierte, dass wir uns rechts halten müssten, und behielt wieder recht. Als wir dort ankamen, bedrängte uns sofort eine Horde Taxifahrer, die behaupteten, sie seien von Uber. Da ich Name, Kennzeichen und Autotyp kannte, stellte sich sofort heraus, dass sie logen. Ich fürchtete, dass dies ein Vorgeschmack auf das sein würde, wovon Udo gesprochen hatte. Die Taxifahrer ließen dennoch nicht ab, wollten unseren Widerstand brechen und boten uns einen ähnlich günstigen Preis wie Uber an. Ich wurde immer hektischer, zumal der Uber-Fahrer mitteilte, er stehe längst am Treffpunkt und frage sich, wo wir denn blieben. Ich schrieb lapidar zurück: »No idea! Where are you?« Während Thomas beim Gepäck stehen blieb, rannte ich herum, um das Kennzeichen und den Autotyp ausfindig zu machen. Nach quälend langen Minuten stieg jemand unweit von Thomas aus seinem Wagen und sah uns fragend an. Ich konnte es nicht glauben und hätte den Uber-Fahrer am liebsten erschlagen. Er hatte doch gesehen, dass wir als Einzige vor seiner Nase herumgeirrt und bedrängt worden waren. Später erfuhren wir, dass sich Uber-Fahrer im Gegensatz zur Taxikonkurrenz nur in einem schmalen, ihnen zugewiesenen Bereich aufhalten durften, um Kunden abzuholen.

Trotz seines anfangs wenig hilfreichen Verhaltens erwies sich der Fahrer als äußerst freundlich, hilfsbereit und auskunftsfreudig.

Während wir uns der Stadt näherten, fuhren wir an *Gugulethu* vorbei, einer der größten Townships Kapstadts. Diese war in Zeiten der Apartheid entstanden, als Nicht-Weiße aus dem citynahen *District Six* an den Rand der Stadt vertrieben worden waren. In meinem Kopf vermischten sich Erinnerungen mit aktuellen Bildern. Trotz Müdigkeit versuchte ich mich zu konzentrieren und auf den Moment zu warten, da wir in die City hineinfahren würden. Kurze Zeit später war es so weit und wir erblickten den Tafelberg, dessen majestätische Erscheinung das Stadtbild dominiert. Dazu gesellten sich *Lion's Head* und *Signal Hill*. Ein prachtvolles Panorama!

Der Vermieter unserer Wohnung weilte in Johannesburg, weshalb er den Wohnungsschlüssel andernorts bei einem befreundeten Pförtner hinterlegt hatte und der Uber-Fahrer einen Schlenker fahren musste. Ich bedachte ihn mit der Höchstbewertung von fünf Sternen und Thomas steckte ihm Trinkgeld zu.

Unsere Wohnung lag am trubeligen *Greenmarket Square* im Herzen der Stadt. Täglich boten Händler alles feil, was wir nicht brauchten: Lederwaren, Schmuck, Trommeln, Tücher und vieles mehr.

Das große Apartment begeisterte uns, zumal eine riesig breite Fensterfront den Ausblick zum Marktplatz ermöglichte. Hier eine Woche zu Hause zu sein, fühlte sich gut an. Die letzten Wochen hatten wir nur aus Koffern gelebt und waren schnell von einer Unterkunft zur nächsten gezogen.

Nachdem ich uns einen Kaffee gemacht hatte, legten wir uns auf das Bett und hingen unseren Gedanken nach. Ich dachte mit einem merkwürdigen Gefühl an die Kollegen. Was sie wohl taten und warum ich nicht dort war, wo ich normalerweise sein sollte - bei der Arbeit. Mich plagte weder ein schlechtes Gewissen noch bedauerte ich, nicht bei ihnen zu sein. Mir schien es aber nicht zu gelingen, die zeitliche Tiefe des Sabbatjahres zu begreifen. Für mich fühlte es sich wie ein verspäteter Urlaub an, der bald zu Ende gehen musste. Dabei lagen noch fantastische zehn Monate der Freiheit und der absoluten Selbstbestimmung vor uns. Die Schaltkreise in meinem Kopf schienen sich noch nicht sortiert zu haben. Thomas hatte dieses Problem auf mein Nachfragen hin nicht.

Es war dunkel geworden, als wir uns vom Bett erhoben, um etwas zu essen zu besorgen. In den erleuchteten Straßen waren nur wenige Menschen unterwegs. Die Saat des Misstrauens schien aufzugehen. Schon nach den ersten Schritten fühlten wir uns etwas verunsichert und hielten nach vermeintlich dubiosen Gestalten Ausschau. Wir beendeten zügig die Runde und kehrten mit unserem kleinen Einkauf zurück. Um das Haus betreten zu können, schlossen wir zunächst ein schmiedeeisernes Gitter auf und warteten, bis es wieder ins Schloss fiel. Danach folgte eine Glastür, die wir mit einem Sicherungsmechanismus sensorisch öffnen und schließen mussten. Wir durchschritten ein Minifoyer mit einer kleinen Rezeption, die ab 17 Uhr nicht mehr besetzt war, und passierten eine weitere Gittertür. Erst dann befanden wir uns am Fahrstuhl im Treppenhaus.

Beim Essen dachten wir an den langen, ereignisreichen und emotionsgeladenen Tag zurück. Die lange Fahrt nach Windhuk, das Abholen der Medikamente, das Mietauto ohne Reklamation zurückzugeben, pünktlich einzuchecken, der Flug nach Kapstadt, die verzweifelte Initialisierung der Uber-App, die nervigen Taxifahrer und die reibungslose Schlüsselübergabe. All das steckte uns in den Knochen.

Wir hatten mit Hop-on/Hop-off-Bussen in vielen Städten bereits Erfahrungen gemacht und sie als probates Mittel eingesetzt, um uns einen Überblick über alles Sehenswerte einer Stadt zu verschaffen. Danach fühlten wir uns informiert und pickten uns die Rosinen heraus, die uns am meisten interessierten. Je mehr Linien zur Verfügung standen, umso nützlicher und sicherer erschien es uns in Kapstadt als Verkehrsmittel. Wie günstig unser Apartment lag, erkannten wir daran, dass sich um die Ecke der Verkaufsshop und die Haltestelle aller drei Linien, der Treffpunkt für zahlreiche Ausflüge und unzählige Geschäfte befanden. Doch zuvor wollten wir ein Geschäft aufsuchen, das unser defektes Teleobjektiv reinigen und reparieren konnte. In einem Fotoshop verwies uns die Mitarbeiterin an ein anderes Geschäft. Wir nutzten die Chance, zu Fuß an viktorianischen Gebäuden, Pubs und Geschäften vorbei ein wenig die Atmosphäre der Stadt aufzusaugen.

In vier oder fünf Tagen, versprach die Angestellte, könnten wir das Teleobjektiv wieder abholen. Obwohl wir in Vorleistung treten mussten und es nicht ganz preiswert war, freute ich mich das Objektiv bald wieder nutzen zu können.

Wir beschlossen, die große blaue Tour mit dem Hop-On/Hop-Off-Bus zu starten, die uns im großen Radius um die City an den Bergen, der Küste und am Hafen vorbei wieder ins Zentrum brachte. Mich erstaunte, wie problemlos meine Erinnerung Orte und Ansichten noch zuzuordnen wusste, als wäre ich erst vor Kurzem hier gewesen. Wenn scheinbar längst vergraben geglaubte Eindrücke wieder so lebendig vor unser Auge treten, dann müssen sie emotional sehr prägend gewesen sein.

Jemand schrieb einmal, Kapstadt sei trotz moderner Großstadt ein Naturparadies zwischen zwei Ozeanen. Ich konnte dem nur beipflichten. Nicht nur die steilen Felsen des Tafelbergs mit tausend Höhenmetern, sondern auch alle weiteren Erhebungen versprechen dem Besucher immer wieder neue fantastische Blicke und Perspektiven. Mehr noch, sie halten wunderschöne Ecken wie kleine Schätze verborgen, bis der Betrachter sie überraschend entdeckt.

Thomas begeisterte das viele Grün. Nachdem er in Namibia so gelitten hatte, kam er hier voll auf seine Kosten. Als wir um den Tafelberg herum an den bewaldeten Hängen und dem Weingut Constanzia vorbeifuhren, beschlossen wir, in *Kirstenbosch* auszusteigen. Der Botanische Garten war in aller Munde und wir hofften, im Gegensatz zur Friedhofatmosphäre in Windhuk, eine Farbenpracht zu erleben. Wir hatten nicht zu viel erwartet, die Parkanlage erstrahlte im saftigsten Grün. Fließend gingen die bewaldeten Hänge des Tafelbergs in Bäume, Sträucher und blühende Pflanzen über.

An einem Pflanzenbeet entdeckte ich die Bezeichnung *Nuttige Plante,* was für mich als nicht Afrikaans Sprechender natürlich nur eine Assoziation zuließ. Die Übersetzung ernüchterte schnell: *nützliche Pflanzen.*

Nach dem Rundgang durch den grünen Farbrausch stiegen wir in den nächsten Bus und näherten uns der Südatlantikküste, wo sich herrliche Strände und Buchten wie Perlen an einer Schnur aufreihen.

Kirstenbosch - Botanischer Garten

Imizamo Yetu

Der Bus stoppte an der *Hout Bay*, wo die nachbarschaftliche Kluft zwischen Arm und Reich nicht deutlicher hätte hervortreten können. In malerischer Natur liegen luxuriöse, mit hohen

Mauern gesicherte Anwesen der informellen Wellblechsiedlung *Imizamo Yetu* gegenüber. Wir spürten bei diesem Anblick Beklemmung und Wut. Steil quälen sich die aneinanderklebenden Wellblechhütten den Hang hinauf. Teilweise ohne sanitäre Versorgung und Strom versuchen sich 27.000 Menschen auf einem Quadratkilometer zu organisieren. Wie kann dort hoffnungsvolles Leben zwischen all dem dreckigen Blech entstehen? Wir hatten gelesen, dass Organisationen eine Township-Tour anboten, für die ich mich genauso interessierte wie in Katutura. Ebenso mussten wir uns dem Zwiespalt stellen, ob wir Armutstourismus betreiben oder ein gutes Werk tun und der Lebensrealität mit allen Sinnen begegnen wollten. Ich bedauerte, es am Ende nicht gemacht zu haben.

Selbst als wir die Tour fortsetzten, fand das wunderschöne Naturschauspiel kein Ende. Über den Stränden thronten die *Zwölf Apostel,* schroffe Flanken des Tafelbergs, deren Bezeichnung nichts als Fake ist, denn es handelt sich um achtzehn Bergkuppen. Dabei war die Anzahl ohne Belang. Allein das Zusammenspiel von Bergmassiv, weißen Stränden und blauem Meer ergab dieses traumhafte Panorama.

Als endlich die Sonne herauskam, luden *Clifton Beach und Camps Bay* dazu ein, uns am Strand die Beine zu vertreten und im Strandcafé etwas zu trinken. Sommerliche Temperaturen sowie die Aussicht von der Terrasse des *Hard Rock Cafés* auf eine tanzende Gruppe, die in teils aufwendig traditioneller Maskerade und Kostümen zur ausgelassenen Stimmung beitrugen. Im Hintergrund schäumten die Wellen. Das frische Blau des Himmels und das des Ozeans vereinigten sich am Horizont. Hier in *Camps Bay* hatten mein damaliger Partner François und ich vor fast dreißig Jahren mit Freunden eine abendliche Beach-Party veranstaltet.

Schöne, ungefährliche Erinnerungen!

Nach der Rundtour kauften wir reichlich für die nächsten Tage ein und legten uns im Apartment auf die faule Haut.

Werbeflyer überschütteten uns mit Ausflugsangeboten, wovon uns die meisten nicht zusagten. Thomas fand aber im Verbund mit den Hop-on/Hop-off-Fahrten eine historische Stadtführung, die uns weit mehr interessierte als südafrikanische Brauereien und Edelsteinausstellungen. Da die *Waterfront* damals bei meinem ersten Besuch noch nicht fertiggestellt war, machten wir uns am nächsten Tag auf, die schmucken Galerien, Einkaufspassagen und Fressmeilen am Hafen zu besuchen. Dass die mainstreamlastigen Zutaten dieses Touristenhotspots keinen Aha-Effekt in uns auslösen würden, hatten wir geahnt. Dennoch schlenderten wir gemütlich hin und her und spürten, wie aus jeder Fassade der Schein von Exklusivität und Luxus auf die Besucher niedergehen sollte. Als wir gegenüber dem alibihaften Riesenrad einen Kaffee getrunken hatten, entdeckten wir einen Bootsanleger, an dem eine halbstündige Fahrt durch die künstlich angelegten Kanäle startete, die uns wiederum an sündhaft teuren Apartmenthäusern vorbeiführte. Mag der Blick auf den Tafelberg für die Beckhams dieser Welt zehn Millionen Euro wert sein, für uns war er es nicht.

Schließlich war der Tag der historischen Stadtführung gekommen, von der wir hofften, sie sei ganz nach unserem Geschmack. Dass die Tourleiterin ein Trinkgeld von uns zu erwarten hatte, hielten wir für selbstverständlich. Dass sie gleich zu Beginn aber selbst darauf hinwies, ein freiwilliges Trinkgeld in Höhe einer kostenpflichtigen Veranstaltung sei angemessen, was umgerechnet zwanzig Euro pro Person bedeuten würde, verwunderte uns.

Wir trafen uns in der Nähe des *Greenmarket Square*, wo viele Obdachlose ihre Hand aufhielten. Bedauernswerte Gestalten, Junge, Alte, Kranke, Frauen wie Männer zogen herum, taxierten zielstrebig ihre potenziellen Geldgeber und sprachen sie an. Es war wirklich ein Bild des Grauens, was für entstellte Menschen uns teilweise gegenüberstanden, an Krücken humpelnd, mit blutigen nackten Füßen und Ähnlichem. Es war die Masse der Bedürftigen, die uns deprimierte. Thomas sagt oft, dass jeder, der viel für sich ausgibt, auch etwas für Andere übrighaben sollte. Für den Fall allerdings, dass wir in eine unangenehme oder unübersichtliche Lage gerieten, bat ich Thomas, schnell und entschieden weiterzugehen und sich nicht auf Gespräche einzulassen, zumal er sein gutes Herz auf der Zunge trägt. Thomas steckte Münzgeld in die Hosentasche, sodass wir nicht darauf angewiesen waren, für jeden sichtbar das Portemonnaie zu zücken.

Als wir uns nun dem Treffpunkt für die Führung näherten, verlor ich Thomas für einen Moment aus den Augen. Andere Teilnehmer und die Tourguides standen schon bereit. Plötzlich sah ich Thomas im Gespräch mit einer Frau in ein kleines Geschäft gehen. Ich ahnte, was jetzt passieren würde. Schnell versammelten sich andere Frauen vor dem Eingang des Geschäfts. Als er herauskam, sah ich ihm deutlich an, dass er alles andere als zufrieden war. Auf sehr geschickte Art und Weise hatte die Frau um Essen für ihr kleines Kind gebeten, kein Geld, nein, denn sie sei keine Bettlerin. Als Thomas ihr dann etwas kaufen wollte, zeigte sie auf Babynahrung und andere Sachen. Nicht wissend, was das alles kostete, zahlte er am Ende zwanzig Euro. Wieder draußen, wurde er nun von der Gruppe unzufriedener Frauen angegangen, die die Szene mitbekommen hatten und sich auch Wohltaten erhofften. Sie wurden ärgerlich, als sich Thomas verweigerte. Später nahm unsere Führerin ihn zur Seite und machte deutlich, dass niemand in dieser Stadt sein gutes Herz auf einem Silbertablett tragen sollte, so schwer es auch fallen mochte.

Die gotische St. George's Cathedral machte den Anfang unserer historischen Stadtführung. Berühmt durch Erzbischof Desmond Tutu, der zehn Jahre hier gewirkt hatte, stand sie inmitten der City. Von hier organisierte Tutu Demonstrationen gegen Apartheid, Rassismus und soziale Ungerechtigkeit und er bot in seiner Kirche vielen Verfolgten Asyl.

Company's Garden - Blick auf Tafelberg

South African National Gallery

Auf der anderen Straßenseite entdeckten wir ein Teilstück der Berliner Mauer. Thomas und ich vermuteten eine Nachbildung, erfuhren aber, dass es tatsächlich ein Original war, das Deutschland dem südafrikanischen Präsidenten Nelson Mandela als Symbol für unveräußerliche Menschenrechte und zur Ehrung seiner Arbeit am demokratischen Prozess der südafrikanischen Gesellschaft übergeben hatte.

Vor dem Hohen Gerichtshof am *Company's Garden* stand auf beiden Seiten des Eingangs eine Bank. Jede trug eine Plakette mit der jeweiligen Aufschrift »Coloured« und »White«. Bereits vor dem Gericht demonstrierte die institutionelle Ungleichbehandlung, mit welchen Erfolgschancen die Menschen einst in die Verhandlungen gingen. Als die Führerin Anekdoten von Prozessabläufen erzählte, lief es uns kalt den Rücken herunter.

Der schlanke *Company's Garden* inmitten der Stadt gilt als grüne Lunge und Volksgarten und lädt viele Geschäftsleute in den Pausen zum Verweilen ein. Jan van Riebeeck hatte ihn Mitte des 17. Jahrhunderts als Fläche für den Obst- und Gemüseanbau der Kolonialisten gegründet. Es ergaben sich fantastische Blicke vom Park aus über die Nationalgalerie und das jüdische Museum hinweg zum imposanten Tafelberg. Das kräftige Zusammenspiel vom Grün der Pflanzen, den weißen historischen Gebäuden und dem blauen Himmel gaukelte eine ruhige, malerische Umgebung vor, während um uns herum die Großstadt pulsierte.

Als wir am Planetarium vorbeigingen, wurde ich neugierig. Nachdem wir mit romantischem Augenaufschlag den schönsten aller Sternenhimmel in Namibia bewundert hatten, kam mir die Info-Veranstaltung über das Firmament der Südhalbkugel wie gerufen. Thomas war ebenfalls interessiert, sodass wir einen Besuch für die nächsten Tage planten.

Obwohl die *Slave Lodge* in den letzten beiden Jahrhunderten unterschiedlichste Administrationen beherbergt hatte, gedenkt nun ein Museum dieses geschichtsträchtigen Ortes der Schande. In Namibia hatten wir schon einiges über Vertreibung und Tod durch die deutsche Kolonialmacht erfahren. Nach der Landung der Niederländer 1652 unter Jan van Riebeeck in Südafrika hatten die dort lebenden San und Khoikhoi kein Interesse an einem Handel mit den Neuankömmlingen. Gegen die bestens gerüsteten Niederländer hatten die Ureinwohner allerdings keine Chance, zumal diese die Festung *Castle of Good Hope* als Bollwerk gegen Anfeindungen errichtet hatten. In den folgenden hundertfünfzig Jahren wurden Sklaven aus dem asiatischen Raum nach Südafrika verschleppt. Aus der Verbindung zu Asiatinnen waren die »Coloureds« hervorgegangen. Was für ein zynischer Aspekt der Geschichte, dass »Coloureds« als Ergebnisse sexueller Gelüste der Niederländer während der Apartheid als minderwertige Rasse beurteilt und vom privilegierten Leben ausgeschlossen wurden.

Nachdem die Briten die Kolonie übernommen hatten, schafften sie den Sklavenhandel zwar ab, doch in der Beulenpest 1901 sahen sie ein probates Mittel, die unliebsamen farbigen Ethnien aus den besten Wohnlagen in die Randgebiete der Stadt zu verbannen. Der Grundstein für die Apartheid war gelegt, die sich nach dem Zweiten Weltkrieg noch verstärkte und das Entstehen von Townships zur Folge hatte. Noch heute liegen die citynahen »gesäuberten« Flächen wie *District Six* brach, im Gegensatz zu den explodierenden Ghettos am Stadtrand. Außerdem waren mittellose Landbewohner in die Townships eingewandert, mit der Hoffnung, in der Stadt Arbeit zu finden.

Als Mandela 1990 aus seiner 27-jährigen Haft, verurteilt als Aktivist des ANC, entlassen wurde, muss ein Jubelschrei durch alle Ethnien gegangen sein. Mit ihm kamen die Demokratie, die neue Verfassung und für viele Menschen die Hoffnung auf ein gerechteres Leben. Seit 1994 die Apartheid abgeschafft und Mandela Staatspräsident geworden ist, gedenken Südafrikaner seiner noch heute als Lichtgestalt. Aber auch nach seinem Tod 2013 hat es Südafrika noch nicht geschafft, soziale Gleichheit herzustellen. Armut, Kriminalität sowie die größte ungleiche Einkommensverteilung auf der ganzen Welt belasten den sozialen Frieden. In einem Fernsehbericht über Namibia stellte eine Aktivistin fest, dass Korruption keine Hautfarbe kenne, was sicherlich auch auf Südafrika zutrifft. Wir hörten von Menschen, die keinen Fuß mehr nach Südafrika setzen möchten. Auch Ansässige überlegen auszuwandern. Aber diese Stimmen gehören denen, die sich diese Entscheidung leisten können.

Die Führung endete an der imposanten *City Hall*, die dem großen Platz, der *Grand Parade*, gegenüberliegt. Das 1905 errichtete Gebäude aus italienischer Renaissance und britischem Kolonialstil markierte ein besonderes Ereignis. Ich hatte hier 1992 während meines Südafrikabesuchs François als Pianist in einem Konzert mit dem *Cape Town Symphony Orchestra* erlebt.

Als wir an der Fassade hochschauten, klemmte eine lebensgroße Nachbildung Mandelas hinter der Brüstung des Balkons, die zur *Grand Parade* ausgerichtet war. Sie erinnert an den Moment, als Mandela nach seiner Entlassung aus dem Gefängnis noch am selben Tag vor 100.000 Menschen eine Rede zur Freiheit und Einigkeit des südafrikanischen Volkes hielt. Es muss ein großer historischer Moment gewesen sein. Als ich zur *Grand Parade* hinüberschaute, versuchte ich mir die Aufbruchsstimmung und den Jubel der Massen vorzustellen.

City Hall

Es war 17 Uhr, als unsere Führerin uns zum *Greenmarket Square* zurückbringen wollte. Sie wies uns an, die Rücksäcke und Taschen bäuchlings zu tragen und ihr im Gänsemarsch zu folgen.

Mit dem Feierabend setze die Hochzeit der Diebe und Betrüger ein, die hoffen konnten, nach einem anstrengenden Tag bei müden Passanten Beute zu machen. Sie wolle uns keinem unnötigen Risiko aussetzen, weshalb wir uns brav aufstellten und mit einem mulmigen Gefühl losgingen. Mein Blick musterte jeden, der uns zu nahe kommen konnte. Ohne Vorkommnisse erreichten wir den *Greenmarket Square* und unsere Tourleiterin erhielt das gewünschte Trinkgeld für eine informative Führung. Sie war ihre vierzig Euro wert gewesen.

Ich hatte François nach unserer Trennung Mitte der Neunziger nicht mehr gesprochen, geschweige denn gesehen, zumal er bald danach in seine Heimat Südafrika zurückgekehrt war. Reine Neugier leitete meine Idee zu erfahren, wie es ihm in den letzten Jahrzehnten wohl ergangen war. Weder Zuneigung noch Groll würden ein Wiedersehen belasten. Ich sprach mit Thomas, ob er dazu bereit sei, und er fand die Idee gut. Über Facebook erhielt ich schnell Antwort. François schlug ein Frühstück am *Rhodes Memorial* vor. Als er uns am nächsten Tag abholte und wir zusammensaßen, erkannte ich ihn als den charmanten, aufmerksamen und aufgeschlossenen Zeitgenossen wieder, in den ich mich damals verliebt hatte. Dass auch an ihm die Zeit nicht spurlos vorübergegangen war, beruhigte mich. Wir löcherten uns gegenseitig mit Fragen, sprachen über gemeinsame Bekannte, aber auch über die momentane Lage des Landes, die François viele Sorgenfalten ins Gesicht trieb. Er hoffe auf eine baldige Trendwende.

Drei Stunden waren wie im Flug vergangen und hatten uns großen Spaß gemacht. Solche Begegnungen enden bereichernd und auf eine besondere Art beruhigend, wenn die Erinnerung an die Sympathie wieder aufblüht, die tiefen Gefühle aber nun dem Mann an meiner Seite gehören. Zufrieden stellte ich fest, dass jeder von uns das bekommen hatte, was er sich immer erträumt hatte.

François brachte uns freundlicherweise zum Geschäft, das unser Teleobjektiv repariert hatte. Kurze Zeit später hielten wir es voll funktionstüchtig für schlappe hundert Euro wieder in der Hand.

Am nächsten Tag beschlossen Thomas und ich, auf den Tafelberg zu fahren. Das Wetter war dafür nahezu ideal. Den Mut, auf das Plateau hinaufzuwandern, brachten wir nicht auf und fuhren deshalb als faule Touristen mit dem *Cable Car* auf das tausend Meter hohe Plateau. Auch hier erwarteten uns Eindrücke, die wir von damals noch im Herzen bewahrt hatten und die jetzt wieder auflebten. Die grandiosen Ausblicke auf die Stadt öffneten mein Herz. Die neue Waterfront bis hin zum Bloubergstrand, westwärts zum Atlantik, die Sträflingskolonie *Robben Island*, all das fühlte sich sinnlich an.

Blick vom Tafelberg auf Camps Bay

Dass Kapstadt für mich zu den schönsten Städten der Welt

zählt, bestätigte sich aufs Neue. Dem hektischen urbanen Leben standen jederzeit Ruhe und Erholung in spektakulärer Natur gegenüber. Im verwinkelten Grün der Bergzüge sowie im Schutz abstürzender Felsen konnten die Anwohner Beschaulichkeit mit Meerblick genießen. Stadtteile wie *Camps Bay, Clifton Beach* und *Sea Point* gehören augenscheinlich zu den Gewinnern im Rennen um die größte Lebenszufriedenheit.

Wir spazierten durch die zarte Pflanzenwelt, die hier oben mehr Arten zählt, als in ganz Großbritannien zu finden sind. Ein erstaunlicher Vergleich.

Zwischendurch näherten wir uns vorsichtig dem ungesicherten felsigen Abgrund, doch so mutig wie ein junges Paar, das sich auf den letzten abstehenden Felsen setzte und die Beine in die Tiefe hängen ließ, waren wir nicht.

Nach zwei Stunden gingen wir zur Seilbahn zurück, als flache Wolkenbänke an uns vorbeischwebten und unbekannte Mächte die berühmte Tischdecke über den Tafelberg zogen. Wie weiße Lava ergoss sich die Wolkenmasse über den Rand des Plateaus und stürzten in die Tiefe. Bevor sie die Küste vernebeln konnte, löste sie sich im freien Fall frühzeitig auf, sodass unten an den Stränden weiterhin eitler Sonnenschein herrschte.

Obwohl wir uns nicht zu eingefleischten Szenegängern zählen, gehört es für uns in der Fremde dazu, kurze Einblicke in die von der Gay-Community geprägten Stadtviertel zu bekommen. *Green Point* ist eines der bekanntesten. Wir nahmen uns vor, den Abend im *Beefcakes* zu verbringen, wo wir etwas essen wollten. Einen Moment lang zerbrachen wir uns den Kopf, wie wir die eineinhalb Kilometer am besten zurücklegen sollten, zumal die Dunkelheit früh hereinbrach. Udos warnende Hinweise im Kopf, wagten wir es dennoch, zu Fuß zu gehen. Wir versuchten, zwischen Kopfkino und realer Gefahr abzuwägen. Mit Mut und naiver Hoffnung, dass uns nichts passieren würde, gingen wir los. Es war schon recht nervig, ständig die Umgebung im Blick zu haben und den Leuten ins Gesicht zu schauen. Für den Rückweg planten wir selbstverständlich das Uber-Taxi ein.

Nachdem wir das *Beefcakes* sicher erreicht hatten, stellten wir fest, dass junge muskelstrotzende Männer topless ihre Gäste bedienten. Ihr Anblick bereitete durchaus Vergnügen, zeigte uns aber gleichzeitig, dass wir uns mittlerweile zu einer Generation rechneten, die für junge, suchende Blicke durchsichtig geworden war.

Im *Beefcakes* war Kinotag, sodass kurze Zeit später »La Cage aux Folles« über einen großen Bildschirm flimmerte. Zwei junge heterosexuelle Paare kicherten und lachten, da ihnen die englischen Redewendungen vertraut waren, uns nicht. Ein Mann stand alleine mit einem Bier betont lässig im Raum und lachte überschwänglich bei jeder Filmsequenz, was uns reichlich übertrieben vorkam. Es schien nicht unser Glückstag zu sein, um im Beefcakes das schwule Leben Kapstadts kennenzulernen. Nach einem zweiten Bier verließen wir die Lokalität, riefen ein Uber und kehrten nach Hause zurück.

Das Ende unseres Kapstadt-Aufenthalts rückte näher. Nachdem wir einen Moment überlegt hatten, waren wir uns einig, den Vermieter um eine Verlängerung von drei Tagen zu bitten, was dieser kurzerhand bestätigte.

Da wir nach unserer Zeit in Kapstadt die *Garden Route* erkunden wollten, mussten wir uns bald um ein Mietauto kümmern. Dieses wieder in Kapstadt abzugeben kam nicht infrage. Wir wollten nach Johannesburg durchfahren, sodass uns eine spannende Fahrt von zweieinhalbtausend Kilometern durch das Land bevorstand.

Am Nachmittag suchten wir Vermietungen auf und erkundigten uns. Obwohl unser Englisch recht passabel ist, mussten wir bei Inklusivleistungen und Versicherungen öfter nachbohren. Thomas fand das erste Angebot lukrativ, doch ich zögerte und bat ihn, bei einem Kaffee alles zu durchdenken. Zu diesem Anlass kamen wir ins *Bo-Kaap*, ein muslimisch geprägtes Viertel, das von Malaien nach der Entlassung aus der Sklaverei errichtet worden war. Es gilt als ursprünglichstes Stadtviertel Kapstadts und liegt zu Füßen des *Signal Hill*. Wir konnten uns an den knallbunten Hausfassaden nicht sattsehen, die diese Gegend zu etwas Besonderem machen. Bollywood hätte keine farbenfrohere Szenerie für seine Filme finden können.

Bo-Kaap Viertel

Blick vom Signal Hill

Nach dem Kaffee entschieden wir uns für *First Car Rental,* das sich nur wenige hundert Meter vom *Greenmarket Square* befand.

Am Abend gönnten wir uns ein kostenloses Angebot mit dem Hop-on/Hop-off-Bus und fuhren entlang der Küste auf den *Signal Hill.* Hier erwarteten uns spektakuläre Blicke auf die im Meer vorgelagerte Gefängnisinsel *Robben Island* sowie auf die

Gebirgslandschaft der Stadt. Der fulminante Sonnenuntergang wurde zum Höhepunkt des Tages.

Der nächste Tag war ein Samstag. Wir fühlten uns beflügelt, die noch verbleibenden zwei Wochen in Südafrika organisiert zu haben. Außerdem begleitete uns herrliches Sommerwetter, als wir uns auf den Weg ins Planetarium machten. Die *Fulldome Show* über den südlichen Sternenhimmel fanden wir lehrreich. Unser Englisch reichte aus, wissenswerte Details aufzuschnappen. Nach einer guten Stunde traten wir wieder nach draußen. Viele Kapstädter Paare trugen ein rotes Herz an ihrer Kleidung und wandelten durch den *Company's Garden*. Wir erfuhren, dass sie den *Loving Day* feierten, was am herzlichen Umgang der Menschen unschwer zu erkennen war. Nach einem Blick in den Reiseführer lasen wir, dass sich im Stadtviertel *Zonnebloem* eine neue Kunstszene etabliert habe. Traurige Berühmtheit hatte dieser Bezirk in den Sechzigern dadurch erlangt, dass er in Zeiten der Apartheid zum reinweißen Siedlungsgebiet erklärt wurde und »farbige« Bewohner quasi über Nacht gewaltsam in Townships umgesiedelt worden waren. Ich glaubte, dass es Thomas interessierte, und er glaubte dasselbe von mir. Wir wollten uns gegenseitig einen Gefallen tun und keiner äußerte seine Bedenken. Ein folgenschweres Missverständnis, das uns sonst nie in diese Gegend geführt hätte. Durch kleine Straßen, über das Gelände der Technischen Universität hinweg, kamen wir in immer verlassenere Wohngebiete. Trotz des Stadtplans fühlten wir uns orientierungslos. Die *Nelson Mandela Avenue* wirkte wie eine Autobahn. Nur über eine Brücke würden wir zu einer Wiese und in ein unüberschaubares Viertel kommen. Uns verließ der Mut, zumal Thomas bei der Hitze keine Lust mehr hatte herumzuirren. In einem angespannten Dialog löste sich das Missverständnis auf, dass jeder den Weg für den anderen auf sich genommen hatte. Nun waren wir schon so weit gekommen, dass wir planten, die Brücke zu überqueren und zu schauen, ob sich dahinter die *New Art Scene* verborgen hielt. Doch bereits nach den ersten Schritten auf der Brücke wurde uns klar, dass wir uns gründlich täuschten. Als ich mich zu Thomas umdrehte, bemerkte ich, dass ihn zwei junge Männer anbettelten. Sie hätten

Hunger. Als Thomas mir erklärte, er habe ihnen zugesagt, etwas für sie kaufen zu wollen, hielt ich meinen Mann für übergeschnappt. Ich trieb ihn an, schneller zu gehen und sich nicht in Gespräche verwickeln zu lassen. Wie konnte ich ahnen, dass er sich hoch oben auf der Brücke vor einem Angriff mit Waffen fürchtete und nur eine Ausrede gesucht hatte, von der Brücke herunterzukommen? Mir war wiederum klar, dass die jungen Männer uns in eine noch entlegenere Gegend manövrierten. Hinter der Brücke platzte mir der Kragen. Ich stoppte, wollte die Burschen loswerden und bat Thomas um zwanzig Rand, während ich die beiden ablenkte, damit sie keine Gelegenheit hatten, unser Portemonnaie zu greifen. In mir war alles in Aufruhr, fremder Ort, keine Menschenseele in der Nähe, die wir um Hilfe hätten bitten können. Ich wies die beiden brüsk ab und hielt ihnen das wenige Geld hin. Auf ihre Beschwerden reagierte ich barsch und ließ ihnen keine Wahl. Nachdem sie das Geld genommen hatten, eilten wir davon, um so schnell wie möglich auf eine größere Straße mit Häusern zu kommen. Zum Glück waren die beiden uns nicht gefolgt. *District Six* und *Zonnebloem* hatten sich ein für alle Mal erledigt. Die einzige Frage lautete, wie wir am schnellsten in die City zurückkamen. Nach einigem Hin und Her landeten wir an der *Sir Lowry Road*, von wo aus wir die Wolkenkratzer erkennen konnten. Nach wenigen Metern sprach uns ein gut gekleideter Mann freundlich an und behauptete, dass niemand am Wochenende das Ende der Straße ohne ein Permit (Erlaubnis) passieren dürfe. Ich hielt dies für blanken Unsinn. Noch angespannt von den beiden jungen Männern auf der Brücke teilte ich ihm mit, dass für mich ganz offensichtlich Autos und Passanten ohne eine Kontrolle in die Innenstadt kämen, und zeigte auf die Straße. »Da sie alle ein Permit haben«, sagte er. Wir sollten ihm bitte glauben. Das Ticket koste nur fünfzehn Rand und sei um die Ecke zu bekommen. Ich weiß bis heute das psychologische Rätsel nicht zu entwirren, weshalb wir wider besseres Wissen einen Fehler nach dem anderen machten. Alles lag klar auf der Hand. Es wäre ein Leichtes gewesen, ihn abzuweisen, ohne zu verhandeln weiterzugehen, mit Thomas Deutsch zu sprechen. Nur einer dieser Impulse hätte gereicht, all dem zu entgehen, was nun folgte. Ich wollte den Mann vorführen, bat ihn, sich als städtischer Angestellter auszuweisen. Er zeigte auf das Schild an seiner Brust: *Security.* Ich erwiderte, dass es kein offizielles Dokument sei und es jeder Idiot im Copy-Shop selbst herstellen könne. Dieser Satz schien ihn zu verärgern. Erst jetzt fiel mir auf, dass sich Thomas mit einem zweiten Mann unterhielt, der dazugekommen war, sich als Chef des Security-Mannes ausgab und bestätigte, dass ein Permit leider nötig sei, um in die Stadt zu kommen. In meinem Kopf schrie eine Stimme: »Nie im Leben!« Und dann war der Chef mit Thomas verschwunden. Was für ein Adrenalinstoß! Wie konnte mich Thomas alleine lassen? Ich ging sofort hinterher. Um die Ecke war eine *Caltex* Tankstelle, wo sich auch ein Bankautomat der *Nedbank ATM Caltex Woodstock* befand. Hier also sollten wir das Ticket mit unserer Kreditkarte ziehen? »Absurd!«, schrie meine innere Stimme. In keinem Bankautomaten der Welt bekam man Tickets für irgendwas. Wir weigerten uns, die Kreditkarte zu ziehen. Doch jetzt begann das Theaterstück erst richtig: Gutgekleidete Frauen näherten sich, wovon die erste fragte, ob sie mal an den Automaten dürfe, sie wolle ein Permit ziehen. Ungläubig sahen Thomas und ich uns an. Weitere Frauen folgten, als wären sie ein Grüppchen, das in der Stadt einen Kaffee trinken wollte. Alle redeten durcheinander und fragten, wo das Problem sei. Thomas traute den Frauen nichts Böses zu und bat eine von ihnen um Hilfe. In mir tobte das Chaos. Einen kleinen Moment lang überlegte ich, ob etwas an der Geschichte dran sein könnte. Da sagte Thomas, ich solle probieren, mit der Visakarte ein Permit zu ziehen. Ich fand nicht den Mut, dem Spuk ein Ende zu setzen, Thomas zu greifen und abzuhauen. Stattdessen waren wir Gefangene unserer eigenen absurden Entscheidungen. Inzwischen fühlte ich mich von den Menschen um uns herum eingeschüchtert. Folglich steckte ich die Karte in den Automaten. Der Automat forderte mich auf, den Pin-Code einzugeben. Bevor ich es tat, drehte ich mich herum und herrschte die Menge an, wegzuschauen und die Klappe zu halten. Ich versuchte, die Augen überall zu haben. Als ich verdeckt die PIN eingab, musste ich panisch mit ansehen, dass statt der Sterne die tatsächliche Pinnummer auf dem Display für jeden sichtbar zu lesen war. Ich fluchte und suchte sofort die Abbruchtaste. In diesem Moment fuhr die Frau ihren Arm aus und tippte auf die Tastatur. Sie behauptete, der Automat würde spinnen. Doch die Karte kam nicht mehr heraus. Das passiere öfter, fuhr sie fort und riet uns, eine zweite Kreditkarte zu nehmen, um die erste herauszuholen. »Wir haben keine zweite«, log Thomas. Es müsse aber eine Kreditkarte sein. Aha, dachte ich, jetzt ist es klar. Als ich die Frau aufforderte, uns mit ihrer auszuhelfen, winkte sie ab und empfahl, die Notfallnummer der Nedbank anzurufen, um die eingezogene Karte zurückzufordern. Dann gingen sie alle von dannen.

Im ersten Moment war ich erleichtert, dass die Karte eingezogen worden war, denn dort wähnte ich sie sicher. Ich rief sofort die Nedbank an, konnte die Frau am anderen Ende der Leitung aber kaum verstehen. Zudem brach die Verbindung immer wieder ab. Deshalb bat ich den Kassierer der Tankstelle, mir zu helfen. Widerwillig und gelangweilt hörte er sich meine Geschichte an, als könnte er sie nicht glauben. Irgendwann bequemte er sich, mit der Frau von der Bank zu sprechen. Ob ich die Karte hier in Woodstock abholen wolle. Nein, nur in der Hauptfiliale in der City, ließ ich ihr ausrichten. Der Tankstellenmann versprach mir, eine SMS zu schicken, wenn sich die Frau wieder bei ihm melde. Dass ich diese SMS nie erhalten habe, wundert mich bis heute nicht.

Völlig aufgepeitscht von diesem Erlebnis bestellten wir uns ein Uber und fuhren nach einer guten halben Stunde in unsere Wohnung. Dort bat mich Thomas, auf unsere Konten zu schauen. Schock! Es waren knapp 2000 Euro abgebucht worden. Zweimal wurde Geld abgehoben und einmal für gut 1500 Euro eingekauft. Das Rätsel nahm kein Ende. Sie hatten die PIN, aber keine Karte. Wie war das möglich gewesen? Nach mehreren Zigaretten und Verbindungsabbrüchen erreichte ich die Angestellte der Santander-Bank in Wuppertal, die sofort die überfällige Sperrung meiner Kreditkarte vornahm.

Immer wieder gingen Thomas und ich die Szenen durch. Natürlich war der Verlust von zweitausend Euro mehr als ärgerlich, doch vielmehr erzürnte mich unsere Dummheit, nichts, aber rein gar nichts von dem umgesetzt zu haben, was uns theoretisch so klar gewesen war. Wir waren allein zu Fuß unterwegs gewesen, hatten Stadtteile aufgesucht, die als kritisch bekannt waren, hatten uns auf Gespräche eingelassen, uns trennen lassen und kein einziges Mal konsequent unsere Vorteile genutzt oder ein

Uber-Taxi gerufen. Ratschläge hatten wir genug bekommen. Umso enttäuschter war ich von uns.

Völlig entnervt schrieb ich François von dem Vorfall. Er rief sofort zurück und riet uns, zur Polizei zu gehen, den Betrug zu melden und protokollieren zu lassen. Sein Vorschlag klang vernünftig, obwohl wir uns ein wenig dazu überwinden mussten. Mit der südafrikanischen Polizei zu debattieren und eine Fallnummer einzufordern, stellte ich mir nicht leicht vor.

François war bereit, in jeder Form zu helfen, wenn es nötig sein sollte. Es tue ihm unendlich leid und er schäme sich, dass Gästen in seinem Land so etwas zustieß.

Nun hieß es für Thomas und mich, die Polizei von Kapstadt aufzusuchen. Ich packte die notwendigen Papiere unbewusst in die Haupttasche des kleinen Rucksacks und nicht in die kleine vordere wie zuvor. Die nächste Polizeidienststelle befand sich in der Nähe der City Hall. In meinem Kopf wirbelten tausend Gedanken durcheinander, was uns bei der Polizei noch alles bevorstand. Thomas fürchtete, sie könnten uns vorwerfen, fahrlässig mit der PIN-Nummer umgegangen zu sein. Andererseits konnten wir nicht mehr verlieren, denn das Geld hatten wir im Geiste längst abgeschrieben.

Unsere Schritte zur Polizeistation glichen einem Slalomlauf. Wir musterten jeden, der uns zu nahe kommen konnte.

Als wir die Polizeistation betraten, fühlten wir uns um Jahrzehnte zurückversetzt. Die Polizeibeamten saßen hinter einem schäbigen Holztresen. Im restlichen Raum standen abgewetzte Bänke, auf die wir uns setzten. Kurz bevor wir Platz nehmen wollten, kam ein junger Mann von hinten, sprach uns an und wies darauf hin, dass jemand auf der Straße versucht habe, unseren Rucksack zu öffnen. Erst als ich den Rucksack abnahm, sah ich, dass die erste kleine Tasche, in der wir bisher die wertvollen Dinge verstaut hatten, geöffnet war. Was für ein Glück, umgepackt zu haben. Wir atmeten tief durch und mochten uns nicht vorstellen, wie wir dem Polizeibeamten zwei Diebstähle innerhalb von vier Stunden ohne ein Dokument hätten erklären sollen. Was für ein Tag!

Das junge Paar neben uns wurde als Erstes aufgerufen. Bei ihnen handelte es sich um einen Autoeinbruch, was die Beamten kaum rührte, denn sie sprachen und bewegten sich lustlos. Ich unterstellte ihnen, dass sie am liebsten die Augen vor der Kriminalität in ihrer Stadt verschließen würden. Inzwischen war ein verletzter Obdachloser hereingehumpelt und sprach vor sich hin. Auch hier reagierte ein Beamter, als könnte er dem armen Mann nicht wirklich helfen, wenn dieser nicht etwas Beweiskräftiges vorbringen könne.

Als wir an die Reihe kamen, saß ein junger Beamter vor uns, der sich ständig mit dem Finger unter die nässende Nase fuhr und die Hand halb vor das Gesicht hielt, als wäre er unansehnlich. Seine Frau, die hinter ihm erschien, unterbrach uns, wollte Geld von ihm, doch er zeigte ihr sein leeres Portemonnaie. Er habe seit geraumer Zeit kein Gehalt bekommen, erklärte er uns die Situation, als er unsere fragenden Gesichter sah. Wir zweifelten immer mehr, dass wir hier etwas erreichen konnten, und versteiften uns darauf, nur die Fallnummer zu erhalten. Entgegen meiner Vermutung, das junge Paar neben uns seien Touristen, stellte sich heraus, dass es Kapstädter waren, die ihren fünften Autoeinbruch meldeten und ebenfalls nur die polizeiliche Aktennummer brauchten.

Als wir dem Beamten unsere Geschichte erzählt hatten, winkte er ab und klärte uns auf, dass unsere Kreditkarte niemals vom Bankautomaten eingezogen worden sei. Es gebe Banden, die sich darauf spezialisiert hätten, die Automaten zu manipulieren und uns abzulenken, während sie die Karte entwenden. Das scheine in unserem Fall so gewesen zu sein, denn der Kontostand belege es. Das sei im Moment ein beliebtes Vorgehen in Kapstadt.

Er notierte alles handschriftlich mit einem Bleistift in ein Formular, was mich fast mitleidig hinschauen ließ, wenn es nicht unseren eigenen Fall betroffen hätte. Er teilte uns mit, dass später alles in das Computersystem eingespeist werde und wir eine Fallnummer zugeschickt bekämen. Das könne zwei, drei Tage dauern.

Zumindest war der Betrug nun aktenkundig und bestenfalls würde ich irgendwann die Fallnummer bekommen. Doch das bezweifelte ich. François versprach, immer für uns da zu sein, wenn wir Fragen hätten.

Thomas und mir war die Lust vergangen, uns in einem Restaurant bei üppigem Essen etwas Gutes zu tun. Wir hatten weder Appetit noch traute ich dem Ober mit dem technischen Überweisungsgerät über den Weg. Mit so einem mobilen Terminal könnte er womöglich unser Konto abräumen.

Unser Vermieter äußerte sich auch schockiert, äußerte sein Bedauern und bot ebenfalls seine Hilfe an.

Das Einzige, was wirklich half, war, mit Thomas die Geschichte bis zum Erbrechen durchzukauen, um immer wieder zum selben Resultat zu kommen: Durch unsere Dummheit hatten wir einen Verlust von zweitausend Euro eingefahren. Basta!

Uns blieben noch zwei Tage in Kapstadt, in denen wir lethargisch durch den Tag stolperten. Der Betrug hatte jedes Interesse an Touren, Spaziergängen oder einer Besichtigung abgetötet. Wir surften im Internet, recherchierten Unterkünfte für die Fahrt entlang der *Garden Route,* gingen kurz einkaufen und wiesen jeden Bettler aggressiver ab als zuvor. Thomas und ich schworen uns in die Hand, dem anderen sofort zu sagen, falls einer sich verunsichert oder gar bedroht fühlte. Durch mangelnde Kommunikation und falsch verstandene Rücksichtnahme waren wir erst in diese Lage gekommen.

Am Montag erfuhr ich von der Santander Bank in Deutschland, dass die Betrüger auch am nächsten Tag mehrmals versucht hatten, Geld abzuheben. Ich bat die Bank, für die Regulierung des Schadens nur per E-Mail mit mir zu verkehren, da wir auf der Reise keine anderen Kommunikationswege sahen. Das hätte aber die Bestätigung eines Formulars vorausgesetzt, weil der E-Mail-Verkehr grundsätzlich als nicht sicher erachtet wird. Dieses Formular habe ich bis heute nicht bekommen. Thomas und ich waren uns einig, dass der Erfolg des Sabbatjahres nicht an diesem Verlust scheitern sollte.

Auch den letzten Tag nur in der Stube zu hocken, hielten wir dann doch für übertriebene Vorsicht. Wenngleich lustlos, fuhren wir mit dem Uber erneut zur Waterfront und schlenderten am Pier entlang. Ich schlug vor, der Promenade zu folgen und die krachenden Wellen zu beobachten, doch Thomas fühlte sich auch dort nicht sicher. Da erinnerten wir uns an das Plakat mit der Tour nach *Robben Island*. Diese lief im geschützten Rahmen ab und kam unserer Befindlichkeit entgegen. Doch als wir das Terminal erreichten, sahen wir nur frustrierte Gesichter, da die Überfahrt wegen hohen Seegangs abgesagt worden war. Unser Bedauern hielt sich in Grenzen. Wir kehrten zur Wohnung zurück und verbrachten die letzten Stunden in unserem Apartment.

Am nächsten Vormittag verließen wir Kapstadt mit unserem Mietauto und quälten uns durch Baustellen der N1, zogen durch das gesamte Stadtgebiet und erreichten nach knapp fünfzig Kilometern das Weingebiet um Stellenbosch.

Wir fühlten uns plötzlich in eine andere Welt versetzt. Weiße Häuser mit schönen kapholländischen Giebeln, Kleinstadtidyll, das das trügerische Flirren der Großstadt weggeblasen hatte, Rebhänge zu Füßen mächtiger Berge, Weingüter, die mit goldenen Namensschildern auf sich aufmerksam machten. Hier schien das Böse verbannt.

Wir bezogen unser Domizil am Ortsrand und lernten wenig später unseren Vermieter kennen. Als wir ihm vom Sabbatjahr, unseren Zielen und der Betrugsgeschichte erzählten, erwiderte er, dass auch in Stellenbosch Banden unterwegs seien, die Bankautomaten manipulierten. Die Kriminalität der Großstadt hatte also ihre Fühler nach der Unschuld vom Lande ausgestreckt. Wenig beruhigend.

Allmählich trudelte per Mail, Blognotiz und WhatsApp die Anteilnahme aus der Heimat ein. Ein Kommentar lautete:

»Shit happens!«

Während einer Führung im *Dorp Museum* lernten wir viel über die Lebensumstände der Menschen im damaligen Stellenbosch seit seiner Gründung 1679. Mithilfe eines Stadtplans besuchten wir historische Häuser, die über Jahrhunderte und mit originaler Ausstattung ihre Geschichte erzählten. Gastfreundlich wurden wir von Museumsmitarbeitern in Originaltracht der jeweiligen Epoche begrüßt.

Außerdem besuchten wir eines der hundertzwanzig Weingüter. Unsere Wahl fiel auf Boschendal, das größte der Gegend.

Kapholländische Gebäude, eine wunderschöne Parkanlage und für Thomas eine Degustation nach der Führung zeigten uns, wie idyllisch das Leben unweit der räuberischen Großstadt mit einem Mal sein konnte. Ich hatte auf Alkoholgenuss verzichtet und gönnte es Thomas, da ich uns sicher heimfahren wollte. Dass Polizeistreifen nach Weinverköstigungen angeblich ein Auge zudrücken, verleitete mich nicht dazu, das Schicksal herauszufordern. Ich hatte die Polizeistation bereits von innen gesehen und keine Lust, sie noch einmal aufzusuchen, schon gar nicht als Täter.

Da wir uns bereits außerhalb von Stellenbosch befanden, wollte ich mir eine Gelegenheit nicht entgehen lassen und erinnerte mich, dass François mir damals das Hugenottendenkmal in Franschhoek gezeigt hatte. Ohne in einen romantisierenden Ahnenkult zu verfallen, deutete eine Interpretation des Namens Domnick auf vertriebene Hugenotten aus Ostpreußen hin. Zudem war Franschhoek ein malerischer Ort, über dem sich bei unserer Ankunft schwere blaugraue Wolken bedrohlich zusammenzogen. Mit Blick auf das Denkmal wie das Gebirge beschworen sie eine apokalyptische Stimmung herauf, während der sattgrüne *Memorial Garden* noch im späten Sonnenlicht strahlte. Hin- und Rückfahrt führten uns über die imposanten Gebirge mit ihren Rebhängen und verströmten ein wunderbar friedliches Bild.

Am Abend revanchierte sich Thomas für meinen Alkoholverzicht in *Boschendal* und bot seine Fahrdienste an, sodass ich mich durch die Weinkarte des Steakhauses *The Fat Butcher* probieren konnte. Nach dem ersten Rotwein begab ich mich in die Hände des gutaussehenden jungen Kellners, der absolut verstand, was ich von ihm wollte, und der mir den *Delheim Shiraz 2016* als zweite Möglichkeit empfahl. Ich war begeistert von seiner Kompetenz.

Weinberge Stellenbosch

Hottentots Holland Mountain

Der Indische Ozean liegt zwanzig Kilometer entfernt quasi um die Ecke von Stellenbosch. Für Thomas brach eine aufregende Zeit an, denn er fieberte Hermanus, dem Hotspot für Whale Watching, entgegen. Sein größter Traum, einmal im Leben Wale hautnah zu erleben, konnte in Erfüllung gehen, denn im Oktober halten sich die großen Meeressäuger noch in der Bucht auf, bevor sie in Richtung Antarktis aufbrechen. Da die dortige Unterkunft erst für den übernächsten Tag zur Verfügung stand, brauchten wir eine Zwischenübernachtung und buchten deshalb ein Privatzimmer in Sommerset-West bei Arnold und Jan an der *False Bay*. Ich vereinbarte mit Arnold, kurz unsere Koffer bei ihnen abzustellen, denn wir wollten mit unserem Gepäck auf öffentlichen Plätzen Dieben nicht den Mund wässrig machen. Arnold verstand uns gut und unterbrach extra seine Arbeit.

Das Haus war fantastisch und zeugte von hohem Lebensstandard. In einem kurzen Smalltalk deuteten wir an, vor langer Zeit schon einmal in Südafrika gewesen zu sein, wobei ich erwähnte, dass mein damaliger Freund ein südafrikanischer Pianist sei. Da sah Arnold mich mit großen Augen an. »François?«, fragte er. Ich nickte perplex. Wie konnte das sein? Arnold und Jan hatten François über dessen Partner kennengelernt und gingen regelmäßig in seine Konzerte. »Ein feiner Kerl!«, bestätigten beide später. Für den Abend hatten wir einen Grillabend auf der Terrasse geplant. Zwischen uns stimmte die Chemie und wir unterhielten uns angeregt. Als ich im Gespräch erwähnte, dass heute Donnerstag sei, behauptete Arnold: »Nein, heute ist Freitag.« Ich erwiderte, nein, Donnerstag. Arnold sagte: »Das kann nicht sein, heute ist der Neunzehnte.« Ich erklärte ihm, dass das nicht stimmen könne, da der Zwanzigste unser Buchungstermin bei ihnen sei. Als Jan den Kalender zu Rate zog, mussten wir lachen. Ich hatte recht mit dem Donnerstag und Arnold mit dem Neunzehnten. Was tun? Bei der Routenplanung hatte ich einen Tag übersehen. Niemandem von uns war aufgefallen, dass wir einen Tag zu früh angereist waren. Meine zerknirschte Frage, ob wir zwei Nächte bleiben dürften, bejahten sie umgehend. Wir freuten uns über die gewonnene Zeit mit den beiden und setzten unsere intensiven Gespräche fort.

Da die beiden am Freitag arbeiten mussten, empfahlen sie uns den Besuch des *Vergelegen Wine Estate*. Dieses Weingut nahm uns durch seine ungemein gepflegten Parks, die britisch royale Eiche, die knolligen Campher-Bäume und eine sagenhaft alte Bibliothek in der Gartenvilla gefangen. Der luxuriöse Zauber des alten Adels rieselte wie glitzernder Staub auf uns herab. Doch damit nicht genug der Weingüter. Am Abend gingen wir mit unseren Gastgebern in einem weiteren Gut essen, nicht ohne uns vorher die Art Gallery ansehen zu müssen. Wir standen den Bildern eher ratlos gegenüber, während Arnold und Jan vor sich hin schwärmten. Als wir uns am nächsten Tag schweren Herzens verabschiedeten, wiesen Arnold und Jan auf die Kunstgalerien hin, die auf unserem Weg lagen. Wir versprachen, ihrem Rat zu folgen, machten ein Gruppenselfie und versprachen, in Kontakt zu bleiben.

Nun ging es endlich nach Hermanus und die Spannung bei Thomas stieg. Wir wurden äußerst herzlich begrüßt, bezogen das zwar einfache, aber zweckmäßige Apartment und wunderten uns nicht zum ersten Mal, wie günstig wir in Südafrika selbst in Hotspots wie Hermanus unterkommen konnten.

Natürlich machten wir uns sofort auf den Weg zur Bucht, denn ich fühlte, dass Thomas es kaum erwarten konnte, die ersten Wale aufzuspüren. Südliche Glattwale ziehen im Spätsommer gerne aus der Antarktis in die *Walker Bay*, um sich zu paaren oder ihre Jungen zur Welt zu bringen.

An der Promenade reihten sich Menschengruppen und suchten wie wir stets nach dem besten Platz, um ein Tier ausfindig zu machen. Wenn jemand juchzte oder aufschrie, bedeutete das oft einen spektakulären Fund.

Es stürmte mächtig an diesem Tag, doch minutenlang starrten wir unverdrossen durch das Fernglas oder das Teleobjektiv. Plötzlich sahen wir eine riesige Flosse aus dem Wasser auftauchen, dann ein Sprung und die Landung im Wasser, das gewaltig aufspritzte. Thomas wusste, dass die Tiere eine Reihe von Sprüngen hinlegten, bevor sie wieder abtauchten, sodass wir nur auf den richtigen Moment warten mussten. Kehrte Ruhe ein, sahen wir die massigen Rücken wie lauernde U-Boote knapp über der Wasseroberfläche treiben. Wir hielten die Kamera ständig im Anschlag und machten Fotos eines Wals, der mit seinem Kopf aus dem Meer schoss und eine wunderschöne Fontäne nach sich zog, bevor er zurück aufs Wasser platschte. Es waren Jungtiere, die spielten, sich ausprobierten und scheinbar mühelos hochschossen.

Thomas und ich wechselten uns ständig mit dem Fotografieren ab. Jeder wollte das ultimative Foto schießen. Bald hatten wir ganze Alben produziert. Am meisten freute es mich, dass Thomas sich endlich diesen Traum erfüllen konnte. Ich beobachtete ihn, wie er fieberhaft weitersuchte und immer wieder auf den Auslöser drückte. Monierte er sonst in jedem Urlaub, dass ich überall stehen blieb, um Fotos zu schießen, und er ständig auf mich warten müsse, hatte sich dieser Vorwurf nun hoffentlich erledigt. Selbst bei einem Kaffee auf der Terrasse behielten wir die Bucht im Blick. Nach einem weiteren Rundgang auf der Promenade fuhren wir ins Apartment zurück.

Am Sonntag trieb mich Thomas an. Er wollte rechtzeitig eine *Whale Watching* Tour buchen. Er drängte zum Hafen, der am Rande der Stadt lag. Doch alle Schalter waren geschlossen. Aufgrund des heftigen Windes verließ kein Boot den Hafen. Thomas war enttäuscht. Ich hatte aber tags zuvor gelesen, dass zwischen 10 und 14 Uhr die Info- und Ticketboxen auf der Promenade geöffnet waren. Zum Glück war es auch so. Als wir an den Schalter traten, bestätigte der Verkäufer, dass sich der Wind über Nacht legen werde und er uns zwei freie Plätze auf einem der Boote anbieten könne. Thomas freute sich zu Recht wie ein Schneekönig. Nun würde er Wale aus nächster Nähe beobachten können. Dreihundert trieben angeblich in der Bucht.

Thomas posaunte vor Glück und wollte am Abend im Hafen essen gehen. Er habe da mehrere Restaurants gesehen. Die Dunkelheit setzte ein, der Weg zog sich in die Länge und es wurde immer einsamer um uns herum. Ich fühlte mich nicht mehr sicher und empfand das bereits tagsüber geschlossene Hafengebiet als wenig vertrauenerweckend. Ich bat Thomas, umzukehren und woanders einzukehren, doch er vertröstete mich. Ich bat ihn erneut umzukehren, doch er gab immer wieder vor, nur bis zum nächsten Schild gehen zu wollen. Die Gegend wirkte immer verlassener. Ich fühlte mich unwohl und sagte es ihm. Er schien taub für meine Warnungen zu sein, dabei hatten wir vereinbart, den anderen ernst zu nehmen, wenn dieser sich nicht sicher und wohl fühlt. Doch Thomas dachte nicht daran und ging einfach weiter. Ich folgte ihm wütend. Hatte er nichts aus Kapstadt gelernt, sich nicht bewusst gemacht, dass auch er mit seiner Sorglosigkeit den Betrug ermöglicht hatte? Musste er unser Glück ein weiteres Mal herausfordern? Zum ersten Mal auf dieser Fahrt konnte ich meinen Zorn auf ihn kaum bändigen. Ob es geöffnete Restaurants gab oder nicht, spielte keine Rolle mehr. Thomas aber schien sich seine gute Laune nicht nehmen lassen zu wollen und betrat ein rustikales Restaurant. Er hatte erreicht, was er wollte. Die Unterhaltung beschränkte sich auf das Notwendigste, weshalb Thomas umso redseliger mit dem Wirt plauderte, als wäre nichts passiert. Der Wirt hatte meinen Gram bemerkt und hielt sich selbstverständlich an Thomas, der leider erst nach dem Essen zugab, dass er sich unbedingt über mich hatte hinwegsetzen wollen, obwohl ich recht daran getan hätte, ihn zu warnen. So what? Ich fragte mich, welch fragwürdigen Genuss er dabei verspürt haben mochte. Er hatte mir nicht nur den restlichen Abend, sondern auch die ganze Nacht verleidet. Wie weit konnte ich mich in kritischen Situationen noch auf ihn verlassen?

Am nächsten Morgen bestiegen wir mit dreißig Teilnehmern das Boot und tuckerten an das andere Ende der *Walker Bay*. Ob der frühen Stunde fühlten wir uns noch nicht fit. Doch die wachsende Erwartung und Vorfreude vertrieb die Müdigkeit, erst recht als im respektvollen Abstand ein ausgewachsener Wal vor uns auftauchte und seinen Rücken kurz über die Wasseroberfläche drückte, um gleich wieder in der Tiefe zu verschwinden. Wir trauten unseren Augen nicht, als wir die Ausmaße des mächtigen Körpers erkennen konnten. Doch der Skipper meinte, wir hätten nur sechzig Prozent der Länge gesehen. Ein anderer Wal erschien und begeisterte uns, als er eine Fontäne in die Luft jagte. Explosionsartig stieß er seinen Atem durch das Blasloch, wobei die Luft aus den Lungen kondensierte und als Fontäne sichtbar wurde. Was für ein Erlebnis! Kurz danach gesellten sich jüngere Wale zum Muttertier. Der Kapitän erhielt das Signal, dass sich weitere Wale in der Umgebung aufhielten. Wir trieben langsam zu der Stelle und warteten. Und dann ging ein Raunen durch die Menge, Kinder juchzten und Kameras klickten. Vor uns erhob sich behäbig der riesige Körper des Southern Rightwhale. Wir schnappten nach Luft. Der Wahnsinn! Unsere Blicke sprangen hin und her, denn wir wollten in den kurzen Momenten keine Einzelheit verpassen. Das Wesen protzte mit den Ausmaßen eines langen Reisebusses. Wir betrachteten den fünf Meter langen Kopf mit seinen weißen Wucherungen, die typisch für die Walart sind. Das Tier ließ sich nicht aus der Ruhe bringen, obwohl wir vom Boot auf den Rücken hätten springen können. Aus dem Nichts tauchten plötzlich zwei männliche Tiere auf, die um das Weibchen warben. Fleischmassen breiteten sich vor uns aus. Der Skipper sprach von einer Brautschau, bei der die Männchen drängten, mit Madame zu kopulieren. Tatsächlich begannen die Fleischberge, miteinander zu rangeln, sich zu schubsen und das Weibchen zur Drehung auf den Rücken zu veranlassen. Die Körper hoben und senkten sich, wichen einander aus, als wollte es kein Tier dem anderen leicht machen. Die Szene glich einem behäbigen Überlebenskampf. Ich stellte mir vor, wie die Massen unter Wasser miteinander verflochten waren, wenn man das bei diesen Tieren überhaupt so nennen konnte. Da schrie der Skipper auf und machte uns auf den zwei Meter langen Penis des Männchens aufmerksam. Wow, dachte ich. Wo? Doch es ging alles viel zu schnell. Bei Walen fand ich das Gliedmaß erklärbar. Bei einem Hodengewicht von einer halben Tonne, die zwanzig Liter Sperma in Umlauf bringen konnte, musste ich allerdings schlucken. Solche Zahlen klangen geradezu »fabelhaft«.

Wir werden nie erfahren, welcher Samen das Weibchen qualitativ überzeugt hat, denn nachdem sie sich mit beiden Bewerbern eingelassen hatte, wählte sie die beste Samenqualität aus. Wie das technisch funktioniert, wenn mehrere Wale ihre Hinterlassenschaft im Weibchen deponiert haben, bleibt mir ein Rätsel. Mir fiel der Film *Mamma Mia* mit Meryl Streep, Pierce Brosnan, Colin Firth und Stellan Skarsgård ein, in dem sich alles darum dreht, wer der Vater ihrer Tochter sein könnte.

Nachdem die Akte vollzogen waren, kehrte Ruhe ein und die Wale zogen gemächlich ihre Bahnen durch das Wasser. Unsere Blicke begleiteten sie, bis sie in der Unendlichkeit des Meeres verschwanden. Auf dem Weg zurück zum Hafen, den Kopf voller turbulenter Bilder, tuckerten wir an der bergigen Küste des Cape Nature Reserve vorbei, das in der Morgensonne erwachte und sich als Postkartenmotiv bewarb.

Wenig später stiegen wir ins Auto. Auf den 350 Kilometern bis Wilderness saßen wir müde nebeneinander und ließen die Bilder nachwirken.

Southern Right Whale

Wir hatten bei Stephanie ein Privatzimmmer für unter dreißig Euro gebucht, doch die Adresse war schwer zu finden. Erst nach einigen Telefonaten erreichten wir das Haus. Da es für uns nur eine Zwischenübernachtung war, störte es uns nicht, dass die Gastgeberin kaum in Erscheinung trat. Das Haus lag spektakulär in zweiter Reihe auf der Steilküste. Der Name des Ortes könnte nicht besser den breiten, wild anmutenden Strand beschreiben, der sich kilometerlang in die Ferne zieht.

Ich war müde und erschlagen von den Erlebnissen des Tages, doch Thomas hatte den verständlichen Plan gefasst, nicht auf dem Zimmer zu hocken, sondern in einer entfernteren Bucht am Strand zu liegen. Die *Victoria Bay* schien uns ein geeigneter Platz dafür zu sein, weshalb wir uns den Weg über Serpentinen in die bewaldeten Berge suchen mussten, um am anderen Ende der Flussmündung wieder zur Küste zu kommen. Hier störte uns keine Menschenseele, als wir uns in der späten Nachmittagssonne mit Blick auf das Meer in den Sand legten. Schlichte Schönheit, endlose Weite, nur grüne Berge, Strand, blaues Meer und die Sonne. Trotzdem konnte ich diesen Moment nicht genießen. Die Glücksposaunen, die in Hermanus beim Anblick der Wale noch kräftig geblasen hatten, waren verstummt. Vielleicht lag es auch an meiner Abgeschlagenheit, die auf meinen immer noch erlebnishungrigen Mann traf.

Völlig unüblich überraschte mich Thomas am nächsten Morgen um acht Uhr damit, einen Strandspaziergang machen zu wollen. Ich hatte nichts dagegen. Wir fürchteten den frischen Wind zu früher Stunde und zogen uns warm an. Kaum traten wir nach draußen, erwischte uns die Klimakeule und wir trafen auf tropische Temperaturen. Das Wetter war über Nacht umgeschlagen. Statt uns umzuziehen, stapfte Thomas von der Schwüle gequält mürrisch voran, die Anhöhe hinauf, die Treppe nach unten und dann durchs Watt. Ich folgte ihm. Wir gingen schweigend nebeneinanderher und uns lief uns der Schweiß herunter. Auf der übernächsten Holztreppe stiegen wir die Steilküste wieder nach oben. Nach einem faden Kaffee auf dem Zimmer verließen wir sang- und klanglos das Haus und setzten die Reise fort.

Als eine der angeblich schönsten Küstenstraßen der Welt enttäuschte uns die *Garden Route*. Die Landschaft erschien uns mit ihrem bergigen Hinterland zweifellos gefällig; imposant oder von der Natur reich gesegnet kam sie uns aber nicht vor. Das Land fiel zum Meer flach ab. Die Küste, die wir nur über Stichstraßen erreichten, mochte mit schönen Buchten und Stränden glänzen, aber außergewöhnlich fanden wir sie nicht.

Wir stoppten in Knysna, beschrieben als Perle der *Garden*

Route, ein kleiner Ort in einer Lagunenlandschaft. Wir frühstückten in der stylischen Bistro-Bäckerei *île de païn,* wo wir mit dem Schweizer Besitzer ein nettes Pläuschchen hielten. Die »saftige« Brot- und Kuchenauswahl erinnerte uns an die Heimat. Wir füllten unseren Proviant auf und machten uns auf den Weg zu Charles und André.

Zwei Nächte verbrachten wir bei ihnen in Stormsriver. Dieser Ort ähnelt einer Schrebergartensiedlung inmitten eines Waldes. Ihr Grundstück zu finden stellte uns auf eine harte Probe. Nachdem wir die Abzweigung endlich gefunden hatten, irrten wir herum, weil Straßennamen, Hausnummern oder Namen der Besitzer nirgends zu finden waren. Als wir endlich Handyempfang hatten, lotste uns Charles zu sich und präsentierte uns die Gartenlaube, die einst als Garage gedient hatte und mit altbackenen Möbeln eingerichtet war. Die Hitze staute sich und heizte unsere Garage derart auf, dass wir beschlossen, die schattige Gegend zu erkunden und erst spät am Tag zurückzukehren.

Charles zeigte sich anfangs zurückhaltend und überließ es seinen Gästen, wie weit sie Kontakt aufbauen wollten. Da war er genau an die Richtigen geraten. Wir luden ihn ein, nach dem Essen mit uns Wein zu trinken und boten ihm die eine oder andere Zigarette an. Wir erfuhren einiges über die politische und gesellschaftliche Situation in Südafrika aus seiner Sicht. In vielem waren wir uns einig, und obwohl Probleme nicht von der Hand zu weisen waren, schien Charles im Gegensatz zu uns sehr pessimistisch in die Zukunft zu blicken.

Arnold und Jan hatten uns vorab *Stormsriver Mouth* inmitten des *Tsitsikamma* Nationalparks in den schönsten Farben beschrieben. Eine Feriensiedlung in der Nähe am Meer unweit der *Suspension Bridge.* Diese Hängebrücke zu erleben sei Pflicht, hatte Arnold behauptet. Zuerst hieß es aber, einen beträchtlichen Eintritt zu entrichten. Um die Brücke zu erreichen, mussten wir am Berghang einem schmalen Weg mit vielen Stufen folgen. Die Schwüle setzte uns zu. Als wir über die Brücke gingen, fragten wir allen Ernstes, was Arnold so faszinierend an dem Ort fand.

Wir setzten uns an den Strand und konnten nicht in den Jubel einstimmen. Zum Glück waren wir nicht auf die Überredungskunst der beiden hereingefallen und hatten uns keine Blockhütte gemietet. Es sei doch so idyllisch. Nein, war es nicht, sondern total überlaufen; und die Hütten standen dicht an dicht.

Auf dem Weg zu unserer Unterkunft sah ich im Rückspiegel, wie es rot aufleuchtete und Qualm in den Himmel stieg. Ich dachte, dass ein Bauer Unrat verbrannte, doch der Anblick kam uns unheimlich vor. Nach längerer Beobachtung waren wir uns sicher, dass es sich um ein unkontrolliertes Feuer handeln musste, das immer größer wurde. Wir teilten Charles unsere Bedenken mit und fragten, ob die Gärten vom Feuer betroffen sein könnten. Charles sorgte sich weniger als André, der leicht panisch die Situation klären wollte. Später erfuhren wir, dass eine Township in der Nähe in Brand geraten war. Auch wenn Charles etwas kauzig wirkte, genossen wir die Gespräche mit ihm auch in der zweiten Nacht.

Nachdem Charles uns einen Routenvorschlag nach Boesmanskop unterbreitet hatte, verabschiedeten wir uns von den beiden, überquerten bei Kareedouw das Küstengebirge und fuhren auf der Route 62 durch den Obstgarten Südafrikas. Auf knapp zweihundert Kilometern reihen sich unzählige Apfel-, Kirsch- und Birnenplantagen aneinander, die im Schutz der Berge ideale klimatische Bedingungen vorfinden.

Natürlich gehörte die *Boesmanskop Farm* zu den vielen Tipps, die Arnold und Jan uns überschwänglich mit auf den Weg gegeben hatten. Der Weg in Richtung *Groot Swartberg Nature Reserve* gestaltete sich schwierig, denn die Wegbeschreibung des Reiseportals *SafariNow.com* verwirrte uns. Vor Calitzdorp gelangten wir in eine unübersichtliche Felslandschaft, wo Schotterpisten sich durch schmale Täler schlängelten. So irrten wir umher und suchten Hinweise. Da sich der Zustand der Wege zunehmend verschlechterte, haderten wir, drehten um, suchten eine *Art Gallery* zwischen abgerissenen Steinhütten, die uns als Wegmarkierung dienen sollte. Doch wir fanden sie nicht, ganz zu schweigen von der Frage, wer auf die Idee gekommen war, in dieser verlassenen Gegend eine Kunstgalerie zu betreiben. Irgendetwas lief hier grundlegend falsch. Ich fuhr auf eines der wenigen Gehöfte, wo allein die Zufahrt eine Zumutung für Auto und Fahrer war. Tinnie, der Besitzer von Boesmanskop, so sagte die Frau, die gerade mit ihrem Pick-up anrauschte, wohne fünfzehn Kilometer die Schotterpiste weiter in den Bergen. Dort fänden wir auch die Galerie, an der wir links abbiegen sollten.

Also machten wir uns erneut auf den Weg und hofften, ohne Reifenpanne durch das Gelände zu kommen. Wir waren so auf die Beschaffenheit der Fahrbahn konzentriert, dass wir erst in letzter Sekunde das kleine Schild vor dem Grundstück mit dem Namen *Boesmanskop* sahen.

Das Anwesen lag malerisch am Rande eines Weinfeldes, hinter dem majestätisch das *Swartberg*-Gebirge aufragte. Tinnie, der uns recht zurückhaltend begrüßte, lebte in einer Oase der Ruhe und Abgeschiedenheit. Unser Apartment im Natursteinhaus glich einer luxuriös ausgestatteten Bauernstube mit antiken Möbeln und Accessoires. Im flachen Haupthaus mit Terrasse und Pergola residierte der Besitzer und bewirtete dort seine Gäste. Als ich Tinnie etwas fragen wollte, traf ich im Wohnzimmer auf einen Mann, der sich barfuß auf das Sofa gefläzt hatte. Ich grüßte ihn und wollte von ihm wissen, ob er ebenfalls ein Gast sei, weil ich mich in dem Haus wie ein Eindringling fühlte. Er sei ein Freund von Tinnie, antwortete der Mann und war augenscheinlich an keiner weiteren Unterhaltung interessiert.

Der Hausherr zauberte für uns ein sehr leckeres Drei-Gänge-Menü. Wir fühlten uns ein wenig an die Serien *Downton Abbey* und *Das Haus am Eaton Place* erinnert, als wir kerzengerade an einer großen Tafel auf alten Esszimmerstühlen Platz genommen hatten. Da wir die einzigen Gäste waren und Tinnie weder redselig noch gesellig wirkte und sein Freund mit hochrotem Kopf im Hintergrund lauerte, herrschte eine beklemmende Atmosphäre. Um etwas Schwung reinzubringen, fragten wir Tinnie nach der Geschichte des Anwesens. Doch er wiegelte ab, darüber könnten wir bei einem Kaffee im Wohnzimmer sprechen. Mit Thomas' offener und direkter Art kann leider nicht jeder umgehen, doch führt sie oft zu interessanten Gesprächen. Aber nicht bei Tinnie und dessen Freund. Während wir über die Historie von Boesmanskop in Kenntnis gesetzt wurden, kraulten die beiden jeweils ihre nackten Füße und musterten uns mit starrem Blick. Eisig schwiegen sie, als Thomas sie fragte, wie sie sich als Schwule, denn davon gingen wir aus, in einer einsamen Gegend wie dieser kennenlernen konnten. Diese Frage setzte eine gewaltige Menge Stickstoff frei, die eine weitere Unterhaltung im Keim erstickte. Wie hatten Arnold und Jan diesen Tinnie als angenehmen Typen beschreiben können? Ich trank schnell meinen Kaffee aus und gab vor, von der langen Fahrt müde zu sein, sodass wir die beiden so schnell wie möglich wieder sich selbst überlassen konnten. Was für ein filmreifer Abgang!

Am nächsten Morgen empfahl uns der inzwischen etwas lockerer wirkende Tinnie, den *Swartberg Pass* zu nehmen, um nach Prince Albert zu kommen. Es gebe dort oben einen sagenhaften Blick über die Landschaft. Obwohl Arnold und Jan diese Strecke als schwierig erachtetet hatten, meinte Tinnie, dass andere Touristen die Fahrt mit kleinen Mietautos ohne Probleme bewältigt hätten. Alternativ stünde uns ein Umweg von über 150 Kilometern bevor. Hin- und hergerissen entschieden wir uns für das Risiko. Nachdem wir uns leichten Herzens vom Gastgeber verabschiedet hatten, kam uns der Weg anfangs tatsächlich unproblematisch vor. Je höher wir aber den Berg hinauffuhren, umso panischer schauten wir auf den immer schmaler werdenden Weg, der mit Schlaglöchern übersät war und uns mit engen Kurven um einen Felsvorsprung den Gegenverkehr fürchten ließ. Thomas schwitzte Blut und Wasser, als er auch noch den großen Steinen ausweichen musste. Mit zehn Stundenkilometern zeigte er sein ganzes fahrerisches Können und brachte uns sicher über den Pass.

Als wir ins Landesinnere vorstießen und Prince Albert erreichten, war das Quecksilber auf vierzig Grad gestiegen. Die kleine Stadt wurde 1842 nach dem Ehemann Königin Victorias benannt und diente im 19. Jahrhundert als Versorgungsstation für Reisende, die durch die steinige Halbwüste der *Great Karoo* gereist waren. Für viele Südafrikaner gilt Prince Albert als Juwel kapholländischer Siedlungen und tatsächlich lassen die weißen Fassaden entlang der Hauptstraße die Stadt bei blauem Himmel licht, frisch und gemütlich wirken. Wir setzten uns auf die Terrasse eines Cafés, wo wir auf unsere Vermieterin Yolande warteten. Als ich ihr eine Nachricht zukommen ließ, holte sie uns ab und führte uns zur Unterkunft *Die Stal*, wo sie uns drei Nächte statt einer in Aussicht stellte, wobei die zweite Nacht reduziert und die dritte kostenfrei sei. Ihrer Meinung nach reichte ein Tag nicht aus, Prince Albert kennenzulernen. Doch, dachten wir, ein Tag reicht allemal, denn es gab für uns nichts Nennenswertes zu entdecken.

Kaum dass wir uns eingerichtet hatten, erhielten wir die Nachricht von unserer Freundin Melanie aus Hannover, dass mich die Santander Bank wegen des Kreditkartenmissbrauchs in Kapstadt schriftlich aufforderte, alle nötigen Dokumente zum Betrugsfall zusammenzutragen und sie innerhalb der nächsten sieben Tage zum Hauptsitz nach Mönchengladbach zu schicken. Für uns Weltreisende war es eine Herausforderung, die auf dem klassischen postalischen Weg nicht zu bewältigen war. Obwohl wir nicht damit rechneten, den finanziellen Verlust erstattet zu bekommen, tat ich alles, was in unserer Macht stand. Da uns in der Unterkunft nicht nur keine Klimaanlage, sondern auch kein WLAN zur Verfügung stand, gingen wir in ein Bistro mit Internetempfang, um die Angelegenheit zu regeln. Dort frühstückten wir den ganzen Vormittag. Auf meine Frage, ob ich ein wichtiges Dokument ausdrucken könne, wurde ich an den indischen Besitzer in der oberen Etage verwiesen. In seinem Büro hörte er sich meine Geschichte vom Betrugsfall in Kapstadt an, zeigte sich beschämt und versprach als stolzer Südafrikaner, mir zu helfen. Mit Daten von meinem Stick, dem Scannen und Ausdrucken von Dokumenten war er mir eine große Hilfe, wenngleich ich befürchtete, dass er meine sensiblen Daten über seinen PC laufen ließ und zum Missbrauch verleitet werden könnte. Ich verfasste eine dramatisch klingende Betrugsbeschreibung und schickte alles per Mail an die Santander Bank mit der Bitte zu akzeptieren, dass ich ihnen die Unterlagen aus Südafrika nur auf virtuellem Wege rechtzeitig zuschicken könne. Zum Glück hatte François von der Kapstädter Polizei die Fallnummer erhalten und sie mir mitgeteilt. Jetzt hieß es abzuwarten.

Tatsächlich blieben wir zwei Nächte in Prince Albert und schlugen Yolandes Angebot der kostenlosen dritten Nacht aus, da wir noch tausend Kilometer nach Johannesburg vor uns hatten.

Nachdem wir eine ganze Zeit gefahren waren, kamen wir auf die dumme Idee, in Hanover – der Name hätte passender nicht sein können – einen Kaffee zu trinken. Wir bogen von der N1 ab und sogleich misstrauten wir der Umgebung. Die Stadt wirkte wie ausgestorben. Niemand war auf den staubigen Straßen zu sehen, weshalb die Suche nach einem Café uns mittlerweile absurd erschien. Als plötzlich junge Männer auftauchten, deren Blicke uns alles andere als beruhigten, entfuhr uns ein ratloses Stöhnen. Kurz danach folgte uns im gleichbleibenden Abstand ein Polizeiauto, sodass uns spätestens jetzt die Lust auf Kaffee vergangen war und wir verschwanden.

Der Zwischenstopp in *Liedjesbos* nahe Bloemfontein ging – wie konnte es anders sein - auf die Empfehlung von Arnold und Jan zurück. Mit schrägen Tipps wie *Stormsriver Mouth, Boesmanskop* und diverser Kunstgalerien hatten sie nicht immer auf unserer Wellenlänge gelegen. *Liedjesbos* aber, am Stadtrand und nahe der Autobahn gelegen, überzeugte uns als schicke und familiär geführte Unterkunft. Die Besitzer betonten, wenn auch etwas bemüht, ein künstlerisches Ambiente in Form von Skulpturen und Bildern schaffen zu wollen. Unsere Gedanken aber kreisten längst um Johannesburg und den kontinentalen Sprung ans andere Ende der Welt.

Thomas und ich waren uns einig, keinen Fuß in den Moloch Johannesburg zu setzen. Dass ein kleines Karree im Zentrum der Metropole für Touristen einigermaßen sicher sei, klang in meinen Ohren zynisch. Allein mit dem Auto durch Vororte, Stadtteile und mögliche Townships in einer der kriminellsten Städte der Welt fahren zu müssen, kam für uns nicht infrage. Johannesburg bot ohnehin nichts, was uns interessierte. Ich strebte eine Unterkunft in der Nähe des Flughafens an, um dort preiswert und entspannt auf den Abflug zu warten. Die Pension *Sunflowers* erfüllte diese Bedingungen.

Als Thomas unsere Gastgeberin fragte, was sich in nächster und sicherer Umgebung anzuschauen lohnte, schlug sie vor, das dreißig Kilometer entfernte Pretoria zu besuchen. Eine brillante Idee! Seit über zwanzig Jahren bedauerte Thomas, damals die Blüte der Jacarandabäume verpasst zu haben, die viele Siedlungen in einen Traum aus Lila taucht. Nun war die Chance gekommen, das Wunder nachzuholen.

Gleich nach dem Frühstück machten wir uns auf den Weg und besuchten die empfohlenen Stadtteile. In den Wohngegenden der wohlhabenden Pretorier tauchten wir in die leuchtenden und duftenden Straßenzüge ein. Wie ein bunter Bogen spannten sich die Baumkronen über die Straße. Wir konnten von

Glück sagen, dass Ende Oktober der Blütenstand noch recht imposant war. Dieser Ausflug war eine letzte schöne Erinnerung an Südafrika.

Jacarandabäume

Vortrekker Monument in Pretoria

Da wir noch Zeit hatten und ich mich an das *Voortrekker-Monument* erinnerte, beschloss ich, es Thomas zu zeigen. Das Denkmal war 1949 zu Ehren derjenigen eingeweiht worden, die als europäische Siedler von hier aus tief ins Landesinnere vorgedrungen waren. Wir betrachteten das walhallaähnliche Gebäude mit gemischten Gefühlen, denn viele Siedler waren es gewesen,

VIER

Australien

Schon der antike Wissenschaftler Ptolemäus vermutete, dass neben den nördlichen Landmassen ein noch unbekannter südlicher Kontinent für das Gleichgewicht auf der Welt sorgen müsste. Diese *Terra australis incognita*, vor gut 50.000 Jahren von Aborigines bevölkert, fand erst im siebzehnten Jahrhundert in den Karten europäischer Seefahrer konkrete Erwähnung.

Für mich als Kind war Australien mit seinen hüpfenden Kängurus ein unerreichbares Land, das so tief unten lag, dass es von der Erdkugel zu rutschen drohte. Ich liebte es, wenigstens mit dem Finger über weite Ozeane hinweg in Gedanken dorthin zu reisen.

Thomas und ich gehören einer Generation an, in deren Lebensspanne die Welt so rasant und eng zusammengerückt ist, dass wir uns das kindliche Staunen beim Gedanken an ferne exotische Länder noch bewahrt hatten.

Ich sah, wie Thomas das Känguru aus der Tasche holte und mich bat, ein Blogfoto für seine Schulkinder zu machen Sie warteten auf eine neue Nachricht ihres Lehrers. Mit dem Flugzeug im Hintergrund, meinem Symbol für Reisen in die weite Welt, drückte ich auf den Auslöser.

Wir hatten dazugelernt und einen Platz in einer Mittelreihe der Premium Economy gewählt, sodass ich meine Beine bequem unter dem Sitz des Vordermannes ausstrecken konnten.

Auf dem Flug nach Australien dachte ich an meinen Vater. Nach allem, was wir wussten, schien sein Gesundheitszustand stabil zu sein. Sollte sich dieser lebensbedrohlich verschlechtern, würde von nun an eine Rückkehr vom anderen Ende der Welt viel Aufwand bedeuten. Wir müssten überlegen, ob wir nach der unfreiwilligen Unterbrechung ein weiteres Mal nach Ozeanien aufbrechen oder den Traum von Australien und Neuseeland für immer begraben wollten. Um mich nicht in bislang unnötige Sorgen hineinzusteigern, malte ich mir stattdessen das fünfzig Kilometer nördlich von Sydney gelegene Avalon aus. Von Natur umgeben, stand uns eine geruhsame Woche bevor, in der wir das hohe Reisetempo einen Moment lang aussetzen wollten. Das Haus unserer Gastgeber Margie und Ross schien dafür perfekt zu sein. Außerdem beabsichtigten wir, in einer beschaulichen Umgebung die Verunsicherung durch die kriminellen Erfahrungen in Kapstadt abzustreifen und uns behutsam der Metropole Sydney zu nähern. Schließlich hatten wir keinen blassen Schimmer, wie die Sicherheitslage dort sein würde und was uns erwartete.

Auf dem zwölfstündigen Flug machte ich kein Auge zu und versuchte mit diversen Filmen die Zeit zu überbrücken, während Thomas öfter einnickte.

Als wir am anderen Ende der Welt aus dem Flugzeug stiegen und mit den Massen in die Ankunftshalle strömten, begriff ich, was es hieß, stehend k.o. zu sein. Alle drängten inzwischen an die wenigen besetzten Einreiseschalter. Über eine Stunde trotteten wir im *Stop-and-go* die geschlängelte Absperrung entlang, bis wir dem Zollbeamten gegenüberstanden, er uns eisern ansah und durchwinkte. Im Gegensatz zu amerikanischen Beamten hätte ich eine lächelnde Begrüßung der Australier erwartet. Doch diese Eigenschaft schien der Berufsgruppe grundsätzlich zu fehlen.

Zu glauben, nun seien wir in Australien eingereist, stellte sich als verfrüht heraus. Im Flugzeug hatten wir das Formular mit Daten über uns, unser Gepäck und dessen Inhalt ausgefüllt. Wir wussten, dass in Australien falsche Angaben aufgrund der besonders strikten Vorgaben große Unannehmlichkeiten nach sich ziehen konnten. Da wir die Dokumente aber immer aufmerksam und korrekt ausfüllen, hatten wir uns nichts vorzuwerfen. Bis ich die Schilder entdeckte, dass nur fünfundzwanzig Zigaretten pro Person statt der von uns angenommenen fünfzig erlaubt waren. Wir erlitten einen kleinen Schock, es gab aber kein Zurück mehr und vor allem keinen Mülleimer, um die überschüssigen unauffällig zu entsorgen. Als wir an der Reihe waren und intensiv befragt wurden, gaben wir die Anzahl an, die wir mitführten, sodass wir zur Seite genommen wurden. Unsere Aufregung stieg. Was passierte, wenn sie den vermeintlichen Betrug zum Anlass nahmen, eine saftige Strafe zu verhängen, uns wegzusperren oder nicht einreisen zu lassen? Während die anderen weitergehen durften, winkte uns eine streng dreinschauende Zollbeamtin zu sich. Als sie auf das Formular und die Anzahl der Zigaretten Bezug nahm, entschuldigten wir uns höflichst und gestanden, anders informiert gewesen zu sein. Erst jetzt sei uns die korrekte Tabakmenge bekannt. Darauf folgte die Frage der Beamtin, ob wir etwa ganze Stangen Zigaretten mit uns führten. Wir verneinten auf Ehre und Gewissen. Da winkte sie gelangweilt ab und schickte uns zum Gepäckscanner. Dieser röntgte sämtliche Gepäckstücke. Wir wussten, dass die Behörden die unerlaubte Einfuhr pflanzlicher und tierischer Produkte sowie Drogen rigoros ahndeten. Auch die Frage, ob wir in den letzten vier Wochen Wildreservate oder Nationalparks anderer Länder besucht hätten, schien für die Einreiseerlaubnis von Bedeutung zu sein. In keinem Fall durfte die endemische Flora durch das Einschleppen von Sporen, Bakterien und ähnlichen Erregern gefährdet werden. Ob wir selbst aber hochansteckend und virenbelastet durch die Kontrolle gingen und Australier anstecken konnten, scherte niemanden. Ebenso wenig erregten meine vielen Insulinampullen Aufsehen. Waren die australischen Behörden hysterisch oder vorbildlich? Ich neige dazu, sie als glühende Bewahrer ihrer »sauberen« Heimat zu betrachten.

Wir passierten die Schranken, und der dreimonatigen Freiheit in Australien stand nichts mehr im Wege.

Wir gingen zur Autovermietung, um unser vorbestelltes Fahrzeug abzuholen. Die Angestellte bot uns ein Upgrade an. Der Wagen sei noch größer und komfortabler. Ich war müde und gar nicht mehr richtig bei der Sache. Als Thomas fragte, ob unser SUV denn so klein sei, zeigte sie auf das gebuchte Modell. »No upgrade, please!«, riefen wir unisono. Wir hatten nicht vor, mit einem Panzer durch Sydney zu fahren.

Als wir im Auto saßen, unser Navigationssystem installierten und die Strecke nach Avalon eingaben, lagen fünfzig Kilometer mit einer Fahrzeit von fünfzig Minuten vor uns.

Noch heute fragen wir uns, was wir ohne unser Navi auf dieser Weltreise gemacht hätten. Das nostalgische Kartenlesen aus Kindheitstagen hatte seinen berechtigten Charme. Doch mit einem überdimensionierten Fahrzeug völlig übermüdet nach einem zwölfstündigen Flug die achtspurigen Stadtautobahnen während der Rushhour in die richtige Richtung im Linksverkehr zu befahren, war Herausforderung genug und für mich an diesem Tag eine absolute Grenzerfahrung. Dass wir fast zweieinhalb Stunden nach Avalon brauchten, nervte nicht nur uns, sondern irritierte auch unsere Gastgeber, die uns eine WhatsApp-Nachricht schickten, ob es uns gut gehe und wo wir denn blieben. Als die Nachricht eintraf, näherten wir uns bereits ihrem Haus.

Unsere Glückssträhne, herzliche und sympathische Gastgeber zu finden, setzte sich mit Margie und Ross fort. Eine Woche lang würden wir nicht nur in einem wunderschönen Haus mit blau gestrichener Holzfassade und Veranda wohnen, sondern auch die ersten Tage von einem halb gefüllten Kühlschrank zehren. Mit Letzterem hatten wir überhaupt nicht gerechnet.

Während wir das Willkommensgespräch mit den beiden führten, spürte ich, wie wenig ich der Unterhaltung folgen konnte und dass ich gedankliche Aussetzer hatte. Der Flug, der Zeitunterschied, die Einreisekontrollen und die lange Fahrt nach Avalon forderten ihren Tribut. Für mich standen nur noch Essen und Schlafen im Vordergrund.

Um zwei Uhr in der Nacht wachte ich kurz auf und sah Thomas kerzengerade im Bett sitzen. Auf seine charmant fordernde Art versuchte er, sich mit mir zu unterhalten, raubte mir meinen Schlaf, um seine Schlaflosigkeit zu überbrücken. Das Ehegelübde, wir würden in guten wie in schlechten Zeiten alles gemeinsam durchstehen, bedurfte einer Überprüfung.

Während wir also plauderten, erwähnte Thomas beiläufig, dass er für die frühen Morgenstunden, in denen wir ohnehin nicht würden schlafen können, einen Plan habe. Unsere Gastgeber hätten berichtet, dass vom Leuchtturm der *Palm Beach Peninsula* ein sagenhafter Sonnenaufgang zu bewundern sei. Ich konnte mich an diese Empfehlung nicht erinnern. Mein aufgekratzter Mann schlug gegen fünf Uhr vor, uns aufzumachen. Ich seufzte und nickte. Vier Stunden Schlaf in den letzten achtundvierzig Stunden ließen meine Laune massiv durchhängen und ich wusste nicht, ob ich Thomas für seine Überredungskunst oder mich für meine schwache Gegenwehr verfluchen sollte. Es lag durchaus nahe, die Gunst der frühen Stunde zu nutzen.

Wir fuhren zum *Barrenjoey Lighthouse und* landeten auf einem fast leeren Parkplatz. Als wir ausstiegen, öffnete sich vor uns der Blick auf einen Hügel, auf dem der Leuchtturm thronte. Alles wirkte still, friedlich und menschenleer. An einen Parkschein zu denken, hielt ich für absurd. Kein Land der Welt erhob ernsthaft so früh am Morgen eine Parkgebühr. Thomas wies mich darauf hin, dass es besser sei, die hiesigen Bestimmungen zu lesen und kein Knöllchen zu riskieren. Ich war genervt, stöhnte mich zum Automaten und traute meinen Augen nicht. Thomas hatte recht. Ab sechs Uhr morgens kostete eine Stunde Parken unglaubliche zehn australische Dollar, was sechs Euro sechzig entsprach. Waren die Australier verrückt? Zuerst weigerte ich mich, diesen Blödsinn mitzumachen, und überlegte, Thomas glauben zu lassen, dass ich bezahlt hätte. Andererseits war mein Missmut groß genug, ihn damit zu konfrontieren. Ich schätzte eine Dauer von drei Stunden, schob die Kreditkarte in den Schlitz und zahlte den horrenden Preis. Ich präsentierte dem besten Ehemann von allen das Ticket, wünschte ihm Frohe Weihnachten und teilte ihm mit, dass er es als vorgezogenes Weihnachtsgeschenk betrachten könne.

Wir gingen die Promenade entlang und beobachteten ein junges Paar am Strand, das sich in Badekleidung seltsam benahm. Mit einem großen Brett schoben sie über ungefähr zehn Meter den Sand über den Strand, drehten um und schoben ihn wieder zurück. Wir verweilten einen Moment, bis uns klar wurde, dass ihre wilden Übungen zu einem ausgefeilten Fitnessprogramm gehörten. Danach ließen sie das Brett liegen, joggten den Strand auf und ab, um dann ein paar Minuten später im Meer drei große Runden zu schwimmen. Wie bei einem Zirkeltraining starteten sie erneut mit der Brettübung. Wir schüttelten ungläubig den Kopf, bewunderten sie zwar für ihre Courage und Selbstdisziplin, fragten uns aber, ob Australier am frühen Morgen nichts Besseres zu tun hatten. Kaum hatten wir diese Szene verkraftet, joggten nacheinander ein älterer Mann und eine junge Frau an uns vorbei. Beide grüßten uns freundlich lächelnd, als würden wir uns jeden Morgen hier begegnen. Da musste eine Verwechslung vorliegen.

Wir kamen uns vor wie in einer anderen Welt und staunten über diese scheinbar genmanipulierten Wesen, die vom Glücksvirus befallen mit gesunder Lebensführung die optimale Work-Life-Balance gefunden zu haben schienen. Womöglich stellten sie tagsüber mit maximalem Einsatz ihre Arbeitgeber zufrieden und hatten abends trotzdem noch ein Lächeln auf den Lippen.

Auf dem Weg zum Leuchtturm trafen wir ein Paar in Motorradkluft. Nachdem die beiden uns miteinander reden gehört hatten, outete sich die Frau als Australierin mit perfekten Deutschkenntnissen, die sie während ihrer jahrelangen Arbeit in Mannheim erworben hatte.

Vom Leuchtturm aus genossen wir den herrlichen Blick über die friedvolle Landschaft hinweg. Vor uns lag die bewaldete Halbinsel im leichten Dunst, die wie eine langgestreckte Sichel das Meer teilte. Während der Strand die Menschen zur Fitness verleitete, öffnete sich hinter uns die *Broken Bay*, das »aufgebrochene Land«. Das Meer drang ins Landesinnere vor, hatte vor langer Zeit mit steigendem Meeresspiegel drei Flussläufe überspült und schlängelte sich nun über Kilometer um die bewaldeten Anhöhen. Vor uns lag ein Paradies, in dem die aufgehende Sonne durch schwere dunkle Wolken lugte und alles in ein dramatisches Licht tauchte. Als wir uns der *Broken Bay* zuwandten, entdeckten wir plötzlich in der Ferne den Rücken eines still vor sich hin gleitenden Wals. Aus dem Nichts tauchte ein Waljunges neben der Mutter auf und vollführte einen Luftsprung.

Langsam begann ich zu verstehen, dass es richtig gewesen war, zu der frühen Stunde aufzubrechen, um dieses morgendliche Idyll nicht zu verpassen. Ausgeruhter und frohgemut wäre es mir allerdings lieber gewesen.

Palm Beach

Unser Glücksbringer

Als wir den 1881 erbauten Leuchtturm hinter uns ließen und über das Hügelplateau spazierten, entdeckte ich weitere genmanipulierte Wesen. Wie soll ich sonst das junge Paar beschreiben, das sich um sechs Uhr morgens auf einem spärlich bewachsenen Felsen hoch über dem Meer im Schneidersitz auf einer Decke gegenübersaß, Karten spielte, sich amüsierte, laut auflachte und sich mit liebevollen Blicken bedachte? Solche romantischen Eskapaden erlebte man in der Heimat bestenfalls abends am Lagerfeuer. Hier auf der Südhalbkugel war alles auf den Kopf gestellt.

Wenn diese Bilder zu früher Stunde das australische Lebensgefühl widerspiegeln, wäre ich auch gerne zum Australier geworden.

Die ersten Tage in Avalon gaben wir uns der Muße hin, machten einen Spaziergang zum Strand und begutachteten auf dem Weg die kleinen und großen villenartigen Gebäude. Die friedliche Stimmung in Avalon legte sich wie Balsam auf unsere gehetzte Seele. Hier lebten Menschen, die bemüht schienen, mit Anstand, Freundlichkeit und herzlicher Nachbarschaft ihr Auskommen zu haben. Die Vorgärten kamen uns amerikanisch vor. Die fehlenden Bürgersteige waren durch abgesenkte Rasenflächen ersetzt, während hohe Bäume die breiten Nebenstraßen säumten.

Als ich mich eines Morgens mit einem Kaffee auf die Veranda unseres Hauses setzte, landete ein gefiederter Farbbeutel auf dem Geländer. Der Papagei musterte mich als neuen Bewohner dieser Gegend mit kleinen hektischen Bewegungen, hielt mich aber für nicht bedrohlich und beschloss, sich im Baum neben der Veranda seinem Frühstück zu widmen. Artistisch drehte und kreiste er um die Äste, um an Rinden, Samenkörnern, Blättern und Blüten zu knabbern.

Ich eilte ins Haus, um den Fotoapparat zu holen. Ein scharfes Foto war aufgrund der schnellen Bewegungen kaum möglich.

Dafür dauerte es nicht lange, bis ich im gegenüberliegenden Vorgarten einen anderen Exoten ausmachte. Ein Gelbhaubenkakadu hüpfte bedächtig über das Gras und wurde so für mich zur leichteren Beute. Anrührend empfand ich die kleinen schwarzen Perlen im weißen Federkleid, mit denen er seine Umwelt beäugte. Der großartige, gelb gewellte Kamm krönte dieses possierliche Geschöpf. Kakadus würden fortan zu meinen australischen Lieblingstieren gehören.

Beim nächsten Strandbesuch wagte ich mich zum ersten Mal ins Meer. Obwohl das Wasser für Anfang November erschreckend frisch war, biss ich die Zähne zusammen und gewöhnte mich daran.

Wir machten kleine Einkäufe im Zentrum von Avalon, um unsere Vorräte aufzufüllen. Während der ersten Supermarktbesuche gingen uns die Augen über. Den ruhigen Blick auf die Preise mussten wir noch üben. Dass die Lebenshaltungskosten in Australien und Neuseeland im Vergleich mit Deutschland und erst recht mit Namibia und Südafrika einen Quantensprung bedeuteten, war uns bekannt. Unsere geliebte Milka-Schokolade aber für fast vier Euro in den Warenkorb zu legen, brachten wir nicht übers Herz. Das gute Stück blieb im Regal liegen. Wir folgten dem Expertentipp, der nahelegte, nur Dinge zu kaufen, die grundlegend wichtig und durchaus zu anständigen Preisen zu bekommen waren. Thomas wachte mit Argusaugen über die Kosten und attestierte sich selbst, mit dem Alter geizig zu werden. Hier und da gönnten wir uns eine Besonderheit, zumal lukrative Angebote in allen Bereichen zu finden waren.

Obwohl Woolworth lange Zeit in Deutschland den Ruf eines Ramschladens hatte, zählt die Kette im Ausland zu den gehobeneren und teuren Einkaufstempeln. Worauf sich ein Deutscher in der Fremde fast immer verlassen kann, ist sein geliebter Aldi mit ansprechenden Preisen.

Immer wieder staunten wir über die Massen an vorgefertigten Mahlzeiten, die vielbeschäftigten Menschen eine schnelle Küche ermöglichen. So praktisch die moderne Welt erscheinen mag, so beraubt sie uns zunehmend der sinnlichen und haptischen Erfahrung.

Margie und Ross begleiteten unseren Aufenthalt unaufdringlich. Wir grüßten uns über den Zaun hinweg, kamen kurz ins Gespräch und versicherten, dass alles in bester Ordnung sei. Doch eigentlich war es mehr, es war wunderbar, das Haus, die Umgebung, die Atmosphäre, die Ruhe und Entspannung. Thomas und ich waren uns einig: Hier leben zu können, ist ein Traum.

Als wir Margie und Ross von unserer Sorge berichteten, uns könnte das Erlebte in Kapstadt auch in Sydney widerfahren, sahen sie uns mitfühlend an, schüttelten den Kopf und meinten garantieren zu können, dass so etwas in Australien nicht vorkomme. Sollten wir etwas verlieren, könnten wir fast immer davon ausgehen, dass es jemand findet, abgibt oder sicher aufbewahrt, bis man sich meldet. Es klang zu schön, um wahr zu sein. Die Worte verfehlten nicht ihre Wirkung und begannen, unsere Bedenken langsam zu zerstreuen.

Eines Abends kam Ross zu uns herüber und fragte, ob wir interessiert seien, ihn am nächsten Tag zu einer Open-Air-Ausstellung am berühmten *Bondi-Beach* zu begleiten. Nachdem wir uns zwei, drei Tage eingelebt hatten, waren wir bereit, durch eine Eingliederungsmaßnahme erste Schritte Richtung Sydney zu unternehmen.

Die Wetterprognose sagte hohe Temperaturen voraus. Als Ross seinen Wagen bis Manly fuhr und ihn in einer Tiefgarage für ebenfalls dreißig Dollar parkte, erklärte er uns, dass die

Gebühren in den ersten Stunden enorm hoch seien, der Tagessatz oft aber nur bei vierzig oder fünfzig Dollar liege. »Nur?«, platzte es aus uns heraus.

Wir versprachen uns viele weitere praktische Tipps von Ross, die uns später in Sydney Downtown hilfreich sein konnten.

Es dauerte nicht lange, bis wir eine der alten staatlichen Fähren besteigen konnten, die durch das Hafengebiet kreuzen. Der massive abgenutzte Schiffskörper verströmte mit seinem gelbgrünen Anstrich dennoch einen farbenfrohen Charme.

Eine gute halbe Stunde lang fuhren wir an Segelbooten und privaten Jollen vorbei, genossen den Ausblick in idyllische Buchten und näherten uns unaufhaltsam der Skyline von Sydney. Die Fähre folgte in weitem Bogen dem Verlauf des riesigen Hafenbeckens und gab den Blick auf den *Central Business District* frei. Wir stellten uns in großer Erwartung an die Reling und gierten dem Moment entgegen, in dem die berühmteste aller weltberühmten Sehenswürdigkeiten vor unseren Augen auftauchen würde: die *Sydney Opera*. Ich legte meinen Arm um Thomas, als wollten wir uns aneinanderketten und gemeinsam nichts verpassen. Ross schien geahnt zu haben, dass die Fährfahrt zum *Circular Quai* für uns ein besonderes Erlebnis sein würde. Er saß im Schatten auf einer Bank und lächelte, als gönnte er uns diesen einmaligen Augenblick von Herzen. Auch hier bewahrheitete sich, dass schöne Fotos nicht die Aufregung und Sinnlichkeit des Erlebens ersetzen können. Plötzlich rief Thomas: »Da! … Da ist sie. Nein, wie schön!«

Vor uns spannte sich die *Harbour Bridge* wie eine mächtige Verbündete zwischen der City und den Stadtteilen auf der anderen Hafenseite. Und dann erblickten wir sie: die *Sydney Opera*, das Wahrzeichen der Stadt. Ich denke, das Leuchten in unseren Augen ließ das Gebäude anfangs heller erstrahlen, als es in Wirklichkeit ist. Mattes Beige und ein bräunlicher Sockel verströmten den Charme der Siebziger. Beeindruckt starrten wir hingegen auf die einzigartige Dachkonstruktion. Als bräuchte es diesen symbolträchtigen Anblick, um endgültig sicher zu sein, dass wir tatsächlich am anderen Ende der Welt angekommen waren. Arm in Arm mit meinem Mann diesen Moment erleben zu können, bedeutete Glück.

Sydney Opera und CBD

Harbour Bridge

Wir landeten an einer der zahlreichen Anlegestellen am *Circular Quai*, wo Fähren ihre Passagiere wie in einem emsigen Bienenstock abladen und neue einsammeln, um sie ins weitläufige Hafengebiet zu bringen. Entlang des Ufers, das sich wie ein Hufeisen von der Oper über den *Circular Quai* bis zur *Harbour Bridge* biegt, eilten Menschen zu den Bushaltestellen, tauchten in die Straßenschluchten ein oder flanierten am Wasser.

die sich mithilfe des Militärs den heimischen Ethnien gegenüber als Herrenmenschen aufgeführt und sie vertrieben hatten. Ihnen dafür eine protzige Ehrenhalle zu widmen, hinterließ bei uns einen faden Beigeschmack.

Drei Wochen lang hatten wir Südafrika neu kennengelernt, alte Erinnerungen aufgefrischt und mit der *Garden Route* ein neues Puzzleteil der Erkundung des Landes hinzugefügt.

Zur späten Mittagszeit erreichten wir den Flughafen von Johannesburg.

Bis zum Abflug mussten wir wie so oft viel Zeit überbrücken. Ich beschloss spontan, mir in einem Salon auf dem Flughafen die Haare schneiden zu lassen. Nach einigem Herumirren fanden wir einen unscheinbaren Salon im verlassenen Untergeschoss des Gebäudes. Ich ahnte nicht, was mir bevorstand. Ein Kunde wurde gerade vom Meister frisiert. Ein Mann in Bomberjacke und Jogginghose saß auf dem Sofa und drehte Däumchen. Ein Kunde? Ein Kumpel des Kunden? Ein Kumpel des Meisters? Als wir den Laden betraten, machte der Friseur diesem aber Zeichen, uns zu bedienen. Ich war perplex. Schweigend wies der Mann mir einen Platz zu. Kein vertrauenerweckender Beginn, dachte ich. Er nahm den Rasierer. Ich winkte ab, nur mit Schere bitte. Er suchte die Schere. Dann begann er meine Haare zu schneiden, wobei der Begriff »schneiden« nicht ganz zutraf. Vielmehr zog er die Haare zu sich und hackte sie ab. Thomas verfolgte die Szene vom Sofa aus. Schon beim ersten Klicken der Schere wurde mir mulmig. Der Mann wirkte keineswegs wie ein versierter Friseur. Thomas' Mimik verriet, dass er sich um mein Aussehen sorgte. Nach fünfzehn Minuten war das Haar gekürzt, aber um ein paar hässliche Kanten reicher. Als wir draußen waren, versicherte mir Thomas, dass einen schönen Mann nichts entstellen könne. Ich gab ihm einen Kuss. In der Liebe haben Lügen manchmal auch etwas Gutes.

Als unser Flug angekündigt wurde, spürte ich ein befreiendes Gefühl in mir. Ich brauchte ein paar Minuten, um zu verstehen, dass ich erst jetzt vollends im Sabbatjahr angekommen war. Ich konnte loslassen, das Theater und die Kollegen tauchten nicht mehr in meinen Gedanken auf. Es war mir egal, was sie taten.

Zur Bestätigung bekam ich nun auch endlich meine Boeing 747, mein Synonym für Reisen in die große weite Welt.

Bondi Beach

North Head - Hafeneinfahrt

Hinter dem Museum für zeitgenössische Kunst, so erklärte Ross, liege die Altstadt *The* Rocks, Sydneys Geburtsort.

Dank Ross lernten wir das äußerst praktische Nahverkehrssystem Sydneys kennen. Wir kauften jeder eine mit Guthaben geladene Karte, die wir beim Ein- und Aussteigen gegen ein Lesegerät hielten. Der Fahrgast muss keine komplizierten Überlegungen über Tarifzonen oder Kurzstreckentickets anstellen. Das System berechnet den Fahrpreis über Tageszeit und Streckenlänge. Während wir in Deutschland im Tarifdschungel ersticken und kaum durchblicken, fuhren wir hier einfach los. Der Bus brauchte dreißig Minuten durch den Innenstadtverkehr zum *Bondi Beach*, von dem wir wussten, dass er wie die *Copacabana* zu den berühmtesten Stränden der Welt gehört, wo sich Reiche und Schöne mit fitnessgestählter Figur in knappen Shorts ein Stelldichein geben. Vielleicht war ihre Saison noch nicht gekommen, denn obwohl viele Sonnenhungrige unterwegs waren, fanden wir nur wenige, die dem Schönheitsideal der Hochglanzbroschüren entsprachen. Nur ein paar ansehnliche junge Männer joggten topless an uns vorbei, das T-Shirt lässig in den Hosenbund geklemmt, als verkörperten sie das Klischee der jungen, leicht exhibitionistischen Sydneysider.

Die Kunstausstellung zog sich um die südliche Begrenzung der Bucht und ihre Felsen herum. Viele außergewöhnliche Exponate und künstlerische Ideen sprachen uns sehr an. Wir blieben stehen und diskutierten mit Ross über die Werke. Es war inzwischen so heiß geworden, dass uns der über siebzigjährige Ross in Sachen Kondition einiges vormachte. Während weiß verschmierte Sonnencremereste noch sein Gesicht zierten und eine Mütze den Kopf bedeckte, stapfte er die steilen Treppen problemlos hoch. Beiläufig erwähnte er, dass die Hitze für diese Jahreszeit nicht normal sei. Diesen Satz hörten wir auf unserer Reise nicht zum ersten Mal.

Von den Aussichtspunkten ergaben sich wunderschöne Blicke über die Bucht. Ich schwärmte von der kräftig grünen Farbe des Wassers und dem strahlenden Blau des Himmels. Uns fiel auf, wie sorgsam die Australier ihre Küste bebaut hatten, dass sie sich nicht hatten hinreißen lassen, die Landschaft an jeder denkbaren Stelle mit Bettenburgen zu verschandeln.

Den Ausflug zum *Bondi Beach* und zur *Sculpture Mile* empfanden wir trotz der hohen Temperaturen und des Trubels als Erfolg.

Als wir mit dem Bus zurück zum *Circular Quai* fahren wollten, wartete schon eine riesige Schlange an der Haltestelle. Volle

Busse fuhren achtlos an uns vorbei. Wir fürchteten, in der nächsten Stunde nicht wegzukommen, und beschlossen, uns mit einem Kaffee die Zeit zu vertreiben. Als ich zahlen und der Bedienung ein Trinkgeld geben wollte, sah der junge Mann mich verwundert an und signalisierte, dass das nicht üblich sei. Wenn ich aber wolle, könne ich etwas Kleingeld in das Glas werfen. Australier erwarten kein Trinkgeld, das war für uns eine ungewöhnliche Erfahrung.

Von weitem sahen wir, dass an der Haltestelle immer noch eine Menschentraube auf einen leeren Bus wartete. Ich schlug ein Uber-Taxi vor. Ross sah mich skeptisch an, zu Recht, denn ich traute meinen Augen nicht, als ich auf dem Display den Preis von 62 Dollar für die Strecke zum *Circular Quai* las. In Kapstadt hatten wir mit einem Uber für zwei, drei Euro die Stadt durchquert. Doch alle Sorge war umsonst, als plötzlich ein leerer Bus vor uns hielt und wir endlich die Heimfahrt antreten konnten.

Wir hatten den ereignisreichen und spannenden Tag mit Ross genossen und zudem das Gefühl vermittelt bekommen, die Stadt auf eigene Faust unbeschwert erkunden zu können.

Am nächsten Tag trafen wir uns mit Emma, einer ehemaligen Ballettkollegin aus Hannover. Da Thomas in seinem ersten Leben selbst professioneller Balletttänzer war und er Emma ebenfalls kannte, erinnerten sie sich an alte Zeiten. Emma ist gebürtige Australierin und nach der Karriere hierher zurückgekehrt. Wir freuten uns besonders, dass sie Zeit für uns hatte. Emma wohnte in Cromer unweit von Avalon. Es erfüllte uns mit großer Neugier, zu erfahren, wie sie sich nach vielen Jahren der Abwesenheit in ihrer Heimat neu eingerichtet hatte, und wollten hören, wie die Menschen in *Down Under* tickten. In ihrer lebenslustigen Art erzählte sie freimütig von ihrer Arbeit als Ballettlehrerin und den Verdienstmöglichkeiten, ihrer Familie, dem *Australian Way of Life* und welches Prestige das Auto und der Besitz einer Immobilie für die Menschen hier haben. Sie zeigte uns ihre Lieblingsorte an den *Northern Beaches*, wo Freunde und Familien ihre Freizeit beim Picknick, Sport oder mit Sonnenbaden verbringen. Vom *Dobroyd Head* schauten wir auf die breite Hafenausfahrt, durch die sich die Kreuzfahrtschiffe aufs offene

Meer hinausschlängeln. Am *North Head* ergab sich ein schöner Rundgang, von dem aus wir in die Buchten und bis zur Skyline des *CBD* blicken konnten.

Der Wind blähte die bunten Segel der vielen Boote, die im vorderen Teil des Hafens kreuzten und den Eindruck erweckten, als lebten hier Harmonie und Glückseligkeit in ihrer reinsten Form. Emmas Hinweis, dass die Natur bei den Aussies enormen Stellenwert besitzt, erstaunte uns deshalb nicht. Dass es kein Paradies ohne ein Aber gab, bewiesen uns die nervtötenden und permanent in alle Öffnungen krabbelnden Fliegen.

Wir hatten noch nicht sehr viel von Sydney und Australien gesehen, aber die ersten Tage in Avalon zu verbringen, war die perfekte Entscheidung gewesen. Von hier aus würden wir mit Zuversicht und Freude unser Abenteuer Australien beginnen.

Nach einer Woche in Avalon verabschiedeten wir uns fast schon schweren Herzens von Margie und Ross, doch wir hatten für die folgenden sieben Tage ein Apartment im Herzen Sydneys gebucht.

Unser Plan war es, das Gepäck in die neue Unterkunft zu bringen, um alsbald den Mietwagen am Flughafen abzugeben. Zuvor lernten wir jedoch eine für uns schräge Art der Schlüsselübergabe kennen. Es gibt Airbnb-Unterkünfte, die, obwohl es sich um Privatunterkünfte handelt, kommerziell und ferngesteuert verwaltet werden. Oft handelt es sich um Apartments reisender Geschäftsleute. In der Bestätigungsmail stand, dass wir die Schlüssel in einer fahrradschlossähnlichen Kette mit einer Mini-Box fänden, die um einen Laternenmast gebunden sei. Die Box mussten wir mit einem Zahlencode öffnen. Nachdem wir gegenüber im Café auf die Nachricht zum Check-in gewartet hatten, machten wir uns auf die Suche nach dem Schloss. Orientierungslos suchten wir rechts und links. Erst auf den zweiten Blick und ein Stück weiter weg als gedacht fanden wir die Kette. Rasch brachten wir das Gepäck in die Wohnung und flitzten sofort zurück auf die Straße, wo ein Polizist bereits das Knöllchen vorbereitete. Ich rang ihm ein wenig Verständnis ab und erklärte, dass wir mit den Parkregeln noch nicht so vertraut seien und sofort verschwinden würden. Er zögerte kurz, ließ uns aber straffrei davonkommen. Ein Grund mehr, sich in der Stadt nur mit Bussen und Bahnen zu bewegen. Außerdem hielt ich den Spruch meiner lieben Schwiegermutter für wahr, dass man sich eine Stadt erlaufen müsse.

Wir glaubten, reichlich Zeit eingeplant zu haben, ahnten aber noch nicht, dass wir bis zur Abgabe des Autos in höchste Not geraten würden. Zum einen drohte uns die frühe Rushhour einen Strich durch die Rechnung zu machen. Zum anderen spürten wir ein ganz anderes Problem auf uns zukommen. Wir brauchten beide bald eine Toilette. Im Stop-and-go krepelten wir den Highway entlang und die Deadline der Fahrzeugrückgabe rückte näher. Es blieben nur noch wenige Minuten, als wir vom Highway abbogen und auf den Flughafen zusteuerten. Da wir den Wagen aufgetankt zurückgeben mussten, glaubten wir, wie auf allen Flughäfen dieser Welt eine Tankstelle vorzufinden, die sicherlich auch eine Toilette haben würde. Doch nicht auf dem *Kingsford Smith Airport* in Sydney. Auf den verwirrenden Zufahrten verpassten wir die richtige Abzweigung, mussten eine Ehrenrunde drehen, während wir uns nichts sehnlicher wünschten als eine Toilette. Als wir die Mitarbeiterin der Autovermietung um Aufschub baten, lächelte sie und gewährte sie uns. Was für ein nettes Völkchen die Australier doch sind. Der Blasendruck raubte uns fast den Verstand. Auf die Frage nach einer Tankstelle erklärte sie mit Handzeichen und vagen Ahnungen, in welchem Stadtteil wir eine finden würden. Zum Glück recherchierte sie für uns den Straßennamen. Unser Navi lotste uns sicher dorthin und kaum hatte ich den Motor an der Zapfsäule abgestellt, rannte Thomas auch schon los, während ich versuchte, den Hahn ruhig in den Tank zu führen. Thomas kam schnell zurück und wir wechselten.

Zehn Minuten später konnten wir entspannt das Auto übergeben und fuhren mit der S-Bahn in die Stadt zurück.

Bei der Wahl unseres kleinen Apartments hatten wir ein gutes Händchen bewiesen. Es bot alles, was den Aufenthalt für eine Woche angenehm machte. Für nur achtzig Euro pro Nacht hatten wir vom Balkon im dreizehnten Stock eine herrliche Aussicht auf das östliche Stadtgebiet bis zur Rückseite des Opernhauses. Unser neues Zuhause lag in der *Oxford Street*, die äußerst belebte und zentral gelegene Hauptschlagader des Szeneviertels *Darling-*

hurst. Von nun an würden wir die Erholung in einem behüteten Vorort gegen den lauten Pulsschlag der Großstadt eintauschen. Australier lieben und besitzen zumeist das eigene Haus in einem der sechshundertfünfzig Stadtteile, die in der Metropolregion Sydney bis zu hundert Kilometer voneinander entfernt sind. In Apartmentblöcken wie unserem zu leben, widerstrebt ihnen. Lediglich Studenten oder jene, die es sich leisten können, bewohnen die sündhaft teuren Stadtwohnungen.

Als wir uns am nächsten Tag aufmachten, die City und ihre Sehenswürdigkeiten zu erkunden und das Flair der weltberühmten Metropole zu erspüren, fielen uns anfangs die gewohnten Bilder einer Großstadt ins Auge. Gläserne Wolkenkratzer dominieren das Geschäftszentrum bis hin zum *Circular Quai*. Edle Geschäfte und Kaufhäuser liegen ihnen zu Füßen und saugen vereinzelt die Kunden von der Straße. Die imposante *St. Mary's Cathedral* repräsentiert das mächtigste Gotteshaus der Stadt. Es thront am Ende einer länglichen Freifläche, an die sich riesige Parks anschließen.

Sydney Tower 309 m

St. Mary's Cathedral

So sehr sich die Stadtansichten verschiedener Metropolen auch ähneln, so ungewöhnlich wohltuend umwehte uns in Sydney eine Atmosphäre, die wir in kaum einer anderen Großstadt bisher gespürt hatten. Sie näher zu ergründen und zu beschreiben, fiel mir noch schwer. Wir setzten uns auf eine Bank im *Hyde Park,* beobachteten die Menschen und genossen die Blicke zum Hafen oder in die angrenzenden Stadtteile.

Sydney wirkte verdammt jugendlich auf uns. Selbst ältere Menschen mischten sich unter das coole Flair. Ob Jeans, Sneakers, Flip-Flops, High Heels, Rastalocken, lackierte Fingernägel, weite Gewänder, Dastar, Schuluniformen oder Hot Pants, alles gehörte zum Alltag und wurde ohne kritische Blicke akzeptiert.

Doch die Jugendlichkeit allein war es nicht, die uns berührte. Hier pflegten die Menschen ein unaufdringliches entspanntes Miteinander, das sich wie Balsam auf unsere Unruhe legte, die wir aus Windhuk und Kapstadt mitgebracht hatten. Mir fielen die genmanipulierten Glückskinder am Ankunftsmorgen in Avalon ein. Im Supermarkt wurde nicht gedrängelt, die Menschen warteten, bis sie an der Reihe waren. Im Verkehr hupten nur die Busse, wenn jemand ihre Wege störte. Autofahrer bewiesen Langmut, wenn ihnen die Weiterfahrt versperrt war. Kaum jemand kam einem anderen in die Quere, und wenn doch, entschuldigte sich entweder der eine oder der andere auf sehr angenehme Art. Trotz permanenter Geschäftigkeit schafften es die Menschen, sich einen freien Atem und genug Bewegungsspielraum zu verschaffen, ohne den respektvollen Umgang miteinander zu verlieren.

Noch mehr als für deutsche Großstädter schien das Smartphone für Sydneysider zum wichtigsten Körperteil mutiert zu sein. Ob in Bussen oder Bahnen, an Haltestellen, auf Straßen – alle, selbst Senioren, hielten das Handy an die Lippen, legten es an ihre Ohren oder tanzten mit den Fingerkuppen auf den Displays.

Im Gegensatz zu Kapstadt schien Armut in Sydneys Zentrum nicht vorzukommen. Ob sie wegen des schönen Scheins ausquartiert worden war? Müll sammelnde Obdachlose, so es sie denn gab, sahen wir nicht.

Während wir durch die City schlenderten und immer wieder die imposanten Blickachsen besonders am *Circular Quai* in uns aufnahmen, dachten wir an die Entstehungszeit Sydneys zurück. Obwohl James Cook 1770 als erster Europäer in der südlich von Sydney gelegenen *Bottany Bay* angelandet war, hatte es weitere achtzehn Jahre gedauert, bis Arthur Phillip mit britischen Strafgefangenen, Aussiedlern und Matrosen Port Jackson, das heutige Sydney, erreichte und eine Sträflingskolonie errichtete. Dass achttausend Aborigines ihren Lebensraum verloren hatten, taucht noch heute in vielen Berichten nur als Randbemerkung auf.

Da Sydney ein beliebter Anlaufpunkt für Siedler, Abenteurer und Verwaltungsangestellte aus dem britischen Empire geworden war, zieren noch heute zahlreiche viktorianische Gebäude des neunzehnten Jahrhunderts das Stadtbild. Sie liegen oft im Schatten der Wolkenkratzer und beherbergen Behörden und Institutionen. Die Stadtplaner der letzten beiden Jahrhunderte haben unserer Meinung nach trotz wachsenden Wohnbedarfs und zunehmender Kommerzialisierung großes Geschick bewiesen. Wir stießen auf zahlreiche weitläufige Grünanlagen, die immer wieder neue und frische Perspektiven inmitten der besiedelten Gebiete eröffnen. Besonders um den Hafen herum bestaunten wir die idyllischen, sparsam bebauten Küsten.

Als wir durch die Schluchten zwischen den Hochhäusern streiften und eine Menschenmenge wahrnahmen, näherten wir uns und erlebten, wie das Kaufhaus *David* Jones mit großem Spektakel sein Weihnachtsgeschäft einläutete. Es kam uns befremdlich vor, die erwartungsvollen Gesichter von Passanten in Flip-Flops, kurzen Hosen und Röcken zu beobachten, die alle der Enthüllung der mit Schnee und Märchenfiguren dekorierten Schaufenster entgegensahen. Plötzlich sang ein siebenköpfiger Kirchenchor das grässlich intonierte »Jingle Bells«. Verhalten spendeten die Umstehenden Applaus. Sehr viel mehr Zuspruch erhielt der Weihnachtsmann, der grinsend auf den Bürgersteig trat und eine Gruppe junger Männer in Märchenkostümen im Schlepptau hatte. Das Thema »Nussknacker« beglückte eine Gruppe kleiner Kinder, die mit Geschenken und einem äußerst herzlichen Lächeln der kostümierten Männer bedacht wurden. Drei Repräsentantinnen des Warenhauses glaubten den Auftritt ihres Lebens vor sich zu haben und hatten modisch wie kosmetisch ein wenig die Grenzen des guten Geschmacks überschritten. Ihr Grinsen wurde noch breiter, als die Kameramänner der stationären Fernsehsender ihre Linsen öffneten. In diesem Moment wussten wir, dass sich amerikanisches und australisches Business kaum unterscheiden.

Wir zogen weiter durch die Straßen und gingen am *Tower Eye* vorbei, Sydneys Fernsehturm, der zwischen den engen Hochhäusern dreihundert Meter in die Höhe ragt. Der Turm bot sich mit einer Aussichtsplattform in luftiger Höhe für einen Blick über die Stadt an, doch wir entschieden uns dagegen. Von unserem Balkon im dreizehnten Stock sowie später von der *Harbour Bridge* würden wir ähnlich beeindruckende Aussichten genießen können.

Kurze Zeit später kamen wir am Gebäude des *Supreme Courts* vorbei, wo sich ebenfalls die Presse zusammengefunden hatte und Kameras wie Mikrofone Richtung Eingang hielten. Wir hatten zwar keine Ahnung, worum es ging, stellten uns aber in die Nähe wie neugierige Touristen, die Angst hatten, etwas zu verpassen. Es dauerte, bis die Prozessbeteiligten heraustraten und ein kurzes Statement abgaben. Ihre Gesichter wirkten sehr ernst und betroffen.

Wir drehten eine Runde durch den großen *Hyde Park* und kehrten zur *Oxford Street* zurück.

Nachdem die ersten Tage in Sydney vergangen waren,

machten wir uns bereits Gedanken, wie es nach dieser Woche weitergehen sollte. Wollten wir wie in Kapstadt den Aufenthalt verlängern oder weiterziehen? Wenn ja, wohin? Ich hegte zwiespältige Gefühle. Meine innere Stimme jubelte bei dem Gedanken, länger die Stadt erleben zu können. Andererseits maß Australien einundzwanzig Mal die Fläche von Deutschland und wir hatten noch nicht besprochen, welche Gegenden wir bereisen wollten. Thomas hatte die Idee, uns in einem Reisebüro in unserer Nähe beraten zu lassen. Er wollte dort ohnehin eine »Gay-History-Tour« buchen, in der wir durch die schwule Geschichte Sydneys und die dafür bedeutenden Stadtteile geführt würden.

Zuvor kaufte ich Zigaretten in einem Tabakladen. Die billigste Packung erstanden wir für umgerechnet 13 Euro. Der Preis war horrend und angetan, den Tabakkonsum für immer einzustellen. Trotz aller vernünftigen Argumente brachte ich den Mut und die Kraft dazu nicht auf. Indessen blickte Thomas weiterhin entsetzt auf den Kassenbon, weil zu den vierzig Dollar für Lebensmittel mehrere Packungen Zigaretten hinzukamen und ich damit die Rechnung auf über hundert Dollar trieb. Zu meiner Ehrenrettung sei angefügt, dass ich meinen Zigarettenkonsum in Australien längst auf ein mir mögliches Minimum beschränkt hatte.

Im Reisebüro ließen wir uns über die möglichen Ziele beraten. Ganz besonders interessierten uns das *Great Barrier Reef* und die Stadt Cairns, die als Hotspot für Ausflüge zu den Korallenriffen gilt. Der Mitarbeiter zögerte nicht lange und empfahl uns, wegen der bald steigenden Temperaturen und der Luftfeuchtigkeit nicht lange mit der Reise dorthin zu warten. Er schlug uns ein abgelegenes Gay-Resort vor. Nachdem wir einen Moment geliebäugelt hatten, dann aber den Preis erfuhren und wussten, dass ein Mietauto die Kosten weiter in die Höhe treiben würde, lehnten wir das Angebot ab. Ich favorisierte ohnehin eine Unterkunft in Cairns, die ich bereits im Internet ausfindig gemacht hatte. Thomas hatte geglaubt, im Reisebüro mit Schnäppchenvorschlägen bombardiert zu werden. Doch immer mehr stellte sich heraus, dass sich im Internet flexiblere und günstigere Angebote ergaben. Wir bedankten uns und buchten lediglich die »Gay-History-Tour« für den folgenden Samstag.

Bekannte und Freunde hatten uns vor unserer Reise gewünscht, dass wir unterwegs viele interessante Menschen kennenlernen würden. Dieser Wunsch war bis jetzt in Erfüllung gegangen. Von unserer sympathischen Gastgeberin in Swakopmund hatten wir erfahren, dass sie vor vielen Jahren in Sydney studiert und eine sehr nette Bekanntschaft gemacht hatte. Ralf sei Deutscher und der Liebe wegen nach Australien ausgewandert. Ausgestattet mit der *permanent residence* lebe er mit Steve in Sydney. Wir kontaktierten Ralf und freuten uns, dass er einem abendlichen Treffen in einer nahegelegenen Gay-Bar zugestimmt hatte. Mit Steve und Ralf verbrachten wir einen entspannten und informativen Abend. Es tat gut, auf Deutsch von unseren ersten Eindrücken in Australien zu berichten und sie mit den Ansichten der beiden zu vergleichen. Manchmal differierten unsere Betrachtungen und ich vermutete, dass sich Ralf als Sydneysider bereits an positive Eigenschaften der Australier gewöhnt hatte und sie als selbstverständlich hinnahm. Womöglich wollte ich auch nur, dass unsere positiven Eindrücke unwidersprochen blieben, schließlich fallen Außenstehenden manche Dinge bewusster auf. Ralf konnte allein durch seine Arbeit als Sozialarbeiter durchaus ein realistisches Bild der Gesellschaft zeichnen. Als ich ihn auf den Fitnesswahn der Sydneysider ansprach, winkte er ab und versicherte, dass dies ein Phänomen sei, das lediglich in der extrovertierten City und in gut situierten Gegenden eine Rolle spiele. Er und Steve wohnten im Vorort *Marrickville*, wo es ganz anders aussehe. Dennoch, für uns als Touris mit der rosaroten Brille passte alles zusammen. Außerdem rangieren australische Städte wie Sydney, Melbourne und Perth nicht umsonst unter den Städten mit der höchsten Lebensqualität in den Top 10 der Welt. Besonders hatte es mir die Schönheit des Hafengebiets angetan. Als ich lediglich das hohe Preisniveau infrage stellte, rückte Ralf auch dieses ins richtige Licht. Der Mindestlohn in Australien liege pro Stunde bei neunzehn Dollar für Festangestellte und gut 24 Dollar bei unbefristeten Verträgen (Stand: Juli 2019). Das entspricht zwölf bzw. 15 Euro pro Stunde. Wir waren zwar voll des Lobes, mussten aber das Preisniveau in die Rechnung einbeziehen, und dann sah es schon wieder anders aus. Ralfs Einkommen sei das von Thomas und mir zusammen. Dennoch könne er sich keine kleine Wohnung in der Innenstadt leisten, wenn er nicht gleichzeitig auf ein Auto und Urlaub verzichten wolle.

Am Ende unseres Treffens luden uns Ralf und Steve für den Samstag zu einem Grillabend zu sich nach Marrickville ein. Wir sagten gerne zu und verschoben dafür sogar unsere »Gay-History-Tour« auf den Montag.

Am nächsten Morgen beschlossen wir, Ralfs Rat zu befolgen und uns den Stadtteil Darlinghurst ein wenig näher anzusehen.

Ein besonderer Charme dieser gemütlichen Nachbarschaft ging von den viktorianischen Terrassenhäusern aus, die wir in fast jeder Nebenstraße entdeckten. Die Zeugen der britischen Kolonialzeit litten teilweise unter der mangelnden Pflege ihrer Besitzer, während andere im neuen Glanz erstrahlten. Die schmalen, eingeschossigen Häuser lagen Wand an Wand mit ihrem Nachbarn, maßen maximal drei Meter in der Breite und wiesen das betagte Alter von bis zu hundertdreißig Jahren auf. Obwohl sie alles andere als luxuriös wirkten, verströmten sie mitten im Herzen der Stadt eine besondere Wohnkultur. Ihre typischen ziselierten schmiedeeisernen Balkonbrüstungen gaben ihnen erst das besondere Detail. Hinzu kamen auch hier die noch in der Blüte stehenden Jacarandabäume, die Thomas und ich in Pretoria so sehr bewundert hatten.

Viktorianische Terrassenhäuser

Über den Hyde Park gelangten wir zur *Macquarie Street*, die uns direkt zum *Circular Quai* und zum Opernhaus führte. Gouverneur Macquarie hatte zu Beginn des neunzehnten Jahrhunderts die Infrastruktur geschaffen, sodass sich aus der Strafkolonie eine wirtschaftlich bedeutende Stadt entwickeln konnte Mit dem Ausbau des Hafens, der Straßen und Brücken hatte er dafür den Grundstein gelegt. Wir schlenderten am Musikkonservatorium vorbei, das am Rande des weitläufigen Botanischen Gartens lag und ehemals eine Garnison beherbergt hatte.

Solange wir in Sydney weilten, nutzten wir jeden Augenblick, am *Circular Quai* die Aussicht auf die *Harbour Bridge* und das *Sydney Opera House* zu genießen. Beide zusammen im Spiel mit dem blauen Wasser und seinen kreuzenden Booten vereint, zogen mich magisch an und erfreuten uns Tag für Tag. Ich kann nicht sagen, ob ich es als Bild der Ruhe, der Schönheit oder als perfekte Inszenierung betrachtete, es erfüllte mich aber mit unglaublichem Wohlgefühl, hier herumzuschlendern.

Wir informierten uns über das Programm des Opernhauses. In unserer Zeit führte die Ballettkompanie *Spartacus* auf, was Thomas' Herz sofort höherschlagen ließ, zumal das *Sydney Ballet* zu den Vorzeigekompanien der Welt gehört.

Wir setzten uns auf die riesige Vortreppe und ließen unsere staunenden Blicke kreisen. Die ungewöhnliche Dachkonstruktion ragt imposante siebenundsechzig Meter in die Höhe. Die dreifach übereinandergelegten gebogenen Schalen – auch als aufgeblähte Segel interpretiert – imponierten uns gewaltig. Die über eine Million glasierten weißen Kacheln des Daches glitzerten im Sonnenlicht. Ich hatte gelesen, dass wir Deutsche uns nicht so sehr über die in die Höhe geschnellten Kosten für Bauwerke wie die Elbphilharmonie und den Berliner Flughafen in Rage reden müssen. Die Kosten für das Opernhaus waren schon damals bis zur Eröffnung 1973 um das Fünfzehnfache gestiegen. Dass der Nimbus des berühmtesten und spektakulärsten Opernhauses der Welt die Kosten wieder eingespielt haben dürfte, steht für mich außer Frage. Wir waren glücklich, vor seinen Pforten sitzen zu dürfen und es zu betrachten. Ob wir die Gunst der Stunde für eine Aufführung nutzen konnten, würde ich online herausfinden.

Tatsächlich erwarb ich für gut fünfhundert Euro noch zwei Karten für das *Spartacus-Ballett.* Wir konnten es kaum erwarten.

Am nächsten Tag nahmen wir uns den berühmten Fischmarkt von Sydney vor. Vielleicht hätten wir darauf verzichtet, wenn wir aus Deutschland nicht den Tipp bekommen hätten. Ich überredete Thomas mit viel Mühe, uns den Weg dorthin zu erlaufen, und wollte die Gelegenheit nutzen, auf diese Weise andere Stadtteile zu entdecken. Doch der Teufel steckte im Detail und wir verliefen uns ein ums andere Mal, weil wir entweder den Stadtplan falsch hielten, uns die Orientierung abhandenkam oder wir uns nicht einig waren. An der *Central Station* entschieden wir, eine Kleinigkeit zu essen. Unser Blick fiel auf eine deutsche Bäckerei. Wir stutzten und beschlossen, dort ein Gebäckstück auf die Hand zu kaufen. Die jungen Damen sprachen Deutsch und erzählten uns, dass sie *Work and Travel* machten, diese Reiseart bei jungen Deutschen gerade nach Australien und Neuseeland sich immer noch großer Beliebtheit erfreue, die Arbeitsbedingungen aber recht frustrierend seien. Bis zu zwölf Stunden und mehr, berichteten sie, würden sie zur Arbeit verpflichtet werden. Doch niemand bereute es, diese außergewöhnliche Erfahrung zu machen.

Nach einigen Umwegen - Hinweise zum Fischmarkt hatten wir nirgendwo entdeckt - erreichten wir ihn an der *Blackwattle Bay*. Die Größe des Marktes stand für uns in keinem Verhältnis zu seiner angeblichen Berühmtheit. Nur Liebhaber von kleinen außergewöhnlichen Krabbeltieren und schrägen Fischen schienen hier den Himmel auf Erden zu finden. Als erklärte Feinde von Sea Food betrachteten wir die Auslagen mit angewidertem Gesichtsausdruck und setzten uns mit einem Kaffee auf die Terrasse, um den begeistert kauenden asiatischen Reisegruppen zuzuschauen. Als unser Blick auf die Mülltonnen mit den Fischresten fiel, sahen wir, wie sich Ibisse an den Abfällen labten.

Wir bestiegen den nächsten Bus zurück in die *Oxford Street.*

Bei Ralf und Steve erlebten wir einen sehr unterhaltsamen Abend unter Schwulen. Ralf hatte uns gebeten, wie in Australien üblich, unsere eigenen Getränke mitzubringen. Alkohol schien für Gastgeber einer Party zu kostspielig zu sein. Da wir Gäste waren, richteten wir uns selbstverständlich nach den Sitten des Landes und besorgten uns ein Sixpack Bier. Eine Flasche Wein diente als Gastgeschenk, was selbst beim deutschen Gastgeber in Australien zu irritierten Blicken führte. Das sei nicht üblich, sagte Ralf, wenn wir schon unsere eigenen Getränke mitbrächten. Wir erinnerten ihn an seine deutschen Wurzeln, worauf er schmunzelte, sich geschlagen gab und dankend die Flasche entgegennahm. Mit den Gästen dieser Party erlebten wir einen halbwegs repräsentativen Querschnitt der australischen Gesellschaft. Von einem vor dreißig Jahren ausgewanderten Iren über einen Briten und einen Pakistani bis zum Deutschen brauchte es nur noch einen Inder und einen Chinesen bei dieser Feier, um den Reigen komplett zu machen.

Als ich für einen Moment zur Seite trat und die Gästeschar beobachtete, ergriff mich eine merkwürdige Mischung aus Rührung und großer Zufriedenheit. Dieser Augenblick fasste mit einem Mal all die bisherigen wunderschönen Erlebnisse unserer Reise zu einer einzigen Empfindung zusammen. Dankbarkeit. Vor uns saßen mehr als eine Handvoll Männer, die die vielen sympathischen und gastfreundlichen Menschen repräsentierten, die uns bis jetzt begegnet waren und uns eine Art Urvertrauen in dieser für uns fremden Welt schenkten. Dass die australische Wirklichkeit hier und da sicherlich anders aussah, ahnte auch ich. Umso mehr genossen wir das Glück und die Harmonie, die uns unterwegs immer wieder zuteilwurde.

Obwohl die Vororte Marrickville und das angrenzende Newtown nur fünfzehn Fahrminuten mit dem Zug von der Innenstadt Sydneys entfernt liegen, waren wir in eine andere Welt eingetaucht. Beide Stadtteile hatten mit der beeindruckenden Szenerie Sydneys nicht viel gemein. Auf dem Weg zur S-Bahn erlebten wir, wie in Newtown die kiezähnliche Atmosphäre zu brodeln begann, als sich um Mitternacht Vergnügungssüchtige um die Hotspots und an der Bahnstation versammelten. Im Zug zurück nach Sydney beobachteten wir junge Leute, die exklusive Diskotheken und Bars in Downtown vorzogen.

Ralf hatte uns bei unserem ersten Treffen darauf hingewiesen, dass die Stadt Sydney an jedem Sonntag den gesamten Fahrpreis für die Nutzung der Nahverkehrsmittel auf zwei Dollar achtzig begrenze. Somit konnten wir am folgenden Tag sehr günstig mit Bussen, Bahnen und Fähren so oft hin und her gondeln, wie wir wollten. Herrlicher Sonnenschein legte nahe, den Tag auf dem Wasser zu verbringen und so lange und so oft wie möglich die Fährverbindungen auszukosten. Als wir am *Circular Quai* ankamen, stürmten ganze Familien auf die Schiffe.

Da wir bereits den östlichen Teil des großen Naturhafens von Manly bis zum *Circular Quai* befahren hatten, wählten wir den westlichen Teil und unterfuhren die zweiundfünfzig Meter hohe Durchfahrt der *Harbour Bridge*. Vor uns lag der flächenmäßig größte Teil des Hafens. Unsere Blicke wanderten in all die kleinen versteckten Buchten der nördlichen Hafenseite, wo vereinzelt Häuser wie Stecknadelköpfe aus dem Grün herausragten. Wir wollten uns nicht vorstellen, welche Preise heutzutage für diese privilegierten Grundstücke verlangt werden. Wolkenkratzer des *CBD (Central Business District)*, Lagerhallen, Fabrikgebäude und Silos dominierten die südliche Hafenseite.

Wir legten mit der Fähre zuerst auf *Cockatoo Island* an, die größte Insel im gesamten Hafengebiet und als historische Sehenswürdigkeit ausgewiesen. Wir fanden den Anblick eher ernüchternd. Nachdem die Aborigines im 19. Jahrhundert durch die britische Kolonialmacht von der Insel vertrieben worden waren, hatte man das Eiland zu einer weiteren Sträflingskolonie erklärt. Die dortigen Gefangenen waren zum Ausbau des *Circular Quai* und der großen Trockendocks gezwungen worden, sodass die Insel nicht nur zum Zeugnis einer rigiden Sträflingspolitik, sondern auch der maritimen Schwerindustrie wurde. Sowohl die Baracken dieser Anlage als auch der lieblose und teure Campingplatz wirkten furchtbar halbherzig und wenig attraktiv gestaltet. Auf dieser Insel in wahllos errichteten Zelten zu übernachten versprach kein Abenteuer.

Wir entschlossen uns, mit der nächsten Fähre bis zum westlichen Ende des Hafens nach Parramatta zu fahren. Als wir die folgenden vierundzwanzig Kilometer durch den Hafen fuhren und unser Blick in den vielen Buchten verweilte, stellten wir uns die dramatischen Szenen und Naturgewalten vor, als vor Urzeiten die Flusstäler durch das ansteigende Meer überflutet wurden. Ich wäre gerne mit einem kleinen Motorboot durch das Wasserlabyrinth des Hafens auf große Abenteuertour gegangen.

Als wir stattdessen nach einer knappen Stunde den Hafen durchquert und Parramatta erreicht hatten, nahmen wir uns vor, bis zum Ablegen der nächsten Fähre durch die Stadt zu bummeln. Obwohl sich Parramatta im selben Jahr wie Sydney 1788 gegründet hatte, wirkte die Stadt auf uns unnahbar und wenig attraktiv. Im Bau befindliche Hochhäuser, schlichte Zweckgebäude, kleine Ladengeschäfte und unzählige Restaurants verwöhnten nicht gerade unsere Augen. Auf ein historisches Gebäude trafen wir erst mit der *St. John's Anglican Cathedral*, deren Name ein imposantes Gotteshaus suggerierte. Was wir sahen, ähnelte dagegen einer schlichten Kapelle. Ihr gegenüber tat sich ein großer Platz auf, über dem die Fassade der *Town Hall* strahlte und einen Hauch viktorianischen Baustils ins Stadtbild wehte.

Parramatta gilt mit seinen fast 170.000 Einwohnern als zweiter *Central Business District* Sydneys und besitzt eine hohe Wirtschaftskraft. Die Stadt selbst inspirierte uns nicht, sodass wir die nächste Fähre keinesfalls verpassen wollten. Über den *Parramatta River* tuckerten wir in das große Hafenbecken zurück, nahmen Fahrt auf und näherten uns langsam der *Harbour Bridge* im Licht der sinkenden Sonne. Angefüllt von den schönen Eindrücken ließ ich mich von der Anlegestelle *Kissing Point* inspirieren und folgte der Aufforderung: Ich küsste Thomas im Trubel der ein- und aussteigenden Passagiere.

In den verbleibenden Tagen ertappte ich mich bei dem Gedanken, in und um Sydney herum sesshaft werden zu können. Ich fühlte mich hier sehr wohl, streifte gerne durch Straßen und erfreute mich an den Menschen, die sich zwar zielstrebig fortbewegten, aber zu keiner Zeit angespannt oder gar aggressiv wirkten.

Bevor wir Sydney Richtung *Great Barrier Reef* verließen, standen uns noch zwei Erlebnisse bevor, die wir während unseres Aufenthalts keinesfalls missen wollten. Zuerst planten wir, die *Harbour Bridge* entlangzugehen, von oben die Aussicht zu genießen und uns auf der anderen Uferseite umzuschauen. Ein Highlight für manche Sydney-Besucher stellt das *Bridge Clim-*

bing dar. Die Möglichkeit, für knapp zweihundert Euro vom 134 Meter hohen Bogenscheitel der Brücke angeseilt die Stahlstreben hinabzuklettern, klang für uns wenig verführerisch. Für solch waghalsige Abenteuer fehlt uns der Schneid, sodass wir die gut fünfhundert Meter lange und breiteste Bogenbrücke der Welt lediglich entlangspazierten. Während der Verkehr über acht Fahrspuren und zwei Zuggleise hinwegdonnerte, blieben wir immer wieder stehen, um das Ensemble von Skyline, Hafen und den vielen Wasserfahrzeugen aus luftiger Höhe zu bewundern. In der Nacht hatte ein Kreuzfahrtschiff festgemacht und lag wie eine fette Made gemütlich am Rand des *Circular Quai*.

Auf der anderen Uferseite erreichten wir Kirribilli. Der etwas ungewöhnliche Name geht auf einen damals dort lebenden Stamm der Aborigines zurück. Kirribilli gehört zu den beliebtesten Siedlungen in Sydney. Auch von diesem Ufer aus, gleich neben den Pylonen und Widerlagern der Brücke, konnten wir uns an der prachtvollen Szenerie nicht sattsehen. Wir beobachteten viele Hochzeitspaare, die mit weißem Brautkleid und langer Schleppe aus riesigen Limousinen glitten, um sich vor der Kulisse ablichten zu lassen.

Am nächsten Abend stand der Ballettbesuch in der *Sydney Opera* an und wir freuten uns riesig auf das Ereignis. Es war nicht allein die Aufführung, die uns interessierte, sondern das Drumherum, die Besucher, das quirlige Leben auf dem Platz davor, die Stimmung. Nachmittags hatten wir uns in der Wohnung aufgehalten und Thomas driftete als TV-Serienjunkie mit ein paar Episoden in die Kinowelt ab, während ich mich dem Schreiben hingab. Alle zwei Minuten fragte Thomas mich, wann die Aufführung beginnen würde, und jedes Mal antwortete ich überzeugt: »Um 19 Uhr 30!«

Wir wollten frühzeitig aufbrechen, um vorher noch etwas zu trinken und Zeit für die Erkundung des Opernhausgebäudes zu haben. Also starteten wir gegen halb sieben und nahmen den Bus. Thomas hatte sich vorgenommen, die Tänzer mit dem Feldstecher unter die Lupe zu nehmen.

Als wir uns dem Opernhaus näherten, sahen wir erstaunlich wenige Menschen dorthin strömen. Zumal die Vorstellung ausverkauft war, hätten wir zwanzig Minuten vor Beginn mehr Andrang erwartet. Da dies nicht der Fall war, wuchs eine beklemmende Stimmung zwischen uns. Etwas stimmte hier ganz und gar nicht. Wir ließen die große Freitreppe rechts liegen und betraten das Opernhaus durch die Katakomben, wo die Security uns passieren ließ. Im Foyer angekommen, war außer den Verkäuferinnen an den Ständen niemand zu erblicken. Mein Herz schlug schneller und ich ahnte bereits, was mich gleich erwarten würde.

Als wir vor der Absperrung standen, kam eine uniformierte Dame auf uns zu und kontrollierte unsere Karte. Sie sprach aus, was ich auf keinen Fall hören wollte: Die Vorstellung habe schon um halb sieben angefangen. Doch sie wies uns auf die bald beginnende erste Pause hin. Die Explosion zwischen Thomas und mir war nicht mehr aufzuhalten. Er zeterte. In Hannover hätte ich schon einmal denselben Fehler gemacht. Und jetzt, in Sydney, mit dieser einmaligen Chance, dieses Opernhaus zu erleben, hätte ich ihm das berühmte Pas de deux im ersten Akt, eine Sternstunde der Ballettkunst, vermasselt. Was für ein unverzeihlicher Fehler bei so horrenden Kartenpreisen.

Es tat mir unendlich leid, ich entschuldigte und schämte mich, mehr konnte ich nicht tun. Doch das stoppte seinen Zorn keinesfalls. Er verfiel in Schweigen und eilte mit Beginn der Pause zu unseren Plätzen. Während die Zuschauer in der Pause in den Foyers flanierten, saßen wir stumm nebeneinander. Jeder Versuch, zu beschwichtigen, prallte an ihm ab. Seinem Grummeln entnahm ich, dass er gerne ein Programmheft hätte. Also stand ich auf und besorgte ihm eines. Lange studierte er die Besetzungsliste und starrte immer wieder durch den klobigen Feldstecher.

Als die Vorstellung fortgesetzt wurde, frohlockte ich ein wenig - die Choreografie war schrecklich langweilig. Die Protagonisten standen anfangs nur herum, von Tanzen keine Spur. Je schlechter die Vorstellung, desto weniger würde Thomas glauben, etwas verpasst zu haben.

In der zweiten Pause schafften wir es, ein paar Worte zu wechseln und den Blick über den Hafen schweifen zu lassen. Das Innere des Opernhauses punktete nicht durch warme Farben oder üppige Ausstattung, sondern sorgte mit Betonflächen und Holzpaneelen für eine kühle Atmosphäre, passend zu unserer Stimmung.

Im dritten Akt stellte ich keine große Leistungssteigerung fest. Ich fand die Choreografie weiterhin dürftig, eben spartanisch. Doch ich sagte kein Wort und wartete ab, wie Thomas' Urteil ausfiel.

Als wir nach der Vorstellung das Gebäude verließen und planlos auf dem Vorplatz herumschlenderten, dauerte es eine Weile, bis wir einen angenehmeren Gesprächston gefunden hatten. Thomas musste zugeben, dass es keine Glanzvorstellung der *Sydney Ballet Company* gewesen sei.

Am nächsten Tag hatte Thomas das Erlebnis für sich reflektiert und trotz aller berechtigten Verärgerung festgestellt: Wer viel tut, macht Fehler. Wer nichts tut, darf sich nicht beschweren, wenn Fehler passieren. Ein altes Ehepaar wie wir wusste hinter die Fassade des anderen zu schauen und vieles wieder einzurenken.

Am nächsten Tag gab uns die »Gay-History-Tour« spannende Einblicke. Wieder einmal streiften wir mit dem Führer alleine durch die Stadtteile *Darlinghurst, Potts Point* und das ehemalige Rotlichtviertel *Kings Cross.* Wir lernten viel über die gewachsene Toleranz der Australier gegenüber der LGBT-Bewegung und die Kosten, die der *Mardi* Gras als eines der größten LGBT-Events der Welt verschlingt. Dem stehen aber immense Einnahmen durch Touristenströme gegenüber. Wir ließen die Tour bei einem Glas Wein ausklingen und erfuhren ein wenig über das Privatleben unseres Tourleiters.

Den letzten Abend in Sydney verbrachten wir mit Ralf bei einem Bier in Newtown und erhielten noch interessante Tipps von ihm. Er nannte uns einen guten Anbieter für Schnorcheltouren im Korallenriff. *Seastarcruises* seien zwar etwas teurer, böten aber exklusive Leistungen wie bessere Tauchreviere, Kompetenz und Knowhow. Noch in der Nacht folgten wir seinem Rat und buchten für den zweiten Tag unseres Cairns-Aufenthalts einen Bootsausflug.

Die Zeit in Sydney ging zu Ende und der nächste Reiseabschnitt führte uns für sechs Tage ans *Great Barrier Reef* in die Stadt Cairns. Wir hatten allein aus Kostengründen den Rückflug nach Sydney gleich mitgebucht, obwohl wir noch gar nicht wussten, wie es nach Cairns weitergehen sollte.

FÜNF

Great Barrier Reef

Uns vorzustellen, dass wir bald die weltberühmte Korallenwelt des *Great Barrier Reef* entdecken würden, klang fantastisch und wir freuten uns riesig auf spektakuläre Eindrücke. Allerdings bangten wir ein wenig, welche Anforderungen das Schnorcheln an uns stellen würde. Als Kind hatte ich Wasser geschluckt und keine Luft bekommen, wenn das Rohr an der Taucherbrille nicht schnurgerade in der Luft stand. Thomas pflegte ohnehin eine eher feindselige Beziehung zum nassen Element und konnte es nicht leiden, den Kopf unter Wasser zu halten. Beste Voraussetzungen also!

Als wir nach zwei Stunden in Cairns aus dem Flugzeug stiegen, umgab uns vom ersten Moment an feuchte Wärme. »Diese Schwüle ist nicht normal«, sagte die redselige Uber-Fahrerin. Den Satz kannten wir schon.

Die *Citysider* Apartmentanlage lag am Rande der Innenstadt. Das Betreiberehepaar umsorgte uns sehr herzlich und wurde zu Recht in den Bewertungsportalen lobend erwähnt.

Den Swimmingpool direkt vor unserer Terrasse zu haben war fantastisch. Achtundzwanzig Grad warmes Poolwasser erfrischte nicht wirklich und ließ ebenso warmes Meerwasser vermuten.

Wir kämpften uns am Nachmittag zwanzig Minuten durch die Hitze zur Shopping Mall und kauften die Lebensmittelration für die nächsten Tage ein.

Für den Abend planten wir, am Hafen essen zu gehen und die Anlegestelle des Bootes zu suchen, das uns am nächsten Morgen zum Korallenriff bringen würde. Die Straße führte uns von unserer Unterkunft direkt zur Küstenpromenade. Zu später Stunde fiel die Quecksilbersäule kaum, sodass nach den ersten Schritten der Schweiß an unseren Körpern klebte.

Als wir die Promenade erreichten und das leise Plätschern der Wellen hörten, stellten wir uns vor, wie herrlich tagsüber ein Strandbesuch unter Palmen sein musste. Doch dieser traumhafte Gedanke zerplatzte im nächsten Augenblick, als wir geschockt das Hinweisschild entdeckten, auf dem in Englisch, Deutsch und Chinesisch vor der lebensgefährlichen Begegnung mit Krokodilen gewarnt wurde. Für uns brach eine Welt zusammen. Da lechzte der Urlauber im Tropenparadies nach Strand und Meer, und nun das. Von den Herbergsbetreibern erfuhren wir später, dass sich Deutsche und Chinesen besonders angesprochen fühlen sollten, da statistisch von zehn Opfern acht Deutsche und zwei Chinesen seien. Sie würden sorgloser als andere dem Nervenkitzel nachgeben und sich mit den Füßen im Wasser hinter das Schild stellen und fotografieren lassen. Deshalb gebe es die ausladende Poolanlage am Ende der Promenade. Kein Paradies ist perfekt!

Ein Stück den Weg entlang standen Menschen unter einem Baum und starrten ins Geäst, wo sich zahlreiche Flughunde versammelt hatten.

Auf der Suche nach dem Bootsanleger irrten wir im Hafen herum. Ein Mann wies auf einen gesperrten Steg hin und ließ uns aber kurz nachsehen, damit wir das Boot in Augenschein nehmen konnten. Stinger Suits und Taucherflaschen schienen für den nächsten Tag bereits ordentlich sortiert. Wir freuten uns auf den Ausflug und konnten kaum erwarten, den Korallen Aug in Aug zu begegnen.

Bevor die Restaurantwahl zum Problem wurde, kehrten wir schnurstracks bei McDonald's ein, schlugen uns den Magen voll und fuhren mit dem Uber-Taxi zur klimatisierten Unterkunft zurück. Wir engagierten denselben Fahrer, um uns von ihm am nächsten Morgen wieder zum Hafen bringen zu lassen.

Die ersten Teilnehmer warteten bereits. Auf dem Boot füllten wir ein Formular zur Person und zum Gesundheitszustand aus.

Ich hoffte, dass der Diabetes keine negativen Folgen haben würde, die mir das Schnorcheln untersagten. Als ich die Teilnehmer vom Kind bis ins hohe Alter schätzte, schien mir das Formular eher eine professionelle Rückversicherung zu sein.

Alles lief sehr geordnet und verständlich ab. Die weibliche Crew wies uns ein und bat uns, die *Stinger Suits* anzulegen und die Schwimmflossen und Schnorchelsets auszuprobieren. Während das Boot im hohen Tempo gegen die Wellen schlug, informierten uns die freundlichen, aber recht durchsetzungsfähigen Damen über den Tagesablauf. *Seastarcruises* zeichne sich dadurch aus, dass sie besonders umweltschonend, nur in kleinen Gruppen und mit hochqualifizierter Betreuung Tagestouren zum Korallenriff anboten. Außerdem sei dieses Unternehmen eines der wenigen, die besonders entfernte und nicht überlaufene Riffe am *Outer Reef* ansteuern durften. Küstennah trübten zu viele Sedimente den Blick unter Wasser. Es war geplant, zwei unterschiedliche Stellen für jeweils eineinhalb Stunden dauernde Tauchgänge anzulaufen. Die Angst, uns unbeholfen und lächerlich mit dem Schnorchelset anzustellen, hatten Thomas und ich schnell abgelegt.

Als wir am *Hastings Reef* ankamen, nutzte ich einen kurzen Moment, mich ganz alleine ans Heck zu stellen und die unglaublich friedliche, blau eingefasste Schönheit vor mir zu betrachten. Bilder wie diese kannten wir nur von Postern der Tourismusbranche oder aus Fernsehdokumentationen.

Vor mir erhob sich in aller Stille und Einsamkeit der sanfte Rücken einer weißen Sandbank aus dem Ozean. Die Kulisse wirkte wie eine verheißungsvolle Einladung. Je länger ich dort stand, spürte ich auch eine leise Beklemmung, die mich an die Weite und Tiefe des unberechenbaren Meeres denken ließ. Wir waren so fern der Küste, dass ich mich als Großstadtkind ein wenig haltlos fühlte.

Kurze Zeit später starteten die Tourteilnehmer lauthals ins Vergnügen und wurden zur Sandbank gebracht. Bevor wir ins Wasser glitten, schoss ein Crewmitglied die ersten Fotos.

Schnorcheln macht Spaß

Alle Befürchtungen, uns beim Schnorcheln dümmlich anzustellen, lösten sich in Wohlgefallen auf. Wir lernten schnell, uns mit ruhigen Schwimmbewegungen so behutsam wie möglich den Korallen zu nähern. Im warmen Wasser des Meeres fühlte sich jede Bewegung schwerelos an. Unter den dunklen Gestalten, die allesamt mit dem Rücken nach oben schwammen und in die Tiefe schauten, versuchte ich Thomas auszumachen, hatte ihn aber aus dem Blick verloren.

Einige Korallen reichten fast bis an die Oberfläche, sodass ich fürchtete, sie mit meinen Armen und Beinen zu zerstören. Mit mehr Mut tauchte ich später ab, um die tiefer gelegenen Korallenbänke zu erforschen. Unter den vielen grauen blitzten farbenprächtige hervor. Die *Giant Clam*, eine große violette Koralle mit einer gekräuselten fleischigen Außenhaut, hatte es mir angetan. In der Mitte entdeckte ich eine Öffnung, die wie der Stutzen einer Luftröhre mit Pumpbewegungen dafür sorgte, dass sich die Außenhaut pulsierend zusammenzog und wieder ausstreckte. Was für ein fantastischer Anblick. Während ich die Bewegungen beobachtete, schwärmten plötzlich Fische mit Tigerstreifen an mir vorbei. Ein zitronengelber Fisch kreuzte sorglos meine Bahn. Sogar die berühmten Anemonenfische flatterten durchs Wasser.

Über eine Stunde schnorchelten wir herum und begeisterten uns an jeder neuen Kreatur, die wir entdeckten.

Als alle zum Boot zurückgekehrt waren, strahlten Thomas und ich um die Wette. Es war ein unglaubliches Erlebnis gewesen. Wir aßen zu Mittag und tauschten uns aus, während die Crew auf das nächste Riff zusteuerte.

Zwischendurch hatten wir uns der *Stinger Suits* entledigt. Der dünne Neoprenanzug aus Lycra sollte uns vor den *Jellyfishes* schützen, deren Nesseln an den Tentakeln bei Berührungen Hautreizungen und allergische Schocks auslösen können. Sie gehören neben der *Portugiesischen Galeere* zu den giftigsten Quallen. Da sie meistens nur in seichten Küstengewässern zu Hause sind, waren wir fernab der Küste kaum gefährdet. Dennoch wollte die Crew sichergehen.

Am frühen Nachmittag schnorchelten wir weitere eineinhalb Stunden am *Michaelmas Reef*. Auch hier verzauberten uns die Korallen und wir konnten von der exotischen Unterwasserwelt nicht genug bekommen.

Zwischendurch bot die Crew einen Minilehrgang über das *Great Barrier Reef* an. Im Glasbodenboot erzählte uns die Meeresbiologin, wie es um den Zustand der Korallen bestellt ist. Knapp dreitausend Riffe verbinden sich auf 2300 Kilometern Länge von der Nordspitze Australiens bis kurz vor Brisbane zu einem der sieben Weltwunder der Natur. Leider sind durch den schädlichen Umgang des Menschen mit der Natur, aber auch durch extreme Wetterlagen und den Klimawandel fünfzig Prozent der Korallen abgestorben. Die Korallenbleiche hatten auch wir bei den Tauchgängen festgestellt. Wir fanden den theoretischen Teil dieses Ausflugs nicht nur interessant, sondern auch ausgesprochen wichtig.

Seastarcruises überraschte seine Gäste mit Erinnerungsfotos. Damit wir uns in Ruhe dem Schnorcheln hingeben konnten, hatte die Crew während der Tauchgänge für die Andenken gesorgt. Ein toller Service, wie wir fanden. Später durften wir sie aus dem Internet herunterladen. Ich freute mich besonders, dass die Fotografin Thomas mehrmals vor die Linse bekommen hatte.

Als wir die Rückfahrt nach Cairns antraten, fühlten wir uns noch von den Korallen in den Bann gezogen. Die vielen Bilder an diesem Tag tosten ungeordnet durch meinen Kopf. Arm in Arm lächelten Thomas und ich uns an und konnten unser Staunen kaum in Worte fassen. Wir hatten am weltberühmten *Great Barrier Reef* geschnorchelt. Wenn Glück Superlativen kennt, dann muss es dieser Moment gewesen sein.

Für die verbleibenden Tage hatten wir noch keine weiteren Aktivitäten geplant. Doch wenn wir schon in diesem Teil des Landes waren, sollte es geradezu eine Pflicht sein, alles kennenzulernen, was die Gegend bot. Ausflugsflyer an der Rezeption unserer Unterkunft zeigten zahlreiche Möglichkeiten auf, doch die meisten klangen für uns nicht verführerisch. Thomas war in diesem Moment schwer für etwas zu begeistern, da der Ausflug in den ältesten Regenwald der Welt für ihn einer touristischen Massenveranstaltung gleichkam. Ohne ein Auto waren eigene Unternehmungen aber kaum möglich. Ich plädierte dennoch für die teils organisierte Regenwaldtour. Thomas zögerte, denn das Programm enthielt all den touristischen Schnickschnack, der Ursprüngliches kommerziell zuzukleistern droht. Außerdem fühlte er sich vom Klima gelähmt und wünschte, sich so wenig wie möglich bewegen zu müssen. Doch nur am Pool zu liegen und die Landschaft um uns herum zu ignorieren, kam selbst für ihn nicht infrage. Thomas sprang letztendlich über seinen

Schatten und zeigte sich mit dem Ausflug einverstanden. Sofort buchte ich die Tour bei *Tripadvisor*, bevor er es sich anders überlegte. Und wenn wir schon im Internet unterwegs waren, suchten wir gleich nach Anregungen, wie sich die Reise nach unserer Rückkehr in Sydney fortsetzen ließ. Den neuseeländischen Frühling befanden wir nach Wettervorhersagen für noch zu wechselhaft. Thomas brachte die Idee einer Kreuzfahrt ins Spiel, da er auf interessante Angebote gestoßen war. Eine Schiffsreise wäre mir nie in den Sinn gekommen, doch Thomas hatte recht. Warum nicht? Sich nicht kümmern zu müssen, sondern einfach an den gedeckten Tisch zu setzen, klang verlockend. Es gab alles frei Haus, ohne dass wir einen Finger krumm machen mussten. Wenn wir schon eine Kreuzfahrt ins Auge fassten, dann bitte ein Ziel, das wir auf eigene Faust nur schwer erreichten, weshalb Neukaledonien und die Fidschis mir sehr gelegen kamen. Leider verwirrten uns die Kreuzfahrtportale und gaukelten freie Plätze und günstige Preise vor, die gar nicht verfügbar waren. Ein baldiger Start von Sydney in wenigen Tagen erforderte viel Glück. Ich bat die Reederei, meine Anfrage per Mail zu beantworten, was diese aber ignorierte. Am nächsten Morgen entdeckte ich auf meiner Mailbox den Anruf von (?)um zwei Uhr nachts, mit welchem uns mitgeteilt wurde, dass die Kreuzfahrt ausgebucht sei. Alternativ fragten wir eine freie Kabine auf einer fünfzehntägigen Cruise nach Tasmanien und Südaustralien an. Als Thomas nur unter Angabe der Kreditkartennummer nähere Informationen von der Agentur bekommen sollte, wurde mir mulmig, denn wir wussten ja nicht, in wessen Hände die Daten gerieten. Wir erinnerten uns an den Segelurlaub in Kroatien, wo ein Gast im Internet an einen windigen Anbieter geraten war, den Betrag überwiesen hatte, aber keine Bestätigung erhielt. Das Geld war verloren gewesen, sodass er bei einem seriöseren Anbieter erneut buchen musste. So etwas wollten wir nicht erleben. Um an die Informationen über freie Kabinen zu kommen, wagte Thomas es dennoch und wir wurden nervös, als eine Reaktion ausblieb. Nach zwei Tagen erhielten wir eine recht unverständliche Nachricht der Reederei, wieder in der Nacht auf der Mailbox und dieses Mal aus den USA. Endlich trudelte eine Mail mit Kabinenvorschlägen ein, und wir suchten uns eine Kabine aus. Thomas hatte geglaubt, ein

Schnäppchen zu landen, doch als wir die Bestätigung bekamen, kam bei ihm Ernüchterung auf. Der Teufel steckte im Kleingedruckten. Die amerikanischen Lockpreise im Internet enthielten keine Mehrwertsteuer, sodass wir auf denselben Preis wie bei den anderen Anbietern kamen. Nun wollten wir etwas Schriftliches in der Hand halten, denn der Online-Version misstrauten wir. Der Betreiber der Unterkunft druckte uns die siebzehnseitige Buchungsbestätigung in doppelter Version aus. Wir waren ihm dankbar, uns von nun an auf ein Dokument berufen zu können. Wir würden nach unserer Rückkehr aus Cairns zwei Tage in Sydney überbrücken müssen, bevor wir an Bord gehen konnten, weshalb wir ein Zimmer bei Stefan in der *Double Bay* am Hafen von Sydney buchten.

Die ganze Sache hatte mich Nerven gekostet, denn seit Kapstadt haderte ich damit, locker und sorglos große Geldsummen über das Internet zu transferieren. Auf unserer Reise blieb uns nichts anderes übrig.

Am Morgen des letzten Tages in Cairns starteten wir den Ausflug in den Regenwald. Ein Kleinbus holte uns ab und brachte uns zum Bahnhof von Freshwater, wo wir in den historischen *Kuranda Scenic Railway* stiegen und in die bergigen Ausläufer des ältesten Regenwaldes der Welt nach Kuranda fuhren. Auf dem Weg machte der Zug an den berühmten *Barron Falls* Halt. Eine recht trockene Angelegenheit, wie wir fanden, denn Fotos aus besseren Zeiten zeigten, wie imposant die *Barron Falls* in die Tiefe stürzen konnten. Der Mangel an Wasser wurde aber durch die Touristen ausgeglichen, welche die Aussichtsplattform fluteten und schnell ein Foto machten, bevor der Pfiff ertönte und alle wieder im Abteil Platz nehmen mussten.

Uns gegenüber saß ein australisches Paar, das eine Bootstour auf dem *Barron River* geplant hatte. Wir fragten, ob dies auch ohne Reservierung möglich sei. Sie beschlossen, uns mitzunehmen. Von ihnen lernten wir, dass sich Australier in einem Gespräch spätestens nach dem zweiten Satz mit Namen vorstellen. Dass wir Deutsche endlose Unterhaltungen mit jemandem führen können, ohne jemals den Namen des anderen zu erfahren, würde den Australier irritieren.

Der Bootsführer wartete schon auf Kundschaft. Da von einer ausgebuchten Tour keine Rede sein konnte, nahmen wir Platz. So richtig wollte sich das Staunen über die ursprüngliche Natur nicht einstellen. Es wirkte alles viel zu ordentlich, der dichte Bewuchs am Ufer zu schön. Dass ein kleines Krokodil malerisch aus dem Wasser glitt, auf einen Baumstamm tapste und sich sonnte, während Schildkröten sich am Gestade tummelten, kam uns wider besseres Wissen inszeniert vor. Am Ufer hingen Hunderte Luftwurzeln aus großer Höhe herab und fielen in den Fluss. In dieser halben Stunde Fahrt kamen wir unserer Vorstellung vom »tropischen Regenwald« nicht näher. Er wirkte so normal und nicht wie ein Dschungel, durch den wir uns mit einer Machete hätten durchschlagen müssen.

Daintree Rainforest, der älteste Regenwald der Welt

Wieder festen Boden unter den Füßen, wählten wir einen riesigen ausladenden Baum am Ufer zum Picknick aus. Einen Augenblick zögerte ich, denn ich hielt es in dieser Gegend für denkbar, dass sich Krokodile nach zwei deutschen Fleischklopsen die Krallen leckten. Doch dann hätte uns ein Schild über die Gefahren längst aufgeklärt. Oder etwa nicht?

Im Örtchen Kuranda erlebten wir das, was Thomas hatte kommen sehen. Ein Touristendorf mit zahllosen Souvenirshops und Imbissbuden, in denen kitschige Bilder, Kängurufelle und »Kratzhändchen« aus echten Krokodilen angeboten wurden. Von buntbedruckten T-Shirts ganz zu schweigen. Kuranda fühlte sich für mich an, als zögen sich tausend Einwohner nächstens in ihre Hütten zurück, nachdem sie die Touris rausgeworfen und abgesperrt hatten, damit Waldschrate auf den Tischen tanzen konnten.

Da wir eineinhalb Stunden bis zur Rückfahrt mit der *Skyrail Cableway* ausharren mussten, schlenderten wir durch den Ort, wobei Thomas ganz gegen seine Natur durch die Läden streifte - auf der Suche nach einem Souvenirschnäppchen. Dschungelenthusiasmus kam einfach nicht auf und schuld waren wir Touristen, die den Zauber der Natur gegen einen kitschigen Schlüsselanhänger aus totem Tier eintauschten, bevor sie sich mit Fastfood die Wampe vollgeschlugen.

Als die Zeit verstrichen war, hoben wir mit der Gondel ab und schwebten über die Wipfel der riesigen Regenwaldbäume hinweg. In schwindelerregender Höhe flimmerte die Luft vom bläulichen Atem der Eukalyptusbäume. An mehreren Stationen wechselten wir die Gondeln und wurden dort von Ranchern über die Geschichte und den Zustand des Regenwaldes belehrt.

An der Talstation sammelten uns die Busse wieder auf und brachten uns zurück zur Unterkunft.

Als hätte das viele Waldesgrün an diesem Tag den Ausschlag gegeben, tauchten wir nach einem halbwegs erfrischenden Sprung in den Pool erneut ins Internet ab und glaubten, nach der Kreuzfahrt für Neuseeland bereit zu sein. Sollte das Schiff planmäßig am siebten Dezember wieder in Sydney einlaufen, würden wir den Sprung über die Tasmanische See wagen. Aber wie bewegten wir uns nach dem Sprung fort? In Deutschland hatten wir kurz vor der Buchung eines Campers für acht Wochen und acht bis zehntausend Euro gestanden, aber aufgrund der Terminvorgaben davon angesehen. Wir wären von Anbeginn auf dieses Datum fixiert gewesen, ohne zu wissen, ob wir zu dem Zeitpunkt dort hätten sein wollen und können. Da aber auch viele Neuseeländer in ihren Sommerferien mit einem Camper Urlaub machen, warnten alle Anbieter vor Engpässen.

Da entdeckte Thomas ein Angebot, das unschlagbar schien, zumindest auf den ersten Blick. Karen bot bei Airbnb ihren Camperbulli für sage und schreibe 69 Euro pro Tag an, wobei Firmen in der Hochsaison mindestens das Doppelte verlangen. Dann sahen wir hinter die Schnäppchenfassade. Es handelte sich um ein zwanzig Jahre altes Modell, dessen Ausstattung mir Schweißperlen auf die Stirn trieb. Die Kühlung des Insulins sowie unabwendbare »Toilettengänge« sollten mit winzigen Boxen verrichtet werden. Ein absolutes No-Go. Doch Thomas sah den unschlagbaren Preis sowie die Chance auf das ultimative freie Campinggefühl. Dies zu erleben, dafür stand Neuseeland. Auch ich träumte davon, aber nicht mit dieser Schrottkarre, weshalb ich meine Einwände zu formulieren hatte. Ohne Campingerfahrung wussten wir ohnehin nicht, was uns erwartete und wie die Infrastruktur vor Ort war. Das Geld lag auf dem Konto für ein besseres Fahrzeug bereit. Würde uns ein vertrauenswürdiges und besser ausgestattetes Fahrzeug nicht die eine oder andere Sorge nehmen? Thomas warf ein, dass wir zwischendurch auch ins Hotel gehen könnten, wenn es zu mühsam werden sollte. Er wollte ein Schnäppchen machen, das sich kein zweites Mal auftun würde. Als die Vermieterin schrieb, dass ein Diabetiker im letzten Jahr gute Erfahrung mit der Kühlbox gemacht habe, schwanden mir die Argumente. Immer wieder sah ich die wenigen Bilder an und knickte langsam ein. Thomas schien wirklich überzeugt. Ich hoffte nur, dass dieser Deal nicht unsere traute Zweisamkeit aufs Spiel setzen würde. Wir buchten! Sollten wir das Abenteuer unbeschadet bestehen, gab es kein Problem mehr, das wir nicht gemeinsam bewältigen konnten.

Nach dem tropischen Cairns landeten wir wieder in Sydney und bezogen bei Stefan das Zimmer in *Double Bay.* Dieser Stadtteil Sydneys bietet jene kostspielige Idylle, die sich wunderschön an den Ufern des Hafens ausbreitet.

Wir legten keinen Wert auf besondere Annehmlichkeiten und beschworen damit geradezu herauf, dass wir beide Augen zudrücken mussten. Unser Gastgeber hatte Verhaltensregeln festgelegt. Wir durften nicht im Zimmer essen, in der Küche kein rotes Fleisch zubereiten und sollten im Bad die feuchten Stellen wieder trocknen. Als Gäste fühlen wir uns besonders heimisch, wenn uns Vertrauen entgegengebracht wird und wir uns willkommen fühlen. Der eigenbrötlerische Stefan schaffte es nicht, diesbezüglich unser Herz zu erobern.

Am nächsten Tag nahmen wir den Bus bis *Watson Bay,* spazierten am Ufer der südlichen Hafeneinfahrt entlang und schauten auf den Ozean hinaus. Leider fiel uns jeder Schritt in der feuchtwarmen Luft schwer. Während der kurzen Busfahrt erlebten wir einen anrührenden Moment, der die von mir bereits erwähnte freundliche Atmosphäre in Sydney unterstreicht. Eine Gruppe Schüler fläzte sich altersgemäß in die Sitze des Busses und unterhielt sich angeregt. Als es ans Aussteigen ging, stiegen sie allesamt vorne beim Fahrer aus und bedankten sich mit leichter Verbeugung bei ihm für die sichere Fahrt.

Gegen Mittag des nächsten Tages stieg die Anspannung. Mit der Fähre fuhren wir von *Double Bay* zum *Circular Quai,* um bald mit Pauken und Trompeten an Deck des Kreuzfahrtschiffes Sydney zu verlassen. Unsere Blicke schielten bei einem Kaffee zur *MS Noordam* hinüber, die in Sichtweite am Terminal vor Anker lag. *Der frühe Vogel fängt den* Wurm, dachte Thomas. Obwohl das Boarding erst um vierzehn Uhr startete, zogen wir bei wieder strahlendem Wetter unsere Koffer über die Uferpromenade und näherten uns viel zu früh der hoch aufragenden Bugspitze. In vier Stunden würde das knapp dreihundert Meter lange Schiff mit fast zweitausend Passagieren in See stechen.

SECHS

Kreuzfahrt Südaustralien

MS Noordam

Früh einzuchecken ließ die Hoffnung steigen, den Schlangen an den Schaltern zu entgehen. Doch wir hatten uns geirrt und mein Blick wanderte über den Strom von Menschen hinweg, der sich durch das Labyrinth von Absperrbändern quälte. Alle fieberten dem Check-in und den freundlichen Angestellten in den Uniformen der *Holland American Line* mit ihrem Dauerlächeln entgegen. Als wir uns Schritt für Schritt dem Empfangstresen näherten und ich aus Langeweile das Durchschnittsalter der Passagiere schätzte, lag für mich auf der Hand, dass die Kreuzschifffahrt ohne die Senioren dieser Welt Konkurs anmelden müsste.

Als wir über das Fallreep die *MS Noordam* betraten, umwehte uns das »Traumschiff«-Feeling und ließ unser Herz höherschlagen. Wer die deutsche TV-Serie einmal gesehen hat, wird verstehen, mit welchen sonnigen und farbenfrohen Bildern unsere Erwartung gespickt war. Obwohl Heide Keller und Sascha Hehn sich längst in Traumschiff-Rente befanden, schauten wir uns nach ihren Nachfolgern um und fragten uns, welche sympathische Chefstewardess und welcher gutaussehende Steward sich in den nächsten fünfzehn Tagen um unser Wohlergehen kümmern würden. Zuvor aber sorgte ich mich wegen unserer Kabinenwahl. Als wir das Last-minute-Schnäppchen gebucht hatten, hieß es in der Beschreibung, dass wir mit stark eingeschränkter Sicht aus dem Fenster zu rechnen hätten. Nachdem wir vor einigen Jahren über Weihnachten mit der Fähre von Kiel nach Oslo gefahren waren und in einer Innenkabine übernachtet hatten, stand für uns fest, dass wir fünfzehn Tage in einem Raum ohne Tageslicht nicht ohne psychische Störungen überleben würden. Deshalb war mir ein wenig bange, wie sehr das vor unserem Fenster baumelnde Rettungsboot den Lichteinfall einschränkte. Doch unsere Sorge war unbegründet.

Am Abend legte der Stahlkoloss von der Kaimauer ab. Gespannt verfolgten wir, wie der Kapitän das Schiff mit schleichend drehenden Bewegungen auf begrenztem Raum manövrierte. Unbeeindruckt von ihrem riesigen Bruder schwärmten die vielen kleinen Boote und Fähren um die *MS Noordam* herum. Thomas und ich standen Arm in Arm mit dem Begrüßungscocktail in der Hand an der Reling, ließen unsere Blicke schweifen und genossen die romantische Zweisamkeit auf dem Promenadendeck inmitten der vielen anderen Passagiere.

Eine Hochsee-Kreuzfahrt war weder in unseren bisherigen Urlaubsplänen vorgekommen noch für das Sabbatjahr angedacht gewesen. Dass wir nun an Deck eines schwimmenden Hochhauses standen, bewies, wie spontan und abwechslungsreich sich unsere kleine Weltreise entwickelte. Ab diesem Tag begann ein neues Kapitel im Logbuch unserer »Welterkundung«.

Mir gefiel der Gedanke, nach wochenlangen Autofahrten, vielen Zwischenstopps, langen Flugstrecken und den Aufenthalten in Großstädten uns ein wenig Muße auf dieser Schiffsreise zu gönnen. Wir mussten auf 2900 Seemeilen oder 5400 Kilometern zwei Wochen lang keinen Handschlag tun. Die Route stand fest, das Essen war jederzeit greifbar in den Auslagen der Restaurants und das Unterhaltungsangebot sowie die Ausflüge wurden uns förmlich unter die Nase gerieben. Der leichte Wind, der uns an Deck umwehte, schmeichelte unserem Selbstvertrauen. Wir hatten mit der komplizierten Buchung wieder eine Herausforderung auf unserer Abenteuerreise mit all ihren Risiken gemeinsam bewältigt. Ich erinnerte mich an die unruhigen Nächte, als wir auf die Buchungsbestätigung der Kreuzfahrt aus Amerika gewartet hatten und ich Angst gehabt hatte, windigen Dealern im Internet auf den Leim gegangen zu sein. In diesem Moment, wo wir Hand in Hand an der Reling standen, sah ich sogar der Sache mit dem Camperbulli in Neuseeland einen Moment lang zuversichtlich entgegen.

Das Schiff hatte sich mittlerweile zur Hafenausfahrt ausgerichtet. Die langsamen Bewegungen gaben uns Zeit, die neuen Perspektiven und Eindrücke von der hohen Warte des Schiffsdecks aus zu genießen. An der Hafenszenerie Sydneys konnten wir uns ohnehin nicht sattsehen, besonders als wir die *Harbour Bridge* fast mit den Händen greifen konnten. So nahe glaubten wir den stählernen Brückenverstrebungen zu kommen. Wir schauten in die obersten Etagen des Opernhauses hinein und passierten den Scheitel des segelförmigen Daches fast auf Augenhöhe.

Je weiter wir uns vom *Circular Quai* entfernten, umso tiefer senkte sich die Sonne, bis sie für einen kurzen Moment von der Antennenspitze des über dreihundert Meter hohen *Tower Eye* aufgespießt wurde. Danach verschwand sie allmählich hinter den Wolkenkratzern des *Central Business District* und lugte kurze Zeit später wie ein Scheinwerfer zwischen ihnen hindurch. Ein wohliger Schauer rieselte auf Thomas und mich herab. Wir spürten, dass es dieses »Traumschiff«-Feeling wirklich gab.

Als wir die Hafenausfahrt am *North Head* passiert und das

offene Meer erreicht hatten, schimmerten die Wolkenkratzer Sydneys in der Ferne nur noch im abendlichen Dunst, sodass wir uns aufmachten, das Innere des Schiffes mit seinen elf Decks zu erkunden. Natürlich stromerten wir so lange durch die Gänge, bis wir alle Restaurants, Shops, die Wellness-und-Beauty-Farm, das Fitnessstudio, die Spielhölle und die Leselounge, den Indoor-Pool und zum Schluss das Theater entdeckt hatten. Auch den Raucherraum fanden wir nach mehrmaligem Fragen. Dort hatte sich schnell eine kleine illustre Truppe gefunden, die jeden Qualmer zu den ihren zählte und herzlich begrüßte. Die langsam aussterbende Spezies der Raucher musste sich beweisen, wie gemütlich es unter Gleichgesinnten doch sein konnte. Es wurde gekichert, gescherzt und das Bordgeschehen kommentiert, bis die Zigarettenschachtel geleert, zusammengeknüllt und eine neue geöffnet wurde.

Die Ausstattung der *MS Noordam* kam uns zwar nicht in höchstem Maße luxuriös vor, doch erfüllte das in die Jahre gekommene Schiffsmodell einen für unsere Zwecke hervorragenden Standard. Glänzendes Messing und poliertes Chrom strahlten uns entgegen, als wir die geschwungene Treppe betrachteten, die deckübergreifend in die Höhe führte. Unser prüfender Blick fand nichts, was das Vergnügen an Bord ernsthaft trüben konnte.

Anfangs waren wir überrascht, dass die meisten Passagiere aus den USA stammten, lag es doch nahe, dass sich Australier und Neuseeländer auf die Entdeckungstour ihres eigenen bzw. benachbarten Landes machten. Doch der Reedereiname *Holland American Line* erklärte alles. Ich stellte mir hingegen die unverhältnismäßig weite Anreise aus den USA oder Europa für eine zweiwöchige Kreuzfahrt in der Tasmanischen See mühsam vor. Erst recht wenn einige Menschen, wie wir später erfahren sollten, nur maximal drei Wochen Urlaub hatten. Diese Gedanken betrafen uns nicht. Thomas und ich konnten mit der Zeit aasen, jeden Moment in alle Richtungen ausdehnen und auskosten.

Das Personal, besonders die rangniedrigeren Angestellten, kam hauptsächlich aus Indonesien und von den Philippinen. Sie zeigten sich unglaublich freundlich, zurückhaltend und doch zuvorkommend genug, um den Gästen in jedem Moment hilfreich zur Seite zu stehen.

Unsere Reiseroute führte uns ins südliche Australien und zur ersten Anlaufstelle *Port Arthur* an der Südküste Tasmaniens. Zuvor würden wir uns eineinhalb Tage mit allem »Luxus« an Bord vertraut machen und dem Traumschiff-Feeling nachspüren. Die Bilder in unseren Köpfen entstanden auf Knopfdruck: ruhiges Meer, leichter Seegang, Sonnenbäder an Deck, wolkenloser Himmel und in der Hand einen Cocktail, nachdem wir die erste Schlacht des Tages am Buffet hinter uns gebracht hatten. Aber es kam anders. Überrascht wurden wir am ersten Tag auf See, als uns in dessen Verlauf ein Sturm um die Ohren brauste und tosendes Meer, prasselnder Regen und schäumende Wellen losbrachen. Das sonnige Gemüt Sydneys hatte uns verlassen. Nachdem sich die meisten Passagiere von morgens bis abends frei nach dem Brecht'schen Motto »Erst kommt das Fressen, dann kommt die Moral« durch das kulinarische Angebot gekämpft hatten, bot das Personal für die folgende Nacht an der Rezeption Pillen gegen Seekrankheit an. Niemand sollte beim mächtigen Auf und Ab des Schiffsbugs dem köstlichen Kreuzfahrtschmaus verlustig gehen und seinen Appetit im Nachhinein bereuen.

Thomas und ich stellten fest, dass uns die Richtung des Wellengangs entgegenkam und wir keine Qualen zu befürchten hatten. Auch wenn wir uns wie in einem launisch schaukelnden Jahrmarkt-Karussell fühlten, blieben unsere Beine standhaft und hatten Bodenhaftung. Wir setzten uns sogar in die Polster des *Observationsdecks* Nummer 11 und folgten vom vorderen Schiffsteil aus dem immer gleichen Rhythmus: Zuerst stürzte die Bugspitze in hochhaustiefe Abgründe und ließ die Gischt an die dreißig Meter höheren Fenster schlagen, bis dann der Wiederaufstieg folgte und alles von vorne begann. Natürlich rumorte es auch in unseren Mägen, doch das Wanken hatte etwas von einer Gaudi.

Zum Glück lag unsere Kabine im mittleren Teil, wo es wenig schwankte und wir auch ohne Tabletten eine geruhsame Nacht hatten.

Am nächsten Morgen erfolgte die Durchsage, dass der Kapitän *Port Arthur* nicht mehr anlaufen könne, weil der Kampf durch die stürmische See zu viel Zeit gekostet habe und wir somit bereits die zweite Station ansteuerten. Hobart, die Hauptstadt Tasmaniens!

Inzwischen hatten wir alle Prospekte und Unterlagen der *MS Noordam* gesichtet und uns entschieden, die kostenpflichtigen Ausflugspakete zu ignorieren. Passagiere, mit denen wir ins Gespräch kamen, hielten wie wir die Preise ebenfalls für nicht gerechtfertigt. Da wir glaubten, nach der Kreuzfahrt noch ausreichend Gelegenheit zu bekommen, Kängurus, Pinguine und herausragende Landschaften sowohl in Australien als auch in Neuseeland zu sehen, fühlten wir uns in unserer Entscheidung bestärkt. Das Schiff sollte als Ort der Erholung und des Faulenzens dienen. Wenn wir das Schiff verließen, würden wir unsere eigenen Touren planen, um auf die für uns angenehmste Art Orte zu erkunden. Deshalb bot sich in Hobart ein erster privater Rundgang an. Obwohl Tasmanien immer noch unter einem Tiefdruckgebiet lag und die Sonne sich beleidigt hinter eine wüstig graue Wolkendecke zurückgezogen hatte, schnappten wir unsere Regenjacken und marschierten los.

Internetempfang auf dem Schiff war nur zu einem gehörigen Aufpreis zu bekommen und die Weite des Meeres fernab der Küste kennt leider keine Funkmaste. Aus diesem Grund hatten wir wohl oder übel entschieden, eine Nachrichtenpause mit den Liebsten in Deutschland zu vereinbaren. Spätestens in Hobart merkte ich, dass mir bei dem Gedanken nicht wohl war. Ich wollte mich weiter über den Zustand meines Vaters informieren und zudem von unseren Erlebnissen berichten. Thomas fand dafür den Blog als Informationsquelle für Freunde und Familie ausreichend, während ich gleichsam mit WhatsApp, Facebook, Mails und anderen sozialen Medien herumhantierte. Umso mehr schätzten wir es, dass australische Behörden in einigen Hafenterminals kostenloses WiFi zur Verfügung stellen. Viele Mitpassagiere dachten wie wir. Kaum hatten wir angelegt, nutzten viele die Gunst der Stunde, holten ihre Smartphones oder Tablets heraus und checkten im zugigen Terminal ihre Nachrichten. Auch wir versuchten, schnell einen Blogeintrag zu verfassen und digitale Rauchzeichen in die Heimat zu senden. Dass sich der Rundgang durch das verregnete Hobart dadurch verzögerte, nahmen wir in Kauf.

An diesem Samstagnachmittag herrschte im Stadtzentrum der tasmanischen Hauptstadt gähnende Leere. Die Geschäfte waren geschlossen und die unansehnlichen Einkaufsstraßen luden nicht zu einem gemütlichen Bummel ein. Vielleicht lag es am Nieselregen oder an den beiden vor Anker liegenden Kreuzfahrtschiffen, dass sich die Tasmanier in ihre Häuser verkrochen hatten und die Stadt nur von einigen Passagieren bevölkert wurde.

Da wir direkt im Hafen vor der City geankert hatten, waren es nur wenige Schritte ins Zentrum der zweitältesten Siedlung Australiens nach Sydney. Auch hier ging der Stadtgründung das Errichten einer Sträflingskolonie voraus. Dass Gefangene kein angenehmes Leben geführt haben dürften, kann vorausgesetzt werden. Ein weitaus härteres Schicksal traf die Aborigines, die Ureinwohner Tasmaniens. Ihren Widerstand beantwortete die übermächtige Kolonialmacht mit massenhaften Erschießungen oder Vertreibung. Tasmanische Frauen wurden so lange am Leben gehalten, bis sie den sexuellen Bedürfnissen der britischen Männerhorden dienlich gewesen waren. Die bewusste Auslöschung von über viertausend Ureinwohnern wird in der Literatur auch als britischer Holocaust beschrieben.

Während wir durch die Straßen der Innenstadt schlenderten, überraschte uns der wechselhafte Baustil. Einzelne prachtvolle Gebäude konnten wir eindeutig der britischen Herrschaft zuordnen. Viele Kirchen repräsentieren noch heute die große römisch-katholische Glaubensgemeinschaft. Viele Bauten aber bilden einen Flickenteppich aus unansehnlichen modernen Geschäfts- und Zweckbauten, zwischen denen plötzlich ein kleiner Pub oder ein schrill bunt gestrichenes Restaurant aus den Anfängen des 20. Jahrhunderts auftaucht. In einer Straße bilden eingeschossige Wohnhäuser eng an eng und mit roten Ziegeln verklinkert eine geschlossene Fassadenreihe. Von ihren Erkern und üppig blühenden Rosenbüschen im Vorgarten fühlten wir uns in eine stille Wohngegend Großbritanniens versetzt. Unser Interesse an dieser Stadt wich mit jedem Schritt, denn das trostlos leere und unruhige Stadtbild entmutigte uns, den Rundgang auszudehnen. Wir liefen an den wenigen historischen Gebäuden entlang, durchquerten den *St. David* Park und erreichten am Hafen das Parlament in der Nähe des *Salamanca Place*. Dort stehen kleine sanierte Sandsteinhäuser, die das Hafengebiet zu einem geselligen Viertel mit vielen Restaurants, Pubs und Geschäften machen. Die ehemaligen Lagerhäuser waren einst – ähnlich wie *The Rocks* in Sydney - der Treffpunkt von Wirtsleuten, Matrosen und Prostituierten gewesen. Ralf aus Sydney hatte uns diesen Ort empfohlen, doch wieder merkten wir, wie unterschiedlich die Bedürfnisse und Geschmäcker der Menschen sind.

Obwohl Hobart idyllisch von Gebirgszügen und Halbinseln umgeben und tief an der verzweigten Mündung des *Derwent Rivers* liegen mag, sorgte das Schmuddelwetter dafür, dass wir weder den Mount Wellington erblicken noch die zerklüftete Küste bewundern konnten. Das Naturparadies Tasmanien blieb uns mit seiner atemberaubenden Flora und Fauna verborgen.

In der Nacht setzten wir unsere Route nach Adelaide fort. Für die Erkundung der Hauptstadt des Bundesstaates *South Australia* wie für das spätere Melbourne standen uns jeweils zwei Tage zur Verfügung. Zu wenig, um eine Großstadt kennenzulernen, in Museen zu gehen, auf den Pfaden ihrer Geschichte zu wandeln und die ganz eigene Atmosphäre auf uns wirken zu lassen. Das Dilemma sahen wir jedoch als Vorteil. Wir vernaschten kleine Happen und konnten entscheiden, ob wir zum großen Festschmaus zurückkehren wollten. Im Fall Adelaide, einen halben Kontinent von Sydney entfernt, müssten wir die fast zweitausend Kilometer noch einmal auf uns nehmen.

Adelaide gehört mit Sydney, Melbourne, Brisbane und Perth zum Quintett der größten und bekanntesten Städte Australiens. Bis wir aber dort vor Anker gingen, hüllten wir uns in die Decke und faulenzten auf dem Sonnendeck. Thomas überlegte bereits, ob wir während unserer Australienetappe dem Uluru oder Ayers Rock, wie er von aus Europa stammenden Australiern genannt wird, einen Besuch abstatten sollten. Der heilige rote Felsen der Aborigines drängte sich als *must see* jedem Touristen geradezu auf. Zeit hatten wir en masse und es wäre eine einmalige Gelegenheit. Wie konnten wir da noch zweifeln und derart wählerisch werden? Familie und Freunde würden verständnislos den Kopf schütteln. Der Zweifel beruhte auf der aufwendigen Durchführung. Mit einem dreistündigen Flug müssten wir weit ins Landesinnere vorstoßen und im touristischen Alice Springs bei fast vierzig Grad mit Glück ein Hotelzimmer finden. Von Alice Springs aus würden wir mit einer Bustour zum über dreihundert Kilometer entfernten Ayers Rock fahren, um bei Sonnenaufgang oder -untergang den imposanten roten Felsen zu bestaunen. Nach jenem einzigen Highlight der Region müssten wir dieselben Wege erneut zurücklegen und für drei Tage dreitausend Euro einkalkulieren. War es uns das wert? Mir fielen meine Recherchen im Vorfeld des Sabbatjahres ein. Mit dem Mietauto dreitausend Kilometer durch das ungehobelte, staubtrockene und lebensfeindliche Outback zu fahren, mochte auf den ersten Blick interessant erscheinen, doch vielleicht fühlten wir uns trotz unserer Neugier mental zu alt für solch waghalsige Abenteuer, die junge Menschen vermutlich mit einem Lächeln wegstecken würden. Hinzu kam die Unsicherheit der Versorgung auf den dreitausend Autokilometern. Was würde es bedeuten, mit einem Autoschaden in der Wüste festzustecken, in einem Funkloch, das keinen Hilferuf zuließ, wo stundenlang niemand vorbeikam? Als hätten wir böse Geister gerufen, meldeten wenige Tage später die australischen Nachrichten den Tod einer jungen Familie im Outback. Sie hatten sich naiverweise entschlossen, mit nur einer Flasche Wasser das kaputte Auto zu verlassen, und sich zu Fuß auf den Weg gemacht. Alle starben einen qualvollen Tod. Andererseits könnten wir den Kontinent mit dem exklusiven Zug, dem *Ghan* von Adelaide nach Darwin, durchqueren und in Alice Springs stoppen. Diese Möglichkeit klang komfortabel und spannend, doch die dreieinhalbtausend Euro für drei Tage schreckten uns ab. Zu Hause vom Sofa aus mit dem Finger auf der Landkarte herumzufahren und dem Lockruf einer abenteuerlichen Welt zu folgen war viel leichter, als vor Ort die Macht der Entfernungen auszuloten. Wir konnten es uns noch überlegen, denn nach der Kreuzfahrt stand zunächst Neuseeland an. Wir hielten unsere Gesichter wieder in die Sonne und dachten an Adelaide.

Als wir dort anlandeten, lag vor uns eine Stadt, wie sie typischer für Australien nicht sein kann. Millionen Australier lieben ihr Eigenheim in den Außenbezirken, während viele Deutsche und auch wir uns nahe der Innenstadt versorgt wissen wollen. Doch hier ragen zweihundertfünfzig Stadtteile wie eine Krake in die Landschaft.

Bevor wir Adelaide erkunden konnten, mussten wir mit einem Nahverkehrszug von *Outer Harbour* in die City fahren. Eine gute Stunde dauerte die Fahrt durch dörflich anmutende Vororte. Erst dann durchbrachen wir einen grünen Kordon, hinter dem uns die pulsierende City erwartete.

Australische Innenstädte unterscheiden sich kaum von deutschen mit all ihren Geschäften, Warenhäusern, Shopping Malls, Cafés und Fußgängerzonen. Obwohl vereinzelt Hochhäuser in den Himmel ragen, fehlt ihnen der Glanz gläserner Fassaden. Während uns in Sydney das Flair der Großzügigkeit umwehte, die weitläufige Perspektive imponiert und der Nimbus einer weltberühmten Stadt den Besucher erregt, wirkte Adelaide auf uns bescheiden und wie eine gemütliche Provinz. Auf dem Stadtplan sahen wir, warum. Die City Adelaides mit ihren schachbrettartig angelegten Straßen liegt wie eine eckige Praline mit grünem Zuckerrand im riesigen Spinnennetz großflächiger Siedlungen. Teils opulente historische Gebäude wie die *Town Hall*, die *Art Gallery* oder die *University of Adelaide* hauchen den Atem der Vergangenheit und des britischen Empire in die Stadt, die 1836 gegründet und nach Queen Adelaide benannt worden war.

Obwohl wir australische Entfernungen oft falsch einschätzten, überraschte es uns, das Zentrum zu Fuß erlaufen zu können.

Da wir noch einen Tag in Adelaide vor Anker lagen,

beschlossen wir, am nächsten Vormittag den *Cleland Wildlife Park* im Osten der Stadt eigenständig zu besuchen. Die Prospekte wiesen auf eine reiche australische Tierwelt hin, die wir in ihrer natürlichen Umgebung zu erleben hofften. Entsprechend aufgeregt machten wir uns auf den Weg und erwarteten freudig, Kängurus an uns vorbeispringen und Koalas in den Wipfeln der Eukalyptusbäume zu sehen. Der Weg zum *Cleland Park* dauerte über zwei Stunden, da wir nicht nur von einer Seite in die City hinein- und auf der anderen wieder hinausfahren, sondern mit dem Bus weitere fünfzehn Kilometer in die Berge zum Gipfel des *Mount Lofty* vordringen mussten. Außerdem machte der freundliche Busfahrer völlig unerwartet Rast und ließ uns fünfzehn Minuten auf der Aussichtsplattform des *Mount Lofty* Zeit, um auf siebenhundert Metern Höhe auf ganz Adelaide mit einer Million Einwohnern hinabzuschauen.

Erst danach erreichten wir unser Ziel und betraten für dreißig Dollar pro Person die Anlage. Mit dem Begriff *Wildlife Park* verbanden wir den weitläufigen Lebensraum der Tiere. Die Eindrücke vom *Etosha Park* in Namibia waren noch sehr präsent. Kaum betraten wir den Park, durften wir nichts dergleichen erwarten. Es handelte sich eher um einen großzügig angelegten Zoo, in dem manche Tiere genauso eingesperrt waren wie in deutschen Tierparks.

Als wir den Rundweg begannen, schimmerte vor uns auf dem Rasen plötzlich das rötliche Fell eines Kängurus in der Sonne. Ich war einen Moment irritiert, denn das Tier entsprach nicht meinen Vorstellungen. Thomas näherte sich ihm mit dem Futter in der Hand, das wir am Eingang gekauft hatten. Als er dem Känguru den Arm entgegenstreckte, sah ich fasziniert und überrascht, wie es sich erhob. Für mich waren Kängurus seit Kindheitstagen possierliche Wesen. Nun fielen mir weniger schmeichelhafte Begriffe ein: unförmig, falsch proportioniert, ungelenk. Die Körpermasse schien fast gänzlich in den breiten und muskulösen Hinterleib verrutscht zu sein. Kopf, Hals und Brustbereich wirkten dagegen grazil. Die langen, L-förmig abgewinkelten Hinterbeine kamen mir wie schmale Holzbretter vor, an denen nur noch das Scharnier fehlte. Als sich das Tier erneut hinlegte, sah ich verwundert, wie lange es brauchte, die Beine umständlich unter seinem Körper zu verstauen. Später beobachtete ich aber, wie kräftig, schnell und elegant sie vom Boden absprangen und durch die Luft segelten. Unsere Herzen sprangen mit.

Schnell begriff ich, dass mir der *Cleland Park* die Illusion raubte, Tiere in freier Wildbahn erleben zu können. Enttäuscht von den Käfigen, in denen Papageien und Wellensittiche auf Ästen hockten und Löcher in die Luft starrten, fühlte ich mich von den Betreibern des Parks betrogen. Ich hatte gehofft, Vögel frei und krächzend in die Lüfte fliegen zu sehen. Warum war das hier nicht möglich, wenn ich in Avalon mit dem Kaffee auf der Veranda gesessen und ein Papagei neben mir Platz genommen hatte?

Der *Cleland Park* hielt einige tölpelhaft staksende Vogelarten bereit, die vielleicht wegen ihrer Flugunfähigkeit herumlaufen durften. Träumende Koalas hockten in Holzkästen inmitten eines Geheges. So hatte ich mir das nicht vorgestellt. Eine Kompanie Schildkröten sonnte sich auf einem Baumstumpf, der aus einem angelegten Teich herausragte. Emus stolzierten auf einer umzäunten Wiese herum. Mein wachsendes Desinteresse wich nur kurz, als ich Wallabys auf großen Wiesen im hügeligen Gelände grasen sah. Wallabys gehören zur Familie der Kängurus, sind aber kleiner und zierlicher.

Nachdem wir enttäuscht den *Cleland Park* verlassen hatten, hoffte ich, bald Tiere in ihrem wahren natürlichen Lebensraum sehen zu können, was um einiges spektakulärer sein würde.

Im Park trafen wir Joel und Michael, die beiden erfahrenen Weltenbummler aus Toronto, die ebenfalls die Kreuzfahrt gebucht hatten, sich aber für den teuren geführten Ausflug eingetragen hatten. Wir hingegen waren froh, auf eigene Faust mit Entdeckergeist in den Tag gestartet zu sein. Unnötig viel Geld auszugeben, um Selbstständigkeit und Abenteuerlust an der Kasse abzugeben, behagte uns nicht.

Das Kreuzfahrtprogramm kündigte für den Abend ein Galadinner an. Da wir oft im Selbstbedienungsrestaurant *Lido Market* das Essen einnahmen, buchten wir zu diesem besonderen Anlass einen Tisch im edlen *Dining Room.* Wenn schon »Traumschiff-Feeling«, dann gehörte ein Galadinner selbstverständlich dazu.

Es ging uns viel weniger um das Essen als um das Spektakel selbst. Wir befürchteten allerdings, vorschnell gehandelt zu haben. Als wir die Kleiderordnung zu lesen bekamen, sahen wir uns einem unüberwindbaren Hindernis gegenüber. In unserem Gepäck befand sich weder eine Hose mit Bügelfalte noch ein Oberhemd, von einem Sakko ganz zu schweigen. Joel und Michael sahen kein Problem. Wir könnten an der Rezeption gegen Aufpreis »etwas Passendes« ausleihen. Wir versuchten unser Glück und sprachen den holländischen Rezeptionisten an. Dieser hielt ein Jackett für ausreichend. Mit meiner Konfektionsgröße löste ich beim jungen Mann Stirnrunzeln aus. 106! »Was ist das?«, fragte er. Lang und halbwegs schlank, erwiderte ich. Thomas hat eine Standardgröße, die in jeder Boutique zu finden ist. Für vierzig Euro war der Auftrag erteilt. Als wir endlich anprobieren konnten, brachen wir in Gelächter aus und mussten feststellen, dass *Holland American Line* auch beim zweiten Versuch nicht in der Lage war, zumindest für Thomas ein Sakko vorzuhalten. Als *Pat und Patachon* oder *Dick und Doof* hätten wir einem Kostümfest alle Ehre gemacht. Wir spielten den Ball ins Feld der Verantwortlichen zurück, denn wir hatten alles getan, um den Standards zu entsprechen. Nun wurden wir quasi genötigt, in Jeans, Sneakers und Poloshirt beim Dinner zu erscheinen. Der junge Rezeptionist winkte hilflos ab. Wir sollten uns keine Sorgen machen.

Bevor wir am Abend unsere reservierten Plätze im *Dining Room* einnahmen, ließen wir uns vom Oberkellner unter der kritischen Beobachtung der Gäste zum Tisch führen. Ob unser Tisch rein zufällig in der hintersten Ecke des Restaurants stand? Nachdem wir saßen, begannen wir, mit der feinen Gesellschaft zu tafeln, und mussten grinsen, als wir am Nachbartisch den noch gewagteren Auftritt eines Asiaten im glänzenden Designer-Jogginganzug aus weißer Ballonseide verfolgten.

Nicht weit entfernt von Adelaide gelegen, erreichten wir über Nacht Penneshaw an der nördlichen Küste von *Kangaroo Island*. Als die Ausflugsgruppe für den Besuch des Nationalparks von Bord gegangen war, suchten wir uns ein geschütztes Plätzchen an Deck für ein ausgedehntes Sonnenbad. Zwischendurch orderte ich einen sauren Lemon-Drink aus unserem scheinbar günstigen Getränkepaket. Thomas probierte sich durch die exotisch klingenden Drinks, an denen ich nur nippte. Mit gerümpfter Nase blieb ich bei meiner Wahl und lag mit dem Latte Macchiato aus der Kaffeebar goldrichtig.

In einer ruhigen Minute kalkulierten wir die Zusatzkosten an Bord, die die Gesamtsumme in die Höhe treiben würden. Aus Sorge, für jedes Getränk einen horrenden Preis berappen zu müssen, hatten wir ein Getränkepaket gebucht. Mit knapp zwanzig amerikanischen Dollar pro Person und Tag hofften wir, dank meines unglaublichen Kaffeekonsums an der Kaffeebar bei nicht alkoholischen Getränken am Ende günstiger zu liegen. Noch günstiger wäre es mit dem kostenlosen Filterkaffee, Wasser und einfachen Lemon-Drinks vom *Lido-Market* gewesen, doch auf einen zarten Hauch von Luxus hatten wir nicht verzichten wollen. Außerdem berechnete die Reederei jeden Tag pro Person dreizehn Dollar Trinkgeld für die Gesamtcrew. Obwohl jeder Passagier am Ende entscheiden durfte, die bereits zurückbehaltene Summe stehen zu lassen, zu erhöhen oder zu mindern, hielten wir es für einen geschickten Schachzug der Reederei, der Crew somit ein Mindestmaß an finanzieller Würdigung zu sichern. Da wir wussten, wie schlecht die Angestellten eines Kreuzfahrtschiffes bezahlt werden, würden wir den vollen Betrag stehen lassen und auf zusätzliche tausend Euro zum Buchungspreis kommen.

Zu Beginn der Kreuzfahrt hatten wir eisern den Vorsatz gefasst, keinesfalls in die Kalorienfalle zu tappen und nicht alles in den Mund zu schieben, was uns vor die Nase gehalten wurde. Für diese Einstellung klopften wir uns selbst auf die Schulter. Als ich das Frühstück nicht mehr ignorieren konnte, Thomas bereits zur Mittagszeit am Burger-Stand das Wasser im Mund zusammenlief und ich die Dessertvarianten weder zur Tages- noch zur Nachtzeit verschmähen konnte, wurde uns klar, wie naiv wir gewesen waren. Das Fitnessstudio der *MS Noordam* lag taktisch gut gewählt nur ein Stockwerk über der Fresstheke. Tatsächlich sind wir dort auch ein einziges Mal gemeinsam erschienen. Später startete ich einen Alleingang auf dem Stepper, doch die Geräte standen so dicht gedrängt unter einer Schräge, dass ich mit dem Kopf an das Vordach zu stoßen drohte, was Grund genug war, dem Fitnessstudio eine Absage zu erteilen.

Als wir vor *Kangaroo Island* ankerten, berauschte ich mich an den herrlichen Blautönen des Meeres und des Himmels. Vor uns lag die lang gestreckte, bräunlich karge Insel, die sich sanft und flach aus dem Wasser erhob, als tauchte der geschwungene Rücken eines Riesenwals vor uns auf. Ich erinnerte mich an das imposante wie schlichte Bild, das ich vom Heck des Bootes am *Great Barrier Reef* in mir aufgesogen hatte. Mit dem klaren Licht der Südhalbkugel, das alle Farben und Konturen schärfte, fühlte ich mich erfüllt, zufrieden und privilegiert.

Kangaroo Island

Joel und Michael, das kanadische Paar aus Toronto, hatten wir bereits am ersten Abend beim LGBT-Treff kennengelernt. Wir waren mehr als überrascht gewesen, wie offen und auf Höhe der Zeit das Unterhaltungsangebot an Bord ausgerichtet war. Gleich am ersten Abend Schwulen die Möglichkeit einzuräumen, sich kennenzulernen und auszutauschen, hatten wir nicht erwartet. Joel und Michael outeten sich als passionierte Kreuzfahrer und konnten interessante Erfahrungen aus ihrem Reiseköcher ziehen. Sie kündigten an, in Melbourne am Strand zu heiraten und im engsten Kreis der Familie eine Zeremonie abhalten zu wollen.

In der nächsten Nacht steuerten wir das nahe gelegene Port Lincoln an. Auch diese Kleinstadt warf die Frage auf, weshalb sie auf der Liste der Reiseziele stand. Als wir tagsüber mit Joel und Michael durch das Örtchen bummelten, waren wir uns einig, dass manche Etappen fragwürdig erschienen. Dass der Hafen zu den kommerziell bedeutsamsten Umschlagplätzen für die Fischindustrie Australiens gehört, lockte keinen Kreuzfahrer hinterm Ofen hervor. Wir tranken an der kleinen Strandpromenade einen Kaffee und gingen an den riesigen Hafensilos vorbei zurück aufs Schiff.

Wer sich an Bord langweilte, konnte das Unterhaltungsprogramm nutzen. Jeden Tag frisch aufgelegt lockte es die Passagiere im Stundentakt mit verschiedensten Angeboten. Vom Computerseminar über Schachspiele, Infoveranstaltungen zu den Reisezielen und Gesundheitstipps – ob meine Füße Einlagen brauchen oder ich eine Diät machen sollte – bis hin zu einem Gespräch mit dem Schönheitschirurgen, all das diente dem Zeitvertreib. Allabendlich fluteten die Passagiere den Theatersaal, der die Größe eines deutschen Stadttheaters besaß. Ich staunte, dass so ein riesiger Veranstaltungsort im Bauch eines Schiffes Platz fand. Die Shows der jungen Sängerdarsteller amüsierten Thomas und mich nicht übermäßig. Da wir selbst vom Theater kommen und schwere, tiefgründige Kultur gewohnt sind, haderten wir mit der allzu flapsigen und outrierten Darstellung des Ensembles, während das amerikanische Publikum aus dem Häuschen war. Dabei musste ich über mich selbst schmunzeln. Auf einem Schiff als Sänger anzuheuern, mit Liederabenden das Volk zu berücken und fremde Länder zu bereisen, das war zu Studienzeiten eine meiner liebsten Fantasien. Heute weiß ich, dass ich nie einen Job im Kreuzfahrtentertainment bekommen hätte, zumal der Sprung zum »seriösen« Engagement an Theatern danach recht schwierig ist.

Melbourne City

Melbourne gehörte zweifellos zu den Höhepunkten dieser Kreuzfahrt und zählt zu den lebenswertesten Städten der Welt. Zwei Tage lagen wir in der zweitgrößten Metropole Australiens mit ihren fast fünf Millionen Einwohnern vor Anker. Anders als in Adelaide liegt der Hafen in der Nähe der City, sodass wir diese nach kurzer Busfahrt erreichten.

Sydney, Adelaide und Melbourne überraschen ihre Besucher mit einer kostenlosen Straßenbahn, der *Circular Lane*. Mit ihr konnten wir die Innenstadt um- bzw. befahren. Als weiterer *special effect* entpuppte sich das freie WLAN-Netz im Innenstadtbereich. In Melbourne zeigten moderne Mülltonnen am Straßenrand die Signalstärke an. Eine witzige Idee, wie wir fanden. Stabile Verbindungen ergaben sich dennoch nicht.

Solange Thomas glaubte, noch nicht genug Schritte absolviert zu haben, erliefen wir uns die Stadt und fanden so die eine oder andere versteckte und ungeahnt sehenswerte Ecke. Waren die Sohlen abgelaufen, stiegen wir in Busse oder Bahnen, um auch in die Außenbereiche vorzudringen.

Es dauerte nicht lange, und wir stimmten in den Lobgesang über Melbourne als multikultureller Hotspot ein. Unterhaltungs- und Sportangebote waren auf zahlreichen Plakaten zu finden. Wie Sydney wirkte auch Melbourne sehr jugendlich auf uns. Als wir über die Boulevards flanierten, trafen wir auf junge Menschen aller Ethnien, die aus den Universitäten oder Bibliotheken in die Straßen, Geschäfte oder Fastfood-Restaurants strömten oder sich in Parks eine Auszeit gönnten. Dass dieser Eindruck uns nicht täuschte, beweist die demografische Struktur Australiens und besonders der Megacitys. Die australische Alterspyramide sieht um einiges optimistischer aus als in Deutschland.

Am zweiten Tag in Melbourne lag ein Berg unerledigter Dinge vor uns, die wir nur über ein stabiles gesichertes Internet abwickeln konnten. Kontobewegungen, neue Blogeinträge und anderes mehr. Was lag da näher als ein Besuch in öffentlichen Bibliotheken, die freies WLAN anboten? In der Staatsbibliothek von Victoria verbrachten wir fast den ganzen Vormittag, sodass kostbare Zeit für die Erkundung der Stadt verloren ging. Zum Glück hatten Thomas und ich denselben Gedanken: Wir wollten nach Melbourne zurückkehren. Was wir bisher gesehen hatten, war imposant und machte Appetit auf mehr. Allein die zum Teil waghalsige Architektur bedurfte weiterer Blicke. Ein Urteil aber konnten wir schon zu diesem Zeitpunkt über Melbourne fällen: Melbourne mochte noch so sehr mit historischer wie moderner Architektur aufwarten, interessant, multikulturell, beflissen, sympathisch, locker und lebenswert sein, mit der Naturschönheit Sydneys konnte es nicht konkurrieren. Ich hatte mein Herz längst an die berühmteste Stadt Australiens verloren und das würde sich nicht mehr ändern. So ist das mit der Liebe.

Joel und Michael hatten die Hochzeitszeremonie am Strand von Brighton trocken überstanden, bevor dicke Wolken ihnen fast einen feuchten Strich durch die Rechnung gemacht hätten. Wir nutzten gemeinsam den Abend, um auf ihr Glück anzustoßen.

Das nächste Ziel unserer Reise war Burnie und lag mit zweihundertfünfzig Seemeilen an der Nordküste Tasmaniens einen Katzensprung von Melbourne entfernt. Auch Burnie machte nach unserem Empfinden für einen Kreuzfahrer keinen Sinn. Natürlich gingen wir an Land, um unser Vorurteil bestätigt zu bekommen. Ein Shuttle brachte uns in die Stadt, wo wir – und das bedarf besonderer Erwähnung - von herzlichen, engagierten Menschen begrüßt und informiert wurden. Dass sie mit Liebe, Stolz und Hilfsbereitschaft ihre Stadt präsentieren, stand in ihren Gesichtern geschrieben. Aber leider konnte uns kein noch so angepriesenes Museum und keine neu gepflasterte Promenade begeistern. Unser Spaziergang durch den kleinen Ort dauerte eine knappe Stunde, aber nur, weil wir durch jede Straße gelaufen waren, Kaffee getrunken und wenig amüsiert in die Auslagen der Geschäfte geschaut hatten. Für einen Moment erhaschten wir allerdings einen spektakulären Blick: Als wir eine Straße entlanggingen und durch die Häuser der mächtige Schiffskörper unserer *MS Noordam* lugte, blieben wir einen Moment stehen. Wir hatten den Eindruck, als schlich sich das über zig Etagen höhere Schiff von hinten an die Häuser heran, um sie unter sich zu zermalmen.

Wenngleich uns nur wenige Anlaufpunkte auf der Kreuzfahrt verzauberten, hatten wir stets unseren Spaß und konnten uns über Langeweile nicht beschweren. So entdeckten wir eines Tages auf dem obersten Deck einen Tennisplatz. Ich forderte

Thomas zu einem Match heraus. Zuvor mussten wir allerdings mühsam Tennisbälle organisieren. Die alten schienen in den Weiten des Meeres oder im Ofenrohr des riesigen Schornsteins verloren gegangen zu sein. Doch als wir einen tauglichen gefunden hatten, machte es umso mehr Spaß.

Die Kreuzfahrt lag auf der Zielgeraden. Von nun an folgten wir der Ostküste Australiens und legten in Eden einen letzten Halt ein, bevor wir wieder den Hafen von Sydney erreichen würden.

Mit dem Namen Eden verbanden wir natürlich die Hoffnung, das australische Paradies zu finden. Ich darf sagen, dass die südlichste Stadt des Bundesstaates *New South Wales* tatsächlich die Atmosphäre eines wildromantischen, glückseligen Örtchens verströmt. Abgeschottet durch diverse Nationalparks scheinen dreitausend Edener an der Küste ein glückliches Leben führen zu können. Als wir in die *Twofold Bay* einliefen und über den Ort hinweg auf das unendliche Grün der Regenwälder sahen, umwehte uns der paradiesische Atem. Goldene Strände grenzten wie gelbe Augenbrauen das dichte Grün vom blauen Ozean ab.

An der südlichen Spitze der Stadt ragte eine Halbinsel in die Bucht. Wir pilgerten mit den anderen Passagieren in die Stadt, wo Banken, Geschäfte, Restaurants und Märkte an der breiten Hauptstraße das lebendige Zentrum bildeten. Doch nicht weit entfernt tat sich bereits das offene Meer auf. Da Michael krank in der Kabine geblieben war, trafen wir Joel alleine, der uns riet, den langen Strand keinesfalls auszulassen. *Asling Beach* war zu diesem Zeitpunkt einer der schönsten Strände unserer Reise. Er erstreckte sich drei Kilometer gen Norden und ließ mich nach Begriffen suchen, die für eine Landschaft unüblich erscheinen und nichts mit dem karibischen Flair der Strände in Kapstadt und dem hektischen *Bondi Beach* in Sydney zu tun haben: bescheiden, rein, melancholisch. Sofort zogen wir unsere Schuhe aus und wateten durch den Sand. Die Wasseroberfläche glitzerte in der grellen Sonne. Das Licht war atemberaubend klar, sodass wir uns an die bewachsene Düne setzten, über die sanften Wellen hinwegsahen und die letzten zwei Wochen unseres Kreuzfahrtintermezzos Revue passieren ließen. Es war gut entschieden gewesen, uns für längere Zeit in die Kreuzfahrt-Obhut begeben zu haben, denn nun drängte es uns auch wieder nach mehr eigenverantwortlichem Handeln. Die Kreuzfahrtindustrie würde uns auf absehbare Zeit nicht als Stammkunden begrüßen können, dafür liebten wir individuelle Reisen viel zu sehr, anstatt uns derart vorgefertigten Strukturen zu unterwerfen. Und dennoch fädelte sich dieses Abenteuer auf hoher See als bunte Perle unter vielen auf die Kette, die sich Sabbatjahr nannte.

Eden

Friedhof von Eden

Als wir über die schmale Promenade zurückbummelten, entdeckten wir auf der dem Strand abgewandten Straßenseite den Friedhof von Eden. Wir gingen hinüber und wandelten zwischen den Gräbern. Er lag so offen und entblößt dem Himmel und dem Meer gegenüber, dass wir uns keinen besseren Ort für die verstorbenen Seelen vorstellen konnten, an dem sie den Blick in den Himmel heben, über das Meer schauen und friedlich entschweben konnten.

Einige Menschen hatten sich inzwischen an der Zufahrt zum Friedhof versammelt, bis wir uns erinnerten, dass dort die Einsatzbusse für die Kreuzfahrtpassagiere hielten, um sie bequem zum Hafen zurückzubringen. Wir schlossen uns ihnen an und genossen noch eine kleine Rundfahrt durch den Ort.

Bereits an der Geschäftsstraße stiegen wir aus, um noch einen kurzen Abstecher zu einem Aussichtspunkt zu machen. Während wir den Pfad entlanggingen, traute ich meinen Augen nicht, als ich aus dem Augenwinkel ein Känguru aus dem Dickicht springen sah, das unseren Weg kreuzte, um sofort wieder in den Büschen zu verschwinden. Als ich Thomas darauf aufmerksam machte, war es bereits zu spät. Ich hatte ein Känguru in freier Wildbahn erlebt, wie ich es mir gewünscht hatte.

Das letzte Galadinner an Bord verbrachten wir erneut *very casual*, indem wir das beste Poloshirt und die sauberste von zwei langen Hosen ausgewählt hatten. Gut zweihundert Seemeilen lagen bis Sydney noch vor uns, genug Zeit, um uns ein letztes Mal ausgiebig bedienen und verwöhnen zu lassen.

Als wir am übernächsten Morgen aufwachten, hatten wir bereits wieder am Kreuzfahrtterminal in *Sydney Harbour* angedockt.

An diesem siebten Dezember stand uns ein ereignisreicher Tag bevor. Wir würden nach dem Frühstück - vom Kreuzfahrtschiff organisiert - mit einem Shuttle zum Flughafen gebracht werden, um in das nächste Abenteuer zu fliegen. Mit leichter Skepsis sah ich den dreieinhalb Wochen mit einem unberechenbaren Camperbulli entgegen.

SIEBEN

Neuseeland - Nordinsel

Von allen Ländern, die wir während des Sabbatjahres bereisten, eilte Neuseeland der Superlativ voraus. Kein anderes Land strotzt vor so viel Naturschönheit wie dieses friedvolle und selbstzufriedene Eiland im Südpazifik. Fernab der globalen Wirtschaftsführer vermittelt Neuseeland am Ende der Welt das Bild von Harmonie, Glück und Genügsamkeit. Es berauscht sich und seine Besucher mit saftigen Wiesen, Hügeln, Wäldern, Bergen und traumhaften Stränden.

Ich war skeptisch, ob nach all den beeindruckenden Erlebnissen in Namibia, Südafrika und Australien Neuseeland diesem Ruf gerecht werden würde, hielt, was es versprach, und uns erneut mit spektakulären Bildern überhäufte. Trugen wir nicht bereits übervolles Gepäck an unglaublichen Eindrücken mit uns herum?

Für die Dauer von acht Wochen glaubten wir, mehr als genug Zeit für *Aotearoa*, das Land der langen weißen Wolke, wie die Maori es in ihrer Sprache nennen, eingeplant zu haben. Experten empfahlen mindestens sechs Wochen, um gleichermaßen intensiv die Nord- und die Südinsel zu erkunden. Unsere Planung erschien dagegen luxuriös. Ich haderte noch immer mit Thomas' Schnäppchencamper, dessen mickrige Ausstattung uns

Camperlaien auf eine harte Probe stellen konnte. Die Ungewissheit murrte in meiner Brust, vorrangig die Sorge um meine zu kühlenden Medikamente.

Nachdem wir problemlos durch die Einreisekontrollen gekommen waren, gingen wir in der Flughafenhalle am Stand eines Mobilfunkanbieters vorbei. Thomas schlug vor, uns eine neuseeländische SIM-Karte zuzulegen, mit der wir günstig in die Heimat telefonieren und im Internet nach Informationen suchen konnten. Eine tolle Idee! Da wir aber kaum medienaffin sind, musste uns der Mitarbeiter einige Fragen wiederholt beantworten.

Karen, die Vermieterin des Camperbullis, holte uns für sechzig neuseeländische Dollar Aufpreis vom Flughafen ab. Obwohl wir den Wagen ab dem Ankunftstag gemietet hatten, es aber am späten Nachmittag unmöglich war, mit der Rundreise auf der Nordinsel zu beginnen, hatte sie uns die Vermietung einer Wohnung in ihrem Haus angeboten. Wohl oder übel nahmen wir es an, obwohl wir preislich ein Entgegenkommen erwartet hätten. Dafür würden wir am nächsten Morgen eine entspannte Übergabe organisieren und alle Fragen klären können.

Schon als wir am Flughafen ins Fahrzeug stiegen, bestätigten sich meine Vorurteile. *Petal,* wie Karen ihren Lieblingscamper nannte, war sage und schreibe zwanzig Jahre alt, wirkte abgegriffen und klapprig.

Im sechzig Kilometer entfernten Orewa angekommen, war es bereits dunkel geworden. Karen hielt für uns am Supermarkt, damit wir etwas zu essen kaufen konnten. Statt zufrieden zu sein, dass der ereignisreiche Tag problemlos verlaufen war, grummelte ich unzufrieden herum. *Petal* und die befremdlichen Vertragsbedingungen sowie der volle Preis für Karens Wohnung machten mich missmutig. Und dann kam der Hammer. Kaum hatten wir die Wohnung betreten, standen zwei Frauen vor uns, die behaupteten, sie hätten die Wohnung ebenfalls gemietet. Zwei Schlafzimmer schienen für Karen Grund genug zu sein, von zwei Parteien den vollen Mietpreis zu verlangen. Die beiden plappernden Frauen wollten Karen zur Rede stellen. Wir hatten keine Lust auf Gegenwehr, überließen ihnen den Streit und taten so, als gehörte uns die Wohnung alleine. Thomas setzte zwei Waschmaschinenladungen mit dreckiger Kreuzfahrtwäsche an. Zudem mussten wir sie draußen auf den Balkon in die Feuchtigkeit der Nacht hängen. Nie im Leben würde die Wäsche bis zu unserer Abfahrt trocknen, egal was Karen behauptet hatte.

Am nächsten Morgen, die beiden Frauen waren bereits abgereist, gestand uns Karen, dass sich die Heckklappe des Bullis nicht immer öffnen lasse und leider manchmal blockiere. Sie bot uns an, eine weitere Nacht auszuharren, dieses Mal kostenlos, um am nächsten Werktag zum Mechaniker zu fahren. Thomas bat mich, die Verhandlungen zu führen, während er die tatsächlich trockene Wäsche verstaute.

Karen lavierte wegen der Heckklappe unsicher herum und strapazierte mit dem Hin und Her meine Nerven. Mir fiel es schwer, meinen verbindlichen Tonfall zu wahren, und ich gab zu verstehen, dass wir nicht gedachten, unsere wertvolle Zeit in ihrem Haus zu verbringen. Seit zwei Tagen zahlten wir für das Fahrzeug und waren noch keinen Meter gefahren. Deshalb lehnte ich ihr Angebot ab, besprach mit ihr das zusätzlich anzumietende Equipment für hundertachtzig Dollar und machte mich mit Thomas auf den Weg. Wir würden mit der klemmenden Heckklappe schon irgendwie klarkommen.

Auf den ersten Kilometern ereiferten wir uns noch über Karens Geschäftspraktiken, bis wir begannen, uns auf die Landschaft zu konzentrieren. Thomas studierte zwischendurch den für Camper äußerst informativen Reiseführer vom WOMO-Verlag, während ich auf gut ausgebauten Straßen Richtung Norden fuhr. Inzwischen hatte sich die Landschaft geöffnet und wir sahen auf eine Welt voller sanfter grüner Hügel. Bei diesem Anblick gelang es mir, den Missmut der letzten Stunden wegzudrücken. Doch viele Fragen schwirrten weiter in meinem Kopf herum. Wie viel Ärger würde uns *Petal* machen und welche Kompromisse verlangte uns das freie Campen mit dem wenigen Platz darin ab? Wie lange hielt die elektrische Kühlbox meine Medikamente frisch und wie sehr belastete der doppelte Schaltkreis bei ausgeschaltetem Motor die Batterie? Würde der Motor am nächsten Morgen noch anspringen? Meine Sorgen fraßen den feurigen Abenteuergeist auf, den wir mit Neuseeland verbanden.

Thomas hingegen wirkte entspannt, was mir keine Hilfe war. Statt mich von seiner Zuversicht anstecken zu lassen, fühlte ich mich miesepetrig. Uns beide aber irritierte gleichermaßen der schwammige Passus im Vertrag, dass wir für alle Schäden am Auto aufzukommen hatten, die nicht mit dem Motor oder der technischen Ausstattung zusammenhingen. Obwohl das Auto angeblich versichert war, hatten wir keinen Überblick, was genau die Police abdeckte. Da in Neuseeland eine Autohaftpflicht nicht obligatorisch ist, verwirrte und verunsicherte uns diese Tatsache. Für die deutsche Autoseele ein regelrechter Albtraum! Das Fahren blieb stressfrei, denn uns begeisterten die unaufdringliche Fahrweise der Neuseeländer sowie ihre strikte Einhaltung der Höchstgeschwindigkeit. Wir fühlten uns in keinem Moment durch BMW- oder Porsche-Fahrer genötigt. Neuseeländer erkennen einen halb schrottreifen Bulli und nehmen Rücksicht.

Irgendwann verjüngte sich der *State Highway* zu einer schmalen kurvigen Straße, die sich den Berg hinaufwand. Als wir an einem Rastplatz hielten, nahmen wir zum ersten Mal die grüne Hölle wahr. Uns umgab dichtes Baum- und Buschwerk. Thomas schaute mit Bewunderung zu den Baumfarnen hoch, die mit ihren ausladend silbrigen Fächerkronen in den Himmel ragten. Eine der ältesten Pflanzenarten dieser Erde zeigte sich in archaischer Pracht.

Beim nächsten Halt lernten wir junge Menschen kennen, die den berühmten Manuka-Honig abgefüllt in Gläsern zu einem recht stolzen Preis anboten. Der antiseptisch wirkende Blütennektar der Südseemyrte gilt auch als Medizin. Thomas zögerte, doch ich überredete ihn, sich ein Glas dieser Rarität zu gönnen.

Während Thomas wieder im WOMO versank, um Übernachtungsplätze zu sondieren, gab ich mich dem entspannten Fahren hin. Die disziplinierten Autofahrer machten es mir leicht, das deutsche Schnellfahrer-Gen zu unterdrücken.

Als wir uns Whangarei näherten und Thomas wortlos einen Zielort ins Navi eingab, ahnte ich, dass er etwas im Schilde führte.

In Neuseeland gilt freies Campen als *die* beste Reiseart, um sich mit der Natur aufs Engste zu verbinden. Voraussetzung dafür ist ein Fahrzeug mit dem Label *self contained*, da Reisende mit einer Toilette an Bord die Umwelt vor Fäkalien schützen.

Umso verwunderter sah ich zu Thomas, als er mich zu einem Parkplatz nahe dem Einkaufszentrum lotste. Hinter uns lag das Gewerbegebiet, gegenüber das Flussufer und ein kleiner Segelhafen. Ich dachte, er würde mit mir einen Kaffee im Yachtclub trinken wollen, peilte aber stattdessen die wenigen *free camping* Plätze an. Hatte Thomas ernsthaft vor, in der ersten Nacht die Jungfräulichkeit als Camper auf dem Asphalt eines Parkplatzes zu verlieren?

Ich zwängte *Petal* zwischen zwei große Wohnmobile und stellte den Motor aus. Mit Geschäften im Rücken und der geteerten Fläche erstickte dieser Platz jeden Funken von Natur und Romantik. Da es um die Ecke eine öffentliche Toilette gab und wir uns von Anbeginn einig gewesen waren, Karens Campingklo in Größe eines kleinen Werkzeugkastens niemals zu benutzen, glaubte Thomas die richtige Wahl getroffen zu haben. Zudem wies er mich auf das begrünte Flussufer hin, durch dessen Bäume wir auf die schaukelnden Masten der Segelboote sahen. Doch so richtig milde konnte er mich nicht stimmen.

Das neuseeländische Ehepaar nebenan saß selbstzufrieden in der Abendsonne vor seinem hundertfünfzigtausend Dollar teuren Campervan, bot uns nach kurzem Austausch ein Bier an und gab uns ein paar Tipps für Campinganfänger. Dennoch seilten wir uns nach dem Austrinken höflich ab und gingen im Supermarkt einkaufen. Im nahegelegenen Hafenrestaurant aßen wir zu Abend und erfuhren, wie stimmgewaltig die ausgelassene neuseeländische Jugend am Nachbartisch zu feiern wusste.

In unserem Alter gehören nächtliche Toilettengänge nicht mehr zur Ausnahme. Umso fassungsloser waren wir, als wir vor verschlossenen Türen standen. Unter Androhung von immensen Geldbußen hatten wir keine Wahl, uns in Rosenbeeten und Zierhecken zu erleichtern. Im Licht der Scheinwerfer fürchtete ich den patrouillierenden Wachmann.

Unser erstes Frühstück nahmen wir auf dem kleinen Rasen vor unserem Fahrzeug ein, während wir den frühen Spaziergängern und Joggern zusahen, die uns lächelnd mit gebührendem Abstand grüßten, als wären sie alte Bekannte. Waren die Menschen hier auch genmanipuliert?

Die *Whangarei Falls*, die wir am Vormittag besuchten, lagen seltsam nahe am Stadtgebiet. Aus dreißig Metern Höhe stürzte das Wasser in einen kleinen grünen See. Als wir unten am Ufer standen und uns der Idylle hingaben, vergaßen wir, inmitten einer Wohnsiedlung zu sein.

Whangarei Falls

Tutukaka Bay

Wenn möglich fuhren wir an der Küste entlang, die aber oft nur über Stichstraßen erreichbar war, sodass wir stets zum

Highway zurückkehren mussten. Im Landesinneren zogen steile ineinander verschlungene Hügelketten an uns vorbei, die mit grünem Flaum bedeckt riesigen Golfplätzen ähnelten.

Die breite *Tutukaka Bay* gab uns einen ersten Eindruck von atemberaubenden Stränden, die uns in Neuseeland erwarteten. Familien picknickten so nahe am Strand, wie ihr Auto sie durch den Sand bugsierte. Kinder jauchzten am seichten Ufer. Thomas zog kurzentschlossen die Badehose an und ging ins Wasser. Ich traute meinen Augen nicht. Mein Mann, der Wasser nur ab einer Temperatur von fünfundzwanzig Grad an sich heranlässt und unruhige See scheut, steigt bei kühlem Wind in den Südpazifik? Ich hob ungläubig die Kamera und hielt seine Heldentat fest. Hier zu übernachten erschien eine gute Idee, doch war das *free camping* nicht erlaubt. Thomas hatte ohnehin die *Helena Bay* ins Auge gefasst. Als wir weiterfuhren und nach wenigen Kilometern den *Matapouri Beach* erreichten, gingen uns die Augen über. Die Bucht zog uns mit ihrer Schönheit sofort in ihren Bann. Der Parkplatz platzte aus allen Nähten. Junge Leute tummelten sich mit einem Bier in der Hand am Strand. Um uns ein paar Minuten diesem Paradies hinzugeben, brauchten wir zuerst einen Parkplatz, was aussichtslos schien. Doch das Glück war uns hold. Jemand stieg ins Auto und fuhr weg. Sofort nutzten wir die Chance, quetschten uns in die Lücke und ergatterten mit noch mehr Glück einen ausgewiesenen Platz zum *free camping*.

Wir stellten uns an die Düne und staunten über das knallige Postkartenmotiv. Der weiße, hufeisenförmige Strand setzte sich strahlend vom Blau des Meeres ab. Vorgelagerte Felsen ragten in den wolkenfreien Himmel und reicherten das ohnehin schöne Bild detailreich an. Wir beschlossen, durchs seichte Wasser bis zum Ende der Bucht zu waten. Dort sonnten sich an den Felsen jene, die vor dem jugendlichen Trubel geflohen waren. Für uns stand fest, dass wir es nicht hätten besser treffen können, und wir verwarfen die Weiterfahrt zur *Helena Bay*.

Am frühen Abend leerte sich allmählich der Strand. Nur wir und drei weitere Camper blieben. Meine Sorge, alkoholisierte Jugendliche könnten ausharren und den Nachtfrieden stören, war unbegründet, denn sie waren schlagartig verschwunden. Wir aßen auf einem Rasenstück in den letzten Sonnenstrahlen zu

Abend, bevor wir uns zurückzogen und die erste Nacht in der Natur verbrachten.

Bevor ich meinen ersten Kaffee mit Karens Gaskocher aufsetzen musste, verließen wir früh den Strand, um in Hikurangi, ein kleiner Ort am Highway, im *Miners Rest* zu frühstücken. Wir richteten uns dort ein, luden die Akkus auf und verfassten einen neuen Blogartikel. Während Thomas kurz an die frische Luft gegangen war, beobachtete ich eine Szene, die mich über mich selbst schmunzeln ließ. Eine ältere hünenhafte Gestalt betrat mit grimmiger Miene das Café und setzte sich in eine Ecke. Die Schirmmütze mit neuseeländischer Flagge, die so tief heruntergezogen war, dass ich das Gesicht kaum erkennen konnte, verstärkte den scheinbaren Missmut des Mannes. Die wirre graue Mähne sowie die Latzhose mit dem karierten Holzfällerhemd schufen eine frostige, ungepflegte Aura. Er musterte einen jungen, elegant gekleideten Mann, der das Café betrat, zum Tresen ging und unschlüssig in die Auslage schaute. Der Hüne beobachtete ihn eine Weile, bevor er sich erhob und auf den Unschlüssigen zuging. Ich fürchtete, dass der Ältere mit dem Jüngeren noch ein Hühnchen zu rupfen hatte. Kaum standen die beiden nebeneinander, setzte der Ältere ein Lächeln auf, legte seine Pranke auf die Schulter des Jünglings und empfahl ihm eine Spezialität. Danach kehrte er wieder mit finsterem Blick an seinen Platz zurück. Meine Anspannung war verflogen und ich belächelte mich für meine dumme Voreingenommenheit.

Nach fast zwei Stunden verließen wir Hikurangi. Da uns unser Weg an der *Helena Bay* vorbeiführte, erkannten wir auf den ersten Blick, dass wir gut daran getan hatten, am *Matapouri Beach* geblieben zu sein.

Thomas kämpfte sich weiter über zahlreiche Serpentinen zur *Bay of Island* bis nach Russell vor. Als wir im Siebenhundert-Seelen-Ort eintrafen, konnten wir uns kaum vorstellen, dass es sich um die einstige Hauptstadt Neuseelands handelt und er eine bewegte Gründungsgeschichte vorweisen kann. Viktorianische Häuser erinnern an die gute alte Zeit und täuschen über den Beginn des achtzehnten Jahrhunderts hinweg, als an dieser Stelle entflohene Sträflinge aus Australien, raue Seeleute, Walfänger und Prostituierte gelandet waren und das Leben der Maori kräftig durcheinandergewirbelt hatten. Nicht umsonst wurde

Russell das Höllenloch im Pazifik genannt. Heute erschien es uns als gemütlicher Badeort, dessen Architektur einem deutschen Seebad recht ähnlichsieht. Als wir durch die Hauptstraße schlenderten, entdeckten wir die älteste erhaltene Kirche Neuseelands: die *Christ Church* aus dem Jahre 1836. Tatsächlich fanden wir noch die Einschusslöcher in den Mauern des Gotteshauses, die aus Kämpfen zwischen Maori und Briten herrühren. Als Russell den Status als Hauptstadt zunächst an Auckland hatte abgeben müssen, verlor der Ort an Bedeutung und Wohlstand. Darunter hatten die Maori besonders zu leiden, weshalb sie sich mit Waffengewalt gegen Diskriminierung und drohende Armut zu verteidigen suchten.

In Okiato hatten wir Gelegenheit, den langen Umweg durch kurvenreiches Gelände zu vermeiden, indem wir mit der Fähre nach Opua übersetzten. Schließlich hieß unser nächstes Ziel Paihia und vor dessen Toren der *Top 10 Holiday Park*. Wir wollten den Unterschied zum *free camping* kennenlernen und wissen, ob sich eine grundlegende Versorgung mit Küche, WLAN, Strom und Sanitäranlagen lohnen würde. Insgeheim spürte ich, dass Thomas weitere Übernachtungskosten von bis zu fünfzig Dollar pro Nacht für unnötig hielt. Vielleicht hatte er recht, aber ich war erleichtert, alles durchkühlen lassen zu können. Für ein paar Dollar mehr kauften wir zudem ausreichendes Datenvolumen, um im fernen Neuseeland den Luxus der deutschen *Tagesschau* genießen zu können.

In Paihia tauchten wir kurz in das quirlige Leben ein, kauften Lebensmittel und suchten nach dem besonderen Flair. Obwohl am inneren Rand der verzweigten *Bay of Island* direkt am Wasser gelegen, reichte der Ort nicht an den gemütlich-historischen Charme von Russell heran.

Obwohl wir uns bei unserem ersten Campgroundbesuch ein wenig tapsig anstellten, fühlte ich mich versorgt und ahnte, dass wir beide in der Frage *free camping* oder Campground mehrmals unterschiedliche Prioritäten setzen würden. Das Wäschewaschen und die Stromversorgung sprachen für den Campground, doch die Erfahrung am *Matapouri Beach* hatte mich durchaus für das *free camping* eingenommen. Mit meinem Mann an traumhaften Stränden in wilder Natur die Nacht zu verbringen, nichts konnte schöner sein. Solange wir genug Essen an Bord hatten, ich mir immer wieder einen Kaffee zubereiten konnte, verkörperte das *free camping* tatsächlich die absolute Freiheit. Dennoch war ich nicht cool genug, um auf manche Annehmlichkeiten wie Strom längere Zeit zu verzichten, sodass wir uns auf folgenden Kompromiss einigten: Auf zwei Nächte freies Campen sollte eine Nacht auf einem Campground folgen.

Dass zwei Weltreisende mit zwei Laptops im Gepäck starteten, schien so schlau zu sein wie zwei Zugvögel, die mit gestutzten Flügeln hoch hinauswollten. Wir rechtfertigten diesen Unsinn aus zwei Gründen. Wir konnten nicht gemeinsam konfliktfrei surfen. Wollte ich literarische Ergüsse zu Papier bringen, brauchte Thomas eine Alternative. Sein alter Laptop besaß außerdem noch die Möglichkeit, eine unserer mitgeschleppten DVDs abzuspielen, die wir stets als Einschlafhilfe nutzten.

Als wir am nächsten Tag durch den Ort Kawakawa fuhren und einkauften, wäre die Stadt keine Notiz wert gewesen, wenn wir nicht an der Durchfahrtstraße die Hundertwasser-Toilette entdeckt hätten. Mit einem Kunstwerk dieses Kalibers hatte ich in Neuseeland nicht gerechnet. Dass Hundertwasser die letzten dreißig Jahre seines Lebens in Ozeanien verbracht hatte und seine Werke hier ebenso gepriesen wurden wie in Europa, war mir nicht bekannt gewesen.

Neuseeländische Städte interessierten uns weniger, lediglich zum Tanken oder Einkaufen in den Supermärkten »Countdown«, »New World« oder »Pak'nSave« oder für einen Kaffee statteten wir ihnen einen kurzen Besuch ab. Die meisten erschienen uns klein und nichtssagend. Nur wenige warteten mit historisch bedeutsamer Vergangenheit auf. Das generelle Preisniveau ähnelte dem in Australien. Nur Zigaretten waren mit fünfzehn Euro für die preiswerteste Schachtel noch teurer als bei den Aussies.

Unweit von Kawakawa liegt der geschichtsträchtige Ort der Maori, Waitangi. Die Ureinwohner Neuseelands hatten vor knapp achthundert Jahren Polynesien verlassen, um auf den Inseln im Südpazifik eine neue Heimat zu finden. Als die Briten am Ende des achtzehnten Jahrhunderts ihren territorialen Raubzug auf Neuseeland ausdehnten, war es den Maori nur durch Kämpfe und Verhandlungen gelungen, ihre Rechte und Ansprüche halbwegs zu wahren. Die Jahre 1835, 1840 und 1975 markieren Meilensteine in der Geschichte Neuseelands, weil in Waitangi zwischen Maori und Briten zum einen die Unabhängigkeitserklärung Neuseelands und zum anderen verfassungsrechtliche Grundlagen für das Zusammenleben der »Vereinigten Stämme von Neuseeland« gelegt worden waren. Somit landeten Thomas und ich vor dem *Te Kōngahu Museum* an jenem Ort, der die Geschichte Neuseelands kaum besser hätte beschreiben können. Vielleicht lag es aber auch an unserer Stimmung, dass uns fünfzig Dollar Eintritt pro Person horrend erschienen. Als wir die einsilbige, mürrische Angestellte um mehr Informationen baten, was uns im Inneren erwarten würde, bekamen wir von der scheinbar beleidigten Mitarbeiterin kaum Auskunft. Wir fühlten uns nicht willkommen, egal wie verheißungsvoll die moderne Anlage auf uns wirkte. Trotzig beschlossen wir, wieder zu fahren, weil wir glaubten, während der Reise ausreichend Gelegenheit zu haben, uns über die Maori und ihre Geschichte zu informieren. Thomas kundschaftete auch gleich ein günstigeres Museum aus, das als *Rewa's Village Maori Museum* bezeichnet wurde und in der Nähe lag. Auf dem Weg dorthin empfahl der Reiseführer, die *Haruru Falls* keinesfalls zu verpassen. Dabei standen wir vor einem schnöden breiten Wassersturz von gerade mal fünf Metern Höhe, der nicht – wie angepriesen – in einer außergewöhnlichen Landschaft eingebettet liegt.

Das *Rewa's Village Museum* enttäuschte uns komplett. Für zehn Dollar Eintritt schritten wir ein Waldstück ab, das einem heruntergekommenen botanischen Lehrpfad ähnelte. Der Bezug zur maorischen Kultur erklärte sich uns nicht. Als wir dann zwei windzerzauste Hüttenmodelle aus Zweigen und Schilf vorfanden, nahmen wir den Besuch nicht mehr ernst und starrten ratlos auf die lateinischen Namen der Bäume. Die Mini-Ausstellung im kleinen Haupthaus empfanden wir als Alibiveranstaltung.

Als wir am Nachmittag die *Doubtless Bay* erreichten, zitierte Thomas ein Restaurant aus dem WOMO mit den angeblich besten »Fish & Chips«. Da gegen eine ordentliche Mahlzeit nichts einzuwenden war, kehrten wir dort ein. Auf dem Weg zum Restaurant stellten wir fest, dass in Manganui *free camping* verboten war und meine Frage somit unbeantwortet blieb, wo wir als Nächstes würden übernachten können. Die graue Wolkendecke staute die Hitze und es wurde regnerischer. Symbolischer kann der freie Fall meiner Stimmung nicht beschrieben werden. Bei einem Kaffee breiteten wir die Karte vor uns aus und suchten einen Ort, von dem wir am nächsten Tag den vermeintlich nördlichsten Punkt Neuseelands, *Cape Reinga,* anpeilen konnten.

Mit jedem Kilometer Richtung Awanui klarte es auf, doch meine schlechte Laune blieb. Hinter dem Lenkrad fragte ich mich, welche Laus mir über die Leber gelaufen war. Seit Monaten lebten wir auf engstem Raum wie siamesische Zwillinge. Jeden Tag setzten wir uns gegenseitig unseren Befindlichkeiten aus, ohne ihnen ausweichen zu können. Dabei war ich stolz, wie problemlos wir mit *Petal* zurechtkamen, Schwierigkeiten meisterten und dass der vielbeschworene Stresstest nicht in Sicht war. Ich beschloss, meiner Laune keine Bedeutung beizumessen.

Thomas wollte in Awanui Ausflüge zum *Ninety Mile Beach* und zum *Cape Reinga* organisieren, suchte Anbieter und fand keine. Die Zeit drängte. Als wir links und rechts der Hauptstraße vergeblich nach Hinweisen suchten, wurde Thomas angespannter. Ich spürte, dass er die Aufgabe noch heute und am besten jetzt lösen wollte. Der Druck stieg. Im WOMO-Reiseführer stand ausdrücklich, dass die Tour sehr begehrt und eine Vorbuchung dringend anzuraten sei. Mir fiel die Touristeninformation ein, doch wir kamen zu spät. Sie hatte ihre Pforten bereits geschlossen. Außerorts wurden wir endlich bei einem Busunternehmen fündig. Doch freie Plätze gab es erst für den übernächsten Tag, und die zu einem saftigen Preis. Drei Tage hier »festzusitzen«, schien Thomas zu widerstreben. Er bat die Mitarbeiterin um Bedenkzeit. Was tun?

Auf der Suche nach einer Unterkunft las Thomas zufällig den Hinweis, dass der empfohlene *Ahipara Holiday Park* nicht nur Camperplätze, sondern auch Ausflüge in die Umgebung anbot. Wir atmeten tief durch, fuhren nach Ahipara und beschlossen, nach der Ankunft unser Schicksal in die Hände des freundlichen Rezeptionisten zu legen. Dass wir wenig später zwei Tickets für *Cape Reinga* bereits für den nächsten Tag in den Händen hielten, freute uns riesig und konnten wir nur als unverschämtes Glück bezeichnen. Die Anspannung fiel sofort von uns ab. Der Campground - die gartenähnliche Anlage mit Stellplätzen unter Palmen und von schützenden Hecken umgeben – trug zum Stimmungswandel bei. Über unseren Köpfen hingen sogar Bananen an einem Baum, an denen sich Thomas gleich bediente.

Nach dem Frühstück wurden wir vom Busunternehmen abgeholt und zum Sammelpunkt gebracht, von wo aus wir zum legendären *Ninety Mile Beach* fuhren. Daniel, unser Fahrer, outete sich mit der kräftigen Statur, dem dunklen Teint, den tätowierten Waden und Oberarmen als waschechter Maori. Er überzeugte uns schnell von seinem Wissen über Land und Leute, aber vor allem von seinen Fahrkünsten auf der Sandpiste, während die Flut immer näher kam. Jedem Autofahrer ist es erlaubt, den *Ninety Mile Beach,* der in Wirklichkeit nur fünfundfünfzig Meilen lang ist, als »Straße« zu nutzen. Dabei muss er wissen, dass im Fall des Steckenbleibens niemand das Auto aus dem Sand holen, abschleppen oder aus den Fluten retten, geschweige denn der Versicherer einen müden Euro dafür erstatten würde.

Unsere Körper folgten Daniels Schlingerkurs, als er um die Wasserlöcher kurvte und mit dem Gaspedal spielte. Die Flut nahte, doch Daniel versprach, rechtzeitig abzudrehen. Zuvor stoppte er an der breitesten Stelle, um uns den weiten Blick über die unendlich lange Küste zu gönnen. Ein riesiger Felsbogen ragte wie ein Urzeitgebilde einsam aus dem Meer heraus und rundete den ohnehin sagenhaften Blick auf das simple, aber imposante Panorama ab.

Hinter der Dünenlandschaft bot Daniel interessierten Gästen die Möglichkeit zum Sandboarding. Thomas und ich staksten mit den anderen die Düne hinauf und brauchten all unsere Kräfte, um auf den Dünenkamm zu gelangen. Wir rangen noch nach Luft, als wir kurze Zeit später den erhabenen Blick über die Dünen genossen, der mich ein wenig an die Namib erinnerte.

Östlich des *Cape Reinga* in der *Tapotupotu Bay* servierte uns das Unternehmen ein Mittagessen am Strand. Als wir kauend auf die Bucht und das offene Meer schauten, erfüllte mich plötzlich große Dankbarkeit. Eindrücke wie diese erleben zu dürfen, während der bewaldete Höhenzug uns symbolisch von allem abschirmte, war ein großartiges Gefühl. Nach den ersten Tagen in Neuseeland staunten wir bereits, wie großzügig, fast schon verschwenderisch und beiläufig Neuseeland seine Schönheiten anpries.

Ninety-Miles-Beach

Cape Reinga

Eine knappe Stunde später erreichten wir *Cape Reinga* und glaubten, am geografisch nördlichsten Punkt angekommen zu sein. Doch dieser lag gut dreißig Kilometer östlich an den *Surville Cliffs* der *Aupouri* Halbinsel. Schönere Blicke als vom *Cape Reinga* hätten wir uns aber nicht wünschen können. Zum einen öffnete sich hinter dem Leuchtturm die scheinbar ruhige Weite der Ozeane. Tasmanische See »meets« Südpazifik, an deren Treffpunkt wir ein Phänomen bewunderten: Die Untiefe der *Columbia Bank* sorgt für Verwirbelungen der Wassermassen, die wiederum den Anschein erwecken, als würde das Meer brodeln. Wie eine schmale Schaumkrone zog sich die Linie nahe der Küste aufs Meer hinaus.

Am nächsten Morgen setzten wir die Fahrt an der Westküste gen Süden fort und hielten an den *Hokianga Dunes.* Eines der vielen Beispiele für Neuseelands aufgebrochene Küstenlinien. Wasserläufe reichen tief ins Landesinnere, bilden Buchten, Flussmündungen, eine Ria oder Inlets, die vor langer Zeit als Rinnsale oder Täler vom Meer überspült wurden. Den besten Blick hatten wir nach kurzem Weg durch die Heidelandschaft vom Hügel des *Arai Te Uru Heritage Parks* unweit von Omapere. Wir ließen uns auf einer Bank nieder und genossen das Wechselspiel von Dünen, grüner Steilküste und Meer. Dabei erinnerten wir uns, dass vereinzelt Interessierte von uns wissen wollten, ob uns die Nord- oder die Südinsel besser gefalle. Noch konnten wir diese Frage nicht beantworten, doch hatten wir das Gefühl, als buhlten zwei Landesteile um die Gunst der Besucher. Auch wir hatten gehört, dass die Südinsel noch abwechslungsreicher und spektakulärer sei. Wir konnten der Antwort der Frage nur gespannt entgegensehen.

Viele Autoren von Reiseführern betonen, dass Touristen in den Weiten des Landes oft über Hunderte Kilometer keiner Menschenseele begegnen. Diesen Eindruck hatten wir nicht, was daran gelegen haben mag, dass sowohl ausländische als auch einheimische Urlauber unterwegs waren. Über ausgebuchte Unterkünfte oder Ausflugstouren hatten wir uns bis jetzt keine Sorgen machen müssen.

Thomas brachte uns in den zwanzig Kilometer entfernten Kauri-Wald zum größten Baum Neuseelands. Der über fünfzig Meter hohe *Tane Mahuta* ist für die Maori der Gott des Waldes.

Kauri-Bäume befinden sich nur im nördlichen Teil der Nordinsel. Die Bäume sind eng mit der Maori-Kultur verbunden, stehen unter ihrem Schutz und dürfen nur von Maori zu heiligen und religiösen Zwecken gefällt werden.

Als wir vom Parkplatz in den Wald gehen wollten, mussten unsere Schuhe eine »Säuberungsstation« durchlaufen. Alle Besucher des Waldes reinigten akribisch die Sohlen mit Rollbürsten und Wasser, um die Kauri-Bäume vor Wurzelfäulnis durch schädliche Pilze zu bewahren. Als wir den *Tane Mahuta* erreichten, löste er kein großes Erstaunen aus. Wir waren zu sehr vom *General Sherman Tree* im *Sequoia Park* der USA verwöhnt, der mit gut dreißig Metern Stammumfang als voluminösester Baum der Welt gilt. Einen Kilometer weiter erreichten wir den *Te Matua Ngahere,* für die Maori der »Vater des Waldes«. Was genau der Unterschied zwischen »Gott« und »Vater« des Waldes war, wurde nirgends erklärt. Dafür gingen wir mit Staunen durch den saftigen Regenwald mit seinen milchigen Tümpeln zurück zum Parkplatz und entdeckten auf dem Weg die in Deutschland so beliebte Dracanea marginata. Diese robuste Topfpflanze, die jedes IKEA-Sortiment preiswert anbietet und der in deutschen Büros ein langes Siechtum vorbestimmt ist, strotzte hier nur so vor Lebenskraft.

Neuseeländer lieben Splitt! Obwohl die Straßen gut ausgebaut waren, quälten wir uns immer wieder über längere Ausbesserungsabschnitte hinweg, die großflächig mit Splitt bestreut waren. Dass wir ihn selbst bei langsamer Fahrt aufwirbelten, war nervig genug, doch der Gegenverkehr torpedierte uns ebenfalls. Unter kleinkalibrigem Dauerbeschuss bangten wir vor allem um die Windschutzscheibe und den Lack. Karens Vertragsbedingungen saßen uns im Nacken. Was würde sie zu den Einschusslöchern sagen? Wir fühlten uns machtlos und konnten nur das Beste hoffen. Ich hatte mir vorgenommen, *Petal* ohne Strafmandat zurückzugeben. Karen hatte bei meiner Ankündigung nur gelächelt und gemeint, dass bisher noch jeder Mieter mit einem Strafmandat zurückgekommen sei.

Thomas lief zur Höchstform auf, als es um die nächste Übernachtung ging. Wir landeten am Ufer des *Wairoa River* am Ortsrand von Ruawai. Das Campen war nicht explizit erlaubt, verboten allerdings auch nicht. Nach dem Essen senkte sich bald die Sonne und tauchte den breiten Fluss in goldenes Licht. Den romantischen Moment wollte sich auch ein sichtlich angetrunkenes Punker-Pärchen nicht entgehen lassen. Es brauste mit einem verbeulten Wagen heran, griff zu den Bierflaschen und redete lallend auf uns ein. Wir hatten ein ungutes Gefühl, weil der Mann sehr aufdringlich wirkte. Freundlich nickend zogen wir uns an eine andere Uferstelle zurück und beobachteten, wie der Lichtkegel auf dem Wasser tanzte.

Inzwischen hatte sich noch ein älteres Ehepaar mit einem Camperbulli zu uns gesellt. Sie reisten durch die Lande, um das viele Holz in ihrem Anhänger nach Hause zu schaffen.

Free Camping

Am nächsten Tag schlug Thomas das Kaurimuseum im Matakohe vor, das mir anfangs nicht sonderlich interessant erschien.

Als wir fünfundzwanzig Dollar Eintritt pro Person zahlten, zuckte ich kurz zusammen. War es uns das wirklich wert? Alles wirkte klein und piefig. Doch ich hatte vorschnell geurteilt. Im Keller entdeckten wir riesige Räume und eine große Sammlung mit Exponaten aus bernsteinfarbenem Kauri-Gum. Das Baumharz war im neunzehnten Jahrhundert als Kaugummi, Firnis, Kleber, Schmuck und Brennmaterial zum vielseitigen Exportschlager geworden. Das Kauri-Holz begeisterte uns mit seiner rötlichen Farbe. In einer Halle waren Kauri-Möbel ausgestellt und ein Sägewerk nachgebaut. Ein zehn Meter langes, tausend Kilo schweres und rötlich schimmerndes Holzbrett hätte als Esstisch in einem königlichen Speisesaal für Furore gesorgt Im Laufe der zwei Stunden entdeckten wir einen hochlehnigen Sessel aus einem Teilstück des Kauri-Baums. Mit übereinandergeschlagenen Beinen zierte Thomas das hochglänzend lackierte Prachtstück.

Statt von Matakohe ein gutes Stück nach Süden voranzukommen, fand Thomas im Reiseführer den Hinweis auf die Glühwürmchen-Stalaktitenhöhle in Waipu, die sehenswert und kostenfrei sein sollte. Weitere Hinweise fehlten allerdings. Dass wir für diesen Besuch einen beachtlichen Umweg und eine fünf Kilometer lange eklige Schotterpiste in Kauf nehmen mussten, hatten wir nicht gewusst.

Am Höhleneingang erkannten wir, welche Schwierigkeiten uns bevorstanden. Es herrschte Finsternis, schlammiges Wasser bedeckte den unebenen Boden und wir wussten nicht, wie tief wir einsinken würden. Schon bei den ersten Schritten rutschten wir unkontrolliert auf den Steinen herum. Die zarten Versuche, uns vorzutasten, endeten mit lehmverschmierten Schuhen. Wir zogen uns wieder zurück. Thomas schlug vor, eine Taschenlampe aus dem Wagen zu holen und barfuß oder mit Sandalen durch das Wasser zu waten. Ich nickte skeptisch. Als wir einen zweiten Anlauf nahmen und barfuß eintauchten, streikte ich. Wir würden uns verletzen, die Knochen brechen. Die trübe Pampe und die niedrige Felsdecke bargen zu viele Gefahren. Selbst Thomas zögerte, als er ein paar Meter in die Höhle vorgedrungen war. Da tauchte ein französisches Paar aus dem Dunklen auf und berichtete auf Nachfrage, dass die Stalaktiten sowie die Glühwürmchen sehr beeindruckend seien. Man müsse dafür tiefer in die Höhle eindringen. Als ich mir die beiden exzellent ausgestatteten Franzosen und dann uns ansah, wie schutzlos und naiv wir uns in dieses Unternehmen stürzen wollten, stand fest, dass ich nicht gewillt war, meine Unversehrtheit leichtfertig aufs Spiel zu setzen. Wir brachen den Besuch ab.

Der nutzlose Umweg hatte uns Zeit gekostet. Nun hieß es voranzukommen. Über den Highway 1 eilten wir an der Skyline

Aucklands vorbei nach Süden, während Thomas ein Nickerchen machte. Ich war beeindruckt, dass sich alle Fahrer auf der achtspurigen Autobahn an die Höchstgeschwindigkeit hielten und kaum jemand mit mehr als hundert Stundenkilometern überholte.

Neuseeländische Ortsnamen klangen für uns oftmals alle gleich. Uns an sie zu erinnern, fiel uns schwer. Jene, britischen Ursprungs klangen eingängig, maorische Bezeichnungen hingegen zum Verwechseln ähnlich. Waiharara, Whangarei, Waikaka, Waikawa! Oft stammelten wir uns Fantasienamen zurecht. Wenn einer von uns fragte: »Wie hieß der Ort noch mal?«, antwortete der andere grinsend: »Whangawawataipopo! Oder so ähnlich.«

Auf dem Highway zog ich Zwischenbilanz: *Petal* erwies sich trotz seines hohen Alters und mit Hunderttausenden Kilometern auf dem Buckel als zuverlässiges Fahrzeug. An die spärliche Ausstattung hatten wir uns gewöhnt. Ich war mächtig stolz auf uns, wie flexibel wir die Enge zu meistern wussten. Meine Sorge, wir würden uns laufend in die Haare bekommen, war völlig unnötig gewesen. Inzwischen hatten wir ein richtig gutes Wohnmobil für die Südinsel bei der Firma *Apollo* angemietet. Viereinhalbtausend Euro für vier Wochen schien ein normaler Preis in der Hochsaison zu sein.

Der Name unseres nächsten Halts kam uns kaum über die Lippen. Ngaruawahia! Am *Waikato River* nahe der Maori-Gedenkstätte erlaubte die Kommune freies Campen. Ich fand den Platz idyllisch. Thomas prüfte sofort die öffentliche Toilette, während ich beobachtete, wie sich schwere graue Wolken zusammenzogen. Erstmals drohte uns ein Gewitter. Thomas kam unverrichteter Dinge zurück. Die Toilette sei abgesperrt und eine andere gebe es nicht. Damit hatte sich Ngaruawahia für uns erledigt und wir mussten uns einen anderen Platz suchen. Ich wählte einen Campingplatz an der Küste in Raglan aus, sodass noch fünfzig Kilometer vor uns lagen. Kaum hatten wir die Stadt verlassen und wanden uns durch bewaldete Hügelketten, brach das Gewitter über uns herein. Der Regen hämmerte auf das Blechdach, während die Tropfen im Scheinwerferlicht auf dem Asphalt explodierten. Ich betete, dass *Petal* an keiner Stelle undicht war und ich die Straßenmarkierung nicht aus dem Blick verlor. Hinter einer Kurve entdeckte ich zufällig das Schild des *Waingaro Hot Springs Caravan Park!* Kurzentschlossen brach ich die Fahrt durch das Höllenwetter ab, trat auf die Bremse und fuhr auf das Gelände. Thomas war einverstanden. Die Anlage wirkte gruselig verlassen. Am Schlagbaum stand ein alter Mann, den ich nach einer *power site* fragte. Er nickte. Nachdem wir den Platz auf dem verwirrenden Areal gefunden hatten, hielten wir auf einem Hügel kurz vor dem Abgrund. Der Rasen stand bereits halb unter Wasser. Strom floss auch nicht. Ich fluchte und fantasierte, ob der Regen die Erdmassen in Bewegung setzen und uns in die Tiefe stürzen lassen konnte. Wo waren wir hier gelandet? Keine Menschenseele. Die vereinzelten Glühbirnen wirkten gespenstisch und schwankten im Wind. Diese Anlage hatte das Zeug zu einem Psychothriller, erst recht als eine leicht debil wirkende Frau im Morgenmantel rauchend auf der Veranda ihres Blockhauses erschien und sich uns mit Ratschlägen aufdrängte. Wir sammelten unsere Sachen für das Essen zusammen und stiegen die Holztreppe zur Küche hinunter. Das mehrgeschossige Haus war an den Hang gebaut, sodass wir vorsichtig die Holzstufen nach unten traten. Thomas zauberte aus unseren spärlichen Resten ein ungewöhnliches Drei-Gänge-Menü. Währenddessen machte ich mich auf den Weg zur Rezeption, um mich über den mangelnden Strom zu beschweren. In dem Moment traf die Besitzerin ein, die bei strömendem Regen scherzend mit ihrer Freundin auf das Gelände fuhr und das Gatter schloss. Sie bedauerte, nichts machen zu können, und bot uns einen anderen Platz an. Doch ich lehnte ab, weil sich dieser weit weg von den Toiletten befunden hätte. So lebten wir mit den Akkuresten unseres Laptops, schauten eine »Miss-Marple« und schliefen früher ein als der Computer.

Am nächsten Morgen wachten wir in einer völlig anderen Welt auf. Eitler Sonnenschein und hohe Temperaturen löschten die Erinnerung an das gruselige Unwetter. Auch der Strom floss wieder. Thomas nutzte die Gelegenheit, vor dem Frühstück in den Thermalpool zu springen, aus dem bereits Kindergeschrei ertönte. Die Idylle war zu neuem Leben erwacht und die Besitzerin erlaubte uns, als Wiedergutmachung länger, als es der Check-out vorsah, im Park zu verweilen. Da unser nächstes Ziel aber bereits feststand, schlugen wir das Angebot aus. Uns erwarteten die *Bridal Veil Falls.*

Nachdem wir uns den hübschen Küstenort Raglan angeschaut hatten, erreichten wir nach kurzer Fahrt den fünfundfünfzig Meter hohen Wasserfall. Wenn uns Regenwald beeindruckte, dann aufgrund der bunten Flechten, die wie fein gestrickte Stulpen um klamme Baumstämme und Äste rankten, während der Dunst des nächtlichen Unwetters durch das Dickicht waberte.

Als wir an der lichten Abbruchkante des Wasserfalls ankamen, tauchte die Sonne die Arena in ein schillerndes sattes Grün. Wie dicht gedrängte Zuschauer beobachteten Bäume und Farne den Wasserfall, der als Protagonist unter lautem Getöse in den kleinen trüben Tümpel stürzte. Wir stiegen vorsichtig die fünfhundert Stufen hinab, um die Szenerie vom Parkett aus zu bestaunen. Uns erschien der Begriff »Grüne Hölle« keineswegs übertrieben. Wir setzten uns auf eine Bank und genossen die gewaltige Kulisse.

Wir hatten gelesen, dass Neuseeländer jeden Spaziergänger freundlich grüßen. Es stimmte. Wir sahen stets in freundliche Gesichter und grüßten zurück. Ging jemand stumpf oder missmutig an uns vorbei und hatte unseren Gruß nicht erwidert, wussten wir, dass es leider meistens Deutsche oder andere Europäer waren.

Am *Kawhia Inlet* fanden wir einen Stellplatz für die Nacht. Dieser war zwar nicht für Camper ausgewiesen, doch verboten ebenso wenig. Als wir unser Abendessen zubereiteten, näherte sich ein Anwohner mit seinem Hund und warnte uns vor jungen betrunkenen Menschen, die uns belästigen könnten. In dem Fall sollten wir uns bei ihm melden und er würde für Ruhe sorgen. Ängstigen müssten wir uns aber nicht, denn der Mob sei eigentlich harmlos. Eigentlich? In der Nacht fand ich keinen Schlaf, und als folgte ich einer inneren Stimme, kroch ich aus dem Bett und stieg aus dem Wagen, um noch eine Zigarette zu rauchen. Alles um mich herum war in friedvolle Stille getaucht. Die Krakeeler schienen trunken im Bett zu liegen. Gedankenverloren richtete ich meinen Blick zum Himmel und wurde hellwach. Wie in Märchen oft beschrieben, ergoss sich über mir ein Sternenmeer, noch größer, noch direkter als in Namibia. Als wäre ich nicht ganz bei Sinnen, streckte ich den Arm nach oben, weil ich glaubte, die Milchstraße über mir mit Händen greifen zu können. Was für ein wunderschöner Moment.

Thomas wünschte sich sehnlichst, dem Nationaltier Neuseelands zu begegnen. Da der nachtaktive Kiwi in freier Wildbahn kaum zu entdecken ist, fuhren wir zum Kiwi-Haus nach Otorohanga, um den flugunfähigen Vogel in einem abgedunkelten Kasten hinter einer Glasscheibe zu Gesicht zu bekommen. Ohne den lebenden Kiwi wäre der Ausflug belanglos gewesen, denn die anderen Vögel in Käfigen eingesperrt zu sehen, machte mir schlechte Laune. Wir waren in diese Länder gereist, um Tiere in ihrem natürlichen Lebensraum zu erleben und nicht in Käfigen.

Bei herrlichem Sonnenschein fuhren wir den Highway 3 weiter Richtung Süden. Je länger wir Neuseeland bereisten, umso grüner wurde meine Seele. Abgesehen von kleinen Orten bewegten wir uns nur durch unterschiedlichste Grüntöne.

Am *Lake Rotomanu* in New Plymouth, nahe der Küste, fanden wir einen Campground am See. Nicht nur hier fiel uns auf, dass die Campergemeinde untereinander kaum kommunizierte. Touristen wie Einheimische schienen ihr Fahrzeug mit einer Bannmeile zu umgeben, aus der heraus maximal ein »Good morning!« ertönte. Jeder machte sein Ding, kochte und brutzelte. Spaghetti mit Tomatensauce landete allerorten auf den Tellern. Einige aßen im Fahrzeug, andere setzten sich vor, hinter oder neben den Wagen. Kurz danach krochen die meisten ins Fahrzeug zurück. Zwangloses Plaudern bei einem Glas Wein stellte sich nicht ein. Deshalb spazierten wir die Senke hinauf zur Straße, wo unser Blick auf den *Mount Taranaki* fiel, ein 2503 Meter hoher Kegelberg, der sich stolz über Felder und Wiesen erhebt. Aufgrund seiner Ähnlichkeit diente er im Hollywoodfilm »The Last Samurai« als Fujiyama-Fake. Viele besteigen diesen Berg, weil er im Sommer ohne Ausrüstung erklommen werden kann, was vielleicht deshalb die traurige und höchste Todesrate unter den Bergsteigern Neuseelands begründet. Wir schauten hingegen aus sicherem Abstand auf den Solitär und genossen den majestätischen Anblick auf die schneebedeckte Kuppe durch rot blühende Weihnachtsbäume.

Mt. Taranaki

Nachdem wir zurück zum See gegangen waren, schreckte uns ein rüder Mitcamper auf, der wie ein älterer Hippie in seinem Wagen hauste. Wir grüßten freundlich. Von seinem Bett aus schnauzte er uns ein raues »Fuck off!« entgegen und streckte provokant den Mittelfinger. Was hatten wir getan? Seine Bannmeile verletzt oder die Meditation gestört? Ausgefallene Entspannungstechniken waren mir immer schon suspekt gewesen. Wir machten einen großen Bogen um diesen Camper und sorgten uns um die Nachtruhe, zumal er noch lange über den Platz hinweg in unsere Richtung schaute.

Am nächsten Morgen wachten wir unversehrt auf und beschlossen, bis zur Südspitze der Nordinsel nach Wellington durchzufahren. Obwohl das bergige Innere der Nordinsel sicherlich grandiose Eindrücke versprach, hätten wir für die komplizierte Route dorthin eine Menge Zeit zusätzlich einplanen müssen, die wir aber schlichtweg nicht mehr hatten. Außerdem würde uns die Hauptstadt Neuseelands zwischendurch mit ihrer urbanen Welt eine Abwechslung bieten. Gut dreihundert Kilometer lagen vor uns, doch neuseeländische Highways garantierten nicht, dass wir zügig vorankamen. Oft wurden sie zu schmalen Straßen und führten kurvenreich über Berge. Als wir feststellten, dass wir nicht alle angepriesenen Buchten und

Strände sehen konnten, grämten wir uns nicht. Wir hatten noch nicht einmal halb Neuseeland bereist und glaubten schon jetzt, kaum noch schönere Küsten entdecken zu können.

Als absehbar war, dass wir es nicht bis Wellington schaffen würden, legten wir im *Himatangi Beach Holiday Park* einen Zwischenstopp ein, wuschen die Wäsche und luden die Akkus auf.

Nach so vielen landschaftlichen Höhepunkten freuten wir uns auf eine hoffentlich sehenswerte Großstadt. Vor den Toren Wellingtons blieben wir im *Capital Gateway Campervan Park*. Die Bezeichnung Raststätte am Highway traf es eher und genauso fühlten wir uns dort. Der unschlagbare Vorteil war allerdings, dass wir mit dem Bus direkt in die Stadt fahren konnten, was uns die nervige Parkplatzsuche in der City ersparte.

Nach fünfzehn Minuten hatten wir das bergige Umland durchquert und stiegen am größten Platz Wellingtons aus. Ähnlich wie Sydney und Melbourne liegt auch Wellington an einer Bucht. Nur hier drängt sich die Bebauung auf engstem Raum vom Wasser bis zu den Berghängen im Westen. Die offene Flanke zur Bucht zieht die Menschen auf großen Plätzen zum Verweilen an. An einem von ihnen fanden wir das *Te Papa Tongarewa Museum*. Zwei Stunden hielten wir uns darin auf und waren von der kurzweiligen, medialen und lehrreichen Ausstellung über Neuseeland sehr angetan.

Nach dem Besuch gelangten wir mit dem *Cable Car* nach kurzer steiler Fahrt auf den *Mount Victoria*, von wo aus wir trotz des wolkigen Himmels über die seit 1865 existierende Hauptstadt blickten. Zu Fuß folgten wir bergab den gewundenen Wegen durch den Botanischen Garten, um wieder im Häusermeer der City einzutauchen. Einige alte Gebäude zeugen von historischer Vergangenheit, gehen aber allzu oft in den Profanbauten des 20. Jahrhunderts unter. Wir hatten alle Sehenswürdigkeiten an diesem Nachmittag gesehen. Knapp zweihunderttausend Menschen wohnen in der angeblich drittlebenswertesten Stadt der Südhalbkugel. In der Tat, Wellington wirkte auf uns jung, modern und dynamisch, doch zu den Traumstädten dieser Welt zählte es für uns nicht. Die Berge und das Meer locken zweifellos mit vielen Outdoor-Aktivitäten. Doch das Preisniveau, die Enge und der permanente frische Wind der

Roaring Fourties, die in West-Ost-Strömung ganzjährig durch die Bucht und die Häuserschluchten fegen, schreckten uns ab.

Wir wollten irgendwo einkehren und suchten uns am Abend ein Hafenrestaurant. Als ich für eine kleine Pizza sage und schreibe vierundzwanzig Euro zu zahlen hatte, musste ich schlucken. Ich fragte, ob ein Versehen vorliege, doch die junge Bedienung lächelte und sagte: »No! I'm very sorry«. Eine junge Au-pair, die in Wellington arbeitete, bestätigte, dass nirgends in Neuseeland die Preise für Lebenshaltung und Miete so hoch seien wie hier. Als wir gegen zwanzig Uhr auf den Bus warteten, wirkte die Stadt wie ausgestorben. Ein wenig enttäuscht kehrten wir am nächsten Tag Wellington den Rücken.

Der Kontakt mit Einheimischen gestaltete sich schwierig, was wir außerordentlich bedauerten, da wir uns gerne aus erster Hand über das Leben vor Ort berichten lassen. Die Gründe lagen auf der Hand: Wir blieben nirgends lange und verbrachten oft viele Stunden auf den Straßen. Der Kontakt zu einheimischen Campern schien nicht erwünscht und wir lernten keine Gastgeber kennen, da wir unser Zuhause auf vier Rädern mit uns führten.

Von Wellington ging es wieder in den Norden und unser Etappenziel war entweder die *Art-déco*-Stadt Napier oder Gisborne am *Westcape*. Fünfhundert Kilometer an einem Tag zu bewältigen, klang nach einem ehrgeizigen Ziel.

Am späten Morgen kurvten wir durch den *Pakuratahi Forest*, wo eine neblige Regenwand uns in Atem hielt. Als sich die Landschaft öffnete, zogen wir wieder an unseren geliebten grünen Hügeln vorbei, bis wir in Woodville in *Yummy Mummy's Café* eine Pause einlegten und uns vom angeblich besten Käsekuchen des Landes verführen ließen. Für acht Euro gab es eine Portion in allen Variationen. Als wir ihn in einer Plastikschale verpackt aßen, sagte mein Mann, dass es *Yummy Mummy's Cheese Cake* mit meinem Käsekuchen zu Hause nicht aufnehmen könne. Eine Lüge für die Liebe!

Thomas hatte unseren Bloglesern Fotos von den vielen Millionen Schafen versprochen, die auf neuseeländischen Weiden grasen sollten. Obwohl sieben Schafe auf einen Neuseeländer kommen, fragten wir uns, wo sich die riesigen Herden herumtrieben.

Als wir durch die flachere Landschaft fuhren, begleitete uns weiter im Landesinneren der *Ruahine Forest,* dessen Bergmassiv bei der gewittrigen Wetterlage ein atemberaubendes Panorama bot. Hinter den vorderen grünen Hügeln türmten sich in Stufen immer höhere Berge auf. Schwere Wolken drückten auf die Gipfel und tauchten das Gebirge in dunstig blaue Farben. Vor uns lag ein dramatisches Gemälde in apokalyptischer Stimmung.

Nach dreihundert Kilometern mussten wir passen und nächtigten in Clive am Rande der *Hawke's Bay,* wo sich am Ufer bereits Camper eingefunden hatten.

Die *Art-déco*-Stadt Napier hätten wir am nächsten Tag gerne zu Fuß erkundet, doch der Regen prasselte derart auf uns nieder, dass wir die Straßen lediglich abfuhren, um aus den Fenstern die Architektur im Zentrum zu bewundern.

Vor Gisborne erspähten wir in Raupunga die mit hundert Metern höchste Eisenbahnbrücke Neuseelands. Wie eine Zwinge aus Stahl hält das Konstrukt die bewaldeten Höhenzüge zusammen. Mit jedem Kilometer versuchte die Sonne durch die Wolken zu stoßen. Nachdem wir uns wenig später auf dem *Highway 2* der Küste genähert hatten, unterbrachen wir die Fahrt am *Waihua Beach.* Bei inzwischen gleißendem Sonnenschein stapften wir durch den vulkanischen Sand an den dicht gestreuten weißen Treibgutstücken vorbei. Kontrastreich setzten sich zudem das kräftige Himmelsblau und die beidseitige begrünte Steilküste aus Kalkstein ab. Wir schüttelten ungläubig den Kopf. Was für ein Postkartenmotiv!

Um in der Region Gisborne frei campen zu dürfen, erwarben wir für zwanzig Dollar ein Berechtigungsticket, das wir hinter die Windschutzscheibe legen sollten.

Gisborne, die östlichste Stadt Neuseelands, liegt an der *Poverty Bay,* wo James Cook 1769 erstmals neuseeländischen Boden betrat. An der Gabelung der Flüsse *Waimata* und *Taruheru* fanden wir auf dem Parkplatz des *Marina Park* einen Stellplatz für die Nacht. Das polnisch-britische Pärchen neben uns hielt das Berechtigungsticket für unnötig. Typisch deutsch, dachten wir, dass wir immer alles korrekt machen wollten. Dafür waren wir bei einer Kontrolle allerdings auf der sicheren Seite. Nachdem die junge Polin uns das *East*cape als Maori-Land mit traumhaften Stränden schmackhaft gemacht hatte, ergänzte sie, dass wir uns zuvor mit allem Nötigen eindecken sollten. Dort gebe es wenig – und wenn, dann nur zu horrenden Preisen. Außerdem dürfe die Verbindungsstraße durch das *Eastcape* von Mietautos nicht befahren werden, da sie in einem derart miesen Zustand sei, dass Versicherungen nicht haften. Überdies sei sie auf der öffentlichen Toilette in der Nacht von einem onanierenden Mann zwar nicht angegriffen, aber optisch belästigt worden. Die Polizei habe ihn schnell in Gewahrsam genommen. In diesem offensichtlich friedvollen Land waren wir anscheinend so verblendet, dass ich den Neuseeländern so etwas nicht zugetraut hätte.

Wir beschlossen, das Eastcape auszulassen und uns in den noch verbleibenden Tagen auf Rotorua und die Coromandel-Halbinsel zu konzentrieren. Ich konnte nicht glauben, dass die Strände im unwegsamen Gelände noch schöner waren, als die, die wir schon gesehen hatten.

An Weingütern und Obstplantagen vorbei durchquerten wir *Te Urewera,* den unberührtesten Regenwald der Nordinsel.

An der *Bay of Plenty* übernachteten wir im *Island View Holiday Park* nahe Opotiki. Thomas merkte, dass ihm das Strandleben bislang zu kurz gekommen war, sodass wir einen herrlichen Tag im Ohope verbrachten.

Während Thomas sich in der Sonne aalte, stürzte ich mich in die Wellen. Es war großartig. Vom Strand aus sahen wir kurze Zeit später eine weiße Rauchsäule von einer entfernten Insel in den Himmel steigen. Erst jetzt erfuhren wir, dass es sich um die berühmte Insel *White Island* mit seinem aktiven Vulkan und den spektakulären Kraterseen handelte. Ich hatte von Ausflügen dorthin gehört und bedauerte, sie verpasst zu haben. Ein Jahr später hörten wir in den Nachrichten, was für ein brodelndes Pflaster Neuseeland wirklich ist. Als der Vulkan auf White Island im Dezember 2019 ausbrach, fanden über zwanzig Ausflügler den Tod.

Auf dem Campground der *Awakeri Hot Springs* bekamen wir eine Ahnung vom feurigen Untergrund, als wir in das warme Thermalwasser stiegen und die Nebelschwaden um uns herum in den Nachthimmel schwebten. Die Romantik litt ein wenig unter den Ball spielenden Gästen und den auffallend rhythmischen Bewegungen eines Paares im kleinen Nachbarpool.

Wir rechneten zwei Tage für Rotorua ein, denn ich plante, das nahe gelegene *Thermal Wonderland in* Wai-O-Tapu zu besuchen. Thomas schien nicht so begeistert, doch dafür begleitete ich ihn am Abend in den *Redwood Forest* zur abendlichen Lightshow.

Als wir in Rotorua aus dem Wagen stiegen, fragte ich mich, wie es eine Stadt im Gestank von faulen Eiern aushalten konnte. Rotorua liegt wenig überraschend auf vulkanischem Untergrund und Schwefeldämpfe steigen aus Erdspalten, Gullys und den Gärten der kleinen Maorisiedlung am See. Völlig erstaunt sah ich zudem, wie heißes Wasser im Straßengraben blubberte. Völlig naiv fragte ich mich, ob die Besitzer bei den Temperaturen überhaupt ihre Gartenarbeit verrichten konnten.

Die Touristeninformation wies uns darauf hin, dass kein *free camping* möglich sei, außer auf den wenigen Stellplätzen am Hafen. Dass jemand seine schützende Hand über uns hielt und uns unverdientes Glück zuteilwerden ließ, wussten wir spätestens, als wir einen dieser vier Stellplätze ergatterten.

Alsbald schlenderten wir trotz des regnerischen Wetters durch die Stadt. Vor einem Trödelladen mutierte Thomas einmal mehr zum Schnäppchenjäger und kaufte für zwei Dollar einen kleinen Topf, der besser auf Karens Gaskocher passte. »Wozu jetzt noch?«, fragte ich angesichts der verbleibenden drei Tage. Dabei kannte ich die Antwort: Weil es so sein musste! Ich grinste.

Ein bemalter Bulli voller johlender Menschen fuhr an uns vorbei. Eine Reminiszenz an vergangene Tage, in denen Rotorua der Ruf einer Hippie-Stadt vorausgeeilt war.

Der *Kuirau Park* im Stadtzentrum präsentierte sich bereits als kleines thermales Wunderland. Dampfende Tümpel mit verwesten Baumstämmen und grün-gelblichen Schlieren wirkten surreal. Der unangenehme Schwefelgeruch stieg uns permanent in die Nase und ließ das Bild einer aufgeheizten unterirdischen Kloake vor unseren Augen entstehen. Rotorua, eine Stadt, die in ihrem tiefsten Inneren zu verfaulen schien.

Mud Pools - Kuirau Park

Kuirau Park Rotorua

Während des Abendessens fragte ich Thomas, wie wir Heiligabend begehen wollten. Ich dachte an ein kleines Geschenk für ihn.

Doch was? Und wo und wie konnte ich unbemerkt etwas besorgen? Während der Reise folgten wir einander Schritt auf Schritt, es konnte keine Heimlichkeiten geben. »Ich will kein Weihnachten«, sagte Thomas emotionslos. »Das Sabbatjahr und die Reise sind das schönste Geschenk.«

Bei Einbruch der Dämmerung fuhren wir zum *Redwood Forest*, von dessen *Treewalk* die polnische Camperin in Gisborne geschwärmt hatte. Der Wald entstand, als Neuseeländer 1901 Redwoodbäume aus Kalifornien ins Land gebracht hatten, um die endemische Flora anzureichern. Nachdem wir eine Stunde auf den Einlass gewartet hatten, wankten wir im nächtlichen Dunkel über Hängebrücken von Baum zu Baum, während eine bunte mystische Lightshow die Besucher in ihren Bann ziehen sollte. Thomas gefiel das Spektakel. Der Treewalk in fünf Metern Höhe dauerte eine gute halbe Stunde. Obwohl wir Wissenswertes über den Wald erfuhren, konnte ich mit dunklen Baumstämmen und buntem Licht nicht viel anfangen. Der beste Ehemann von allen brachte mich aber mit charmanten Witzeleien zum Lachen.

In der Nacht regnete es ununterbrochen, sodass selbst die wenigen Meter zur Toilette zum feuchten Abenteuer wurden. Am frühen Morgen des Heiligen Abends hatte der Regen nachgelassen und ich nutzte die Gunst der frühen Stunde, um meine Schwester im zwölf Stunden zurückliegenden Deutschland zu erreichen. Ich erkundigte mich nach meinem Vater und wünschte ihnen schöne Weihnachten. Die Sorge um meinen Vater blieb unbegründet, denn er schien durch unseren Blog noch einmal aufzuleben und verfolgte mit seiner Betreuerin jeden neuen Eintrag.

Ich musste Thomas aus dem Schlaf reißen, damit wir pünktlich zur Geysir-Show im *Thermal Wonderland* in Wai-O-Tapu kamen. Wir hatten dreißig Kilometer vor uns und noch kein Ticket. Der Geysir *Lady Knox* sollte um zehn Uhr anfangen zu spucken. Als wir ankamen, stieg Panik in uns auf. Die Menschenmassen vor dem Eingang schienen den Termin platzen zu lassen, aber Thomas sprang aus dem Auto und ergatterte noch Tickets. In letzter Sekunde nahmen wir in der Zuschauerarena unter Hunderten von Ausflüglern Platz. Wir fühlten uns desillusioniert, erst recht, als der Geysir zu brodeln begann. Wir beobachteten eine halbwegs respektable Eruption, die allerdings von der Mitarbeiterin nur durch eine chemische Reaktion mithilfe von Waschpulver(!) in Gang gesetzt worden war. So hatte ich mir das nicht vorgestellt, mir vielmehr eingebildet, der Geysir würde von alleine auf die Idee kommen zu eruptieren. Aber dann hätte ich mich fragen müssen, weshalb das Wasser jeden Tag pünktlich um halb elf aus der Erde schießt, wenn nicht mit einem billigen Zirkustrick. Thomas konnte seinen Unmut ebenso wenig verhehlen. Ich hoffte auf die achtundzwanzig Pools mit schwefel-, siliciumdioxid- und antimonhaltigem Wasser, die uns zum Staunen bringen sollten. Da uns der *Kuirau Park* in Rotorua mit farbigen und stinkenden Tümpeln bereits verwöhnt hatte, musste sich das *Wonderland* in Wai-O-Tapu noch erheblich steigern, um mich zu begeistern. Das modrig schlammige Wasser, das sich über Terrassen ergoss und krustige Versalzungen mit bizarren Strukturen hinterlassen hatte, beeindruckte mich durchaus. Doch die Farbenpracht der Seen kam nicht zur Geltung. Vielleicht sorgte das trübe Licht unter dichten Wolken dafür. Erst gegen Ende des Rundwegs versöhnten mich der Champagner-Pool mit seinen orangefarbenen Ablagerungen sowie der giftgrüne Opal-See. Wir verließen Wai-O-Tapu. Nirgendwo sonst bin ich bisher mit der Nase so sehr auf die geballte geothermische Kraft gestoßen worden wie in dieser Gegend.

Champagner Pool

Opal-Pool

Gegen Mittag kehrten wir zur *Bay of Plenty* zurück, kauften in Tauranga ein und wählten den *Athenree Hot Springs Park* als Herberge für den Heiligenabend. Zuvor tranken wir im kleinen Ort Bethlehem, der Name konnte passender nicht sein, einen Kaffee.

Mittlerweile waren wir campground-erfahren und fanden uns schnell zurecht, während das Wetter machte, was es wollte.

Während der Regen auf unsere blecherne Krippe einhämmerte, bereiteten wir uns in der Gemeinschaftsküche unser Essen zu. Ein Stück Lamm, Kartoffelsalat, Gemüse und Wein. Drei Männer ließen den würzig alkoholischen Geruch ihres Bœuf Bourguignon durch die Küche strömen, während sie sich dreisprachig verständigten. Wir deckten einen Tisch auf der halboffenen Terrasse, wo Thomas einmal mehr sein Geschick als kreativer Dekorateur bewies. Aus wenigen Accessoires zauberte er eine »besondere« Weihnachtstafel. Dazu entwendete er einen Miniweihnachtsbaum vom anderen Tisch, verteilte Teelichter und zündete sie an. Ich freute mich, dass der Heilige Abend in seinen Augen doch noch ein wenig Beachtung fand.

Nach dem Essen drehten wir mit dem Handy ein kleines Video, intonierten »We wish you a merry christmas« und wünschten allen, die wir per WhatsApp in der Heimat erreichen konnten, ein schönes Fest. Zwölf Stunden hatten die Wünsche Zeit, digital über die Ozeane zu den Familien und Freunden zu fliegen. Wie fast jeden Abend schauten wir uns mit einer »Miss Marple«-Folge in den Schlaf.

Die Geburt des Christuskindes muss Petrus milde gestimmt haben, denn am nächsten Tag lachte die Sonne und spendierte uns einen schönen Sommertag.

Es hatte nur ein kurzer Halt am Strand werden sollen, doch die friedvolle Bucht in Onemana bezauberte uns so sehr, dass wir uns umentschieden und die Nacht hier verbringen wollten. Damit verspielte ich zwar die letzte Chance auf die *Coromandel Peninsula*, was mir aber nicht mehr leidtat. Es konnte kaum schönere Dinge geben als die, die wir bereits erlebt hatten. Auch in Onemana genossen wir paradiesische Zustände. Wir waren fast ganz für uns alleine, denn am ersten Weihnachtstag gingen die

Anwohner höchstens mit ihrem Hund Gassi. Wir freuten uns zudem über das wenige Meter entfernte Restaurant mit WLAN, und um uns ein wenig zu bewegen, spazierten wir stundenlang am Strand. Dass sich das Bild am *Boxing Day* ändern würde, hatte uns der Restaurantbetreiber gesagt. Der zweite Weihnachtstag ist bekannt für die Strandausflüge der Familien, die auch den Beginn der Sommerferien mit Baden, Segeln und Surfen feiern.

Die Zeit auf der Nordinsel neigte sich dem Ende entgegen und wir beschlossen, die letzten beiden Nächte in der Nähe von Orewa zu verbringen. Auf der zweihundert Kilometer langen Fahrt bogen wir spontan in die Millionenstadt Auckland ab. Doch auch hier wirkte bis auf die Hauptstraße alles wie ausgestorben. Vor einem Gucci-Geschäft hatte sich eine lange Schlange gebildet. Wir wussten, dass Geschäfte ihre Kunden am *Boxing Day* mit Preisnachlässen locken und Schnäppchenjäger in die Stadt strömen. Wir schenkten Auckland kaum Beachtung und erreichten am Nachmittag Orewa, den Ort, in dem unsere Rundfahrt auf der Nordinsel begonnen hatte.

Wir gönnten uns für eine Nacht den *Orewa Beach Holiday Park.* Trotz des langen Strandes, der mich an unsere Nordseeküste und das Wattenmeer erinnerte, platzte der Campground aus allen Nähten. Thomas fühlte sich dort nicht wohl, sodass wir leichten Herzens die letzte Nacht im dreißig Kilometer entfernten *Sandspit Holiday Park* an der malerischen *Kawau Bay* verbrachten. Ich war immer wieder begeistert, wie entschieden die Neuseeländer ihre Natur und die Küsten vor Immobilienhaien schützen und die Bebauung der Natur anzupassen scheinen. Kein Stein zu viel, keine Mauer und kein Apartmentblock erhoben sich über die Landschaft.

Wir nutzten die letzten Stunden auf der Nordinsel, um bei herrlichem Wetter durch den dichten Wald bis zum Ende der Bucht vorzudringen und bei Ebbe über das Watt zurückzuwandern. Am Abend scheuerten und wienerten wir *Petal,* um ihn im besten Zustand an Karen zurückzugeben.

Karen erwartete uns am frühen Vormittag, sodass sie das Fahrzeug durchchecken lassen und mit uns abrechnen konnte. Der nächste Mieter kündigte sich am Flughafen für die Übernahme bereits an. Mit einer Nachzahlung von 224 NZ$ Dieselabgabe und zehn Dollar Mautgebühren schlossen wir das Kapitel »Camperbulli-Schnäppchen« ab. Als Karen *Petal* inspiziert und wir ihr all unsere Extrakäufe überlassen hatten, wurden wir zu ihren Lieblingsmietern gekürt. Noch nie habe sie *Petal* so strahlend und funktionstüchtig zurückbekommen. Da Karen Heiligabend und Weihnachten mit dem Mieter ihres zweiten Campers in Streit geraten war, angeblich bedroht wurde und die Polizei hatte rufen müssen, standen wir blendend da und wurden ihre Miethelden. Dieses Mal brachte uns Karen ohne Aufpreis zum Flughafen, zum Glück, denn ich hatte ihr zugetraut, uns die Fahrt in Rechnung zu stellen. Zum Glück musste der neue Mieter dafür bezahlen.

Wir verließen die Nordinsel mit wunderschönen Eindrücken im Gepäck. Die grünen Hügel und die zahllosen Traumstrände würden uns für immer in Erinnerung bleiben. Umso gespannter waren wir auf die Südinsel und fragten uns, was es mit dem Mythos auf sich hatte, dass sie ihre Besucher mit noch unglaublicheren und spektakuläreren Erlebnissen verzauberte.

ACHT

Neuseeland Südinsel

Am achtundzwanzigsten Dezember saßen wir im Flugzeug nach Christchurch und mir gingen viele Gedanken durch den Kopf. Nachdem wir die Herausforderung *Petal* gemeistert hatten, gab es kaum noch ein Problem, das unlösbar schien. Dennoch flößte mir das fast sieben Meter lange Wohnmobil, mit dem wir bald unterwegs sein würden, Respekt ein. Privat fuhren wir einen superkleinen PKW. Würde mich das Motorhome an die Grenzen meines fahrerischen Könnens bringen? Ich beruhigte mich damit, dass auch andere Urlauber bisher damit hatten umgehen können.

Das Flugzeug landete in den Nachmittagsstunden, sodass wir den Camper vor Geschäftsschluss nicht mehr abholen konnten. Wir hatten uns ein preiswertes Privatzimmer über *Airbnb* in der Nähe des Flughafens gesucht, damit wir am nächsten Morgen mit einem Taxi schnell vor Ort sein würden.

Tatsächlich warteten gegen halb neun bereits die ersten Anwärter auf ein Wohnmobil in der Halle der Firma Apollo. Es ging nur schleppend voran. Ich bediente mich öfter am kostenlosen Kaffeeautomaten und rannte rein und raus. Als wir an der Reihe waren, bekamen wir mit Heidi unsere Lieblingsmitarbeiterin, die wir geraume Zeit beobachtet hatten. Wir mochten ihre lockere Art. Sie plapperte auch gleich drauflos, nannte uns »Sweeties« und kam zügig zu den Formalitäten. Zusätzliche

Versicherungen lehnten wir ab. Heidi beantwortete unsere vielen Fragen mit einem verschmitzten Lächeln. Sie scheute sich auch nicht, Einblicke in ihr Privates zu geben. Sie komme aus Südafrika und habe aufgrund der wirtschaftlichen Lage und der wachsenden Kriminalität beschlossen auszuwandern.

Als ich kurz zur Toilette ging, kündigte sie Thomas mit einem Augenzwinkern an, dass der von uns gebuchte Camper für meine Körperlänge viel zu niedrig sei, weshalb sie uns ein Upgrade für einen fast neuen Mercedes gebe, in dem ich aufrecht stehen könne. Wenn das kein Start nach Maß war! Thomas freute sich riesig über das Entgegenkommen, denn ein fast neuwertiges Fahrzeug bedeutete Sicherheit und wir wurden nicht mit einem alten Klepper über den Tisch gezogen. Nachdem wir uns bei der Campingausrüstung bedienen durften und den Schadensbericht quittiert hatten, empfahl uns Heidi Großmärkte in der Nähe, um Vorräte anzulegen. Thomas hatte sich – ganz Lehrer – ein Sortiersystem für Utensilien und Lebensmittel ausgedacht, um während der Reise alles griffbereit zu haben. Kisten landeten unter den Sitzbänken und ein Topper sorgte für mehr Liegekomfort. Mit einem Kühlschrank, der den Namen auch verdiente, sorgte ich mich nicht mehr um meine Medikamente.

Es war ein heißer Tag. Das Stromern durch große Märkte, das unbekannte Terrain und das konzentrierte Fahren mit dem Camper zehrten an meinen Kräften. Alles war aufregend und neu.

Wir hatten unsere Rundreise zur Halbinsel südlich von Christchurch gestartet. Außerhalb der Stadt musste ich mich auf die engeren Straßen konzentrieren, die sich durch die hügelige Landschaft schlängelten. Schweißperlen traten auf meine Stirn, als wir in den kleinen und völlig überfüllten Badeort Akaroa hineinfuhren. Ich glaubte mit einem Panzer durch Legoland zu kurven. Menschenmassen, kleine Wendehammer, Kreisel und eine Hauptstraße, die als Sackgasse enden würde. Chancenlos zogen wir uns wieder in die umliegende Landschaft zurück, wo wir auf einem Aussichtspunkt mit Blick zu beiden Seiten der Halbinsel unser erstes »Frühstück« im Wohnmobil zu uns nahmen. Währenddessen genossen wir die Aussicht, die südlich von der

Barrys Bay bis zur nördlichen *Pigeon Bay* reichte. Beide Buchten ragen so tief ins Land, dass sie sich fast die Hand reichen können. Was für ein spannender Moment, als im Hintergrund auch noch die schneebedeckten Gipfel der Alpen schimmerten.

Thomas suchte wie gewohnt im WOMO zwei Campgrounds aus. Der erste lag idyllisch am *Allandale Reserve*, wo unerwartet ein Verbotsschild für *free camping* auftauchte. Die vier Jahre alte Ausgabe des WOMO schien nicht mehr auf dem neuesten Stand zu sein. Als zweite Option hatte Thomas die *Corsair Bay* im Auge. Als ich die schmale Abfahrt zur Bucht entdeckte, standen mir die Haare zu Berge. Die steile, enge Straße zum Wasser duldete keinen Gegenverkehr. Als ich mich vortastete, schienen meine Stoßgebete nicht erhört zu werden. Ein PKW drängte den Berg hinauf zur Straße. Schlimmer noch: Der Fahrer hielt uns für anmaßend und gestikulierte wild, dass wir hier nichts zu suchen hätten und Platz machen sollten. Ich versuchte bibbernd, so nah wie möglich an eine Mauer zu fahren. Endlich rauschte der PKW an uns vorbei und wir erreichten die Senke. Zwei junge Neuseeländerinnen im umgebauten Bulli erzählten uns, dass sie hier ihre Ferien verbrachten, und schienen gegen männliche Beteiligung nichts einzuwenden zu haben. Doch wir entschieden uns weiterzufahren. Ein prickelndes Gefühl kam hier nicht auf.

Thomas fand einen Campground fünfundzwanzig Kilometer entfernt im *Waihora Domain Park*. Dort angekommen, registrierten wir uns mit dem Kennzeichen und legten die geforderten zehn Dollar für die Nutzung des Geländes bei. Das Gelände bestand aus einer großen Wiese, auf der sich zahlreiche Camper wie bei einer Wagenburg am Außenrand des Areals drängten. Überrascht sahen wir auf eine Menschenansammlung, die an zahlreichen PKWs vorbei durch eine Baumreihe strömte. Was war hier los? Wir positionierten den Camper, folgten ihnen und trauten unseren Augen nicht. Nebenan lag eine Trabrennbahn und der Sprecher kündigte bereits das letzte Rennen an, das, kaum hatte es begonnen, nach zwei Minuten auch schon zu Ende war. Daraufhin leerte sich der Platz und nur die Camper blieben übrig. Wow, wären wir doch etwas früher gekommen, dann hätten wir das Spektakel länger genießen können.

Als wir begannen, das Equipment des Wohnmobils in Ruhe zu testen, stellte ich fest, dass kaum ein Gerät funktionierte. Wir sahen uns an. Hatten wir Tausende von Euro ausgegeben, damit wir wie Blödmänner ratlos in der Wildnis campten? Dann hätten wir auch den klapprigen *Petal* behalten können. Warum floss kein Strom, warum funktionierte die Mikrowelle nicht? Wir kamen mit unserem Nachbarn ins Gespräch, der einen alten Bus zum Wohnmobil umgebaut hatte. Ich bat ihn um Hilfe. Er lächelte und erklärte, dass selbst die Autobatterie eines Wohnmobils keine stromfressenden Geräte versorgen könne. Sie habe genug mit dem Kühlschrank, dem Licht, der Toilette und den Handysteckern zu leisten. Nur mit einem Stromanschluss auf einem Campingplatz sei mehr möglich. Ich war verärgert und enttäuscht. Wir hätten uns im Vorfeld kundig machen sollen. Andererseits lernte ich bald, Liegekomfort, Toilette, Essplatz, Kühlschrank und Fernseher wertzuschätzen.

Die erste Route auf der Südinsel führte uns in die Südalpen. Ich liebe die Berge ebenso wie das Meer, sodass mich der *Mount Cook* als höchster Berg des Landes sicherlich in seinen Bann ziehen würde.

Um die Akkus der Laptops aufzuladen und neue Einträge im Blog zu verfassen, hielten wir in einem Café am *State Highway 77*, wo uns freies WiFi versprochen wurde. Der Betreiber schaute uns aber schuldbewusst an und teilte mit, dass er seit Tagen kein Netz bekomme. So richtig rund lief es auf der Südinsel noch nicht.

Bald wurde klar, dass wir den *Lake Tekapo* an diesem Tag nicht mehr erreichen würden, sodass wir am *Rakaia Gorge Campground* eine Zwischenstation einlegten. Auch hier zahlten wir nur zehn Dollar für die Nacht. Plötzlich bemerkte Thomas, dass die dunkelgraue Verblendung der großen Schiebetür starke helle Kratzer aufwies, die bei der Anmietung noch nicht zu sehen gewesen waren. Uns sackte das Herz in die Hose, denn wir konnten uns nicht erklären, wie das passiert sein konnte. Wir hatten den Verdacht, dass es beim Rangieren in der *Corsair Bay* mit dem erbosten PKW-Fahrer passiert sein musste. Ratlos versuchten wir zu rekapitulieren. Eine Fremdeinwirkung schlossen wir aus. Wir hatten gehört, wer einen Schaden nicht meldet, bekommt Ärger und eine saftige Strafe aufgebrummt.

Wir erreichten niemanden und sprachen auf die Mailbox der Schadensabteilung, obwohl das nicht ausreichend war. Thomas begann, an der Verblendung herumzufummeln. Da kam er auf die Idee, die Stellen mit Speiseöl zu bestreichen. Die Behandlung zeigte Erfolg, die Kratzer fielen kaum noch auf. Ich bat ihn, diese geniale Idee kurz vor der Rückgabe des Fahrzeugs zu wiederholen.

Zwei Deutsche, die mit einem umgebauten PKW unterwegs waren, gaben uns Reisetipps für die Südinsel. Die beiden hatten ihre Frauen zu Hause gelassen, um sich den Männertraum Neuseeland zu erfüllen. Sie rieten uns, auf die Ostküste und den *Milford Sound* keinesfalls zu verzichten. Doch damit sagten sie uns nichts Neues.

Mir war das Zeitgefühl abhandengekommen. Thomas erinnerte mich daran, dass an diesem Tag Silvester war, sonst wäre ich achtlos ins neue Jahr gestolpert.

Die Bergwelt um den *Mount Hutt* gab uns zu Beginn des Tages einen Vorgeschmack auf das, was uns in den Alpen erwartete. Andererseits begleiteten uns eine Weile Wiesen und Äcker, die im fruchtbaren Tal im Schutz der Berge beste Bedingungen vorfanden. Nachdem wir aber den *Burkes Pass* überquert hatten, öffnete sich der freie Blick auf das noch ferne Alpenpanorama ebenso, wie auf eine ungewohnt braune, vertrocknet scheinende Landschaft: das *Mackenzie Basin*. Ein paar Kilometer weiter entdeckten wir hinter den lilafarbenen Lupinenfeldern einen fast surrealen grellen hellblauen Streifen, der kurz vorm Horizont auftauchte. Die Farbe war so kräftig, dass auch andere Autofahrer stoppten und irritiert in die Richtung starrten. Wir fuhren weiter und bekamen kurz vor der Ortschaft Tekapo Gewissheit, dass es sich um den gleichnamigen See handelte. Wie hypnotisiert starrten wir auf das Wasser, das so unecht wirkte, als hätte man eimerweise türkisfarbenen Lackfarbe hineingeschüttet. Ein Wahnsinn! Das hatte mit unserer Vorstellung von Wasserblau nichts zu tun.

Wir parkten und näherten uns der Kapelle *Church of the Good Shepherd,* das im kitschig imposanten Gesamtbild mit See und schneebedeckten Bergen nicht fehlen durfte.

Den Blick auf den See gerichtet, überlegten wir uns eine Übernachtungsmöglichkeit in diesem nachgefragten Touristenort. Der *Holiday Park* platzte aus allen Nähten und Alternativen waren noch nicht in Sicht. Da schoss Thomas eine scheinbar viel dringlichere Frage durch den Kopf. Er hatte Aushänge entdeckt, auf denen Rundflüge über die Südalpen angeboten wurden. Er wusste, dass ich Höhenflügen nicht abgeneigt bin. Die Mitarbeiterin von *Air Safari* bot uns für den Neujahrsmorgen auch gleich freie Plätze an. Das gute Wetter würde bis Mittag halten, sodass wir es nicht besser treffen konnten. Der Preis für zwei Personen lag bei ungeheuren 794 NZ$. Wir schluckten, waren uns aber schnell einig und hielten alsbald die Tickets in der Hand. Jetzt konnten wir uns um einen Nachtplatz kümmern. Der WOMO nannte zwei Low-Budget-Campgrounds vor den Toren der Stadt. *Lake Alessandria und Lake McGregor.* Wir entschieden uns für den luftigeren Stellplatz am *Lake McGregor* und sollten es nicht bereuen. *Der frühe Vogel fängt den Wurm,* dachten wir erneut, denn immer mehr Camper drängten nach uns auf das Gelände.

Als verweichlichte Großstädter rümpften wir ein wenig die Nase über den mangelnden Komfort der Anlage. So hing von der Decke der simplen Duschkabine ein Haken, an dem eine gefüllte Gießkanne mit kaltem Wasser ein fragwürdiges Duschvergnügen versprach. Für anderweitige Bedürfnisse drückten wir beide Augen und Nasenlöcher zu. Wir lernten zu kooperieren und fanden es nicht mal schlimm.

Als sich der Zeiger Mitternacht näherte, entschloss sich eine Gruppe junger Deutscher, trunken und krakeelend in den eiskalten See zu springen. Ein junger Mann unter ihnen mit DLRG-Erfahrung versuchte panisch, die Gruppe zusammenzuhalten, und musste sich als Spaßbremse bezeichnen lassen. Thomas und ich hingegen hatten uns in eine Decke gewickelt und schwenkten ein Glas Billigsekt in der Hand. In dieser Nacht wiederholte sich etwas, das wir in Namibia als einzigartig empfunden hatten. Doch auch hier, an einem der luftreinsten Orte der Welt, entfuhr uns beim Blick in den Himmel ehrfürchtiges Staunen. Über uns fächerte sich der dichteste, prallste Sternenteppich auf, den wir uns nur vorstellen konnten. Leuchtende Diamanten tanzten auf dunklem Grund. Und als wäre das nicht faszinierend genug, spannte sich ein breiter Schweif aus Lichterstaub durch all die anderen Sterne. Die Silvesternacht brauchte keine Böller und Raketen, solange das Füllhorn Milliarden von Gestirnen über uns ausschüttete.

Am Neujahrsmorgen sputeten wir uns. Der Check-in am Flughafen verlief problemlos und wir stiegen mit acht anderen Fluggästen in die Cessna. Der Schwenkflug über das *Mackenzie Basin* Richtung Gebirge verhieß Großartiges. Unter uns strahlte der *Lake Tekapo* wie ein buntes Knopfloch. Mächtig thronende, schneebedeckte Könige ragten im Schulterschluss empor, tief verwurzelt in der brodelnden Erde Neuseelands und Gott doch so nahe. Als sollten die Gipfel für uns Menschen unerreichbar bleiben, stürzte der Fels warnend und scheinbar todbringend herab. Fasziniert betrachtete ich den türkisfarbenen Kratersee, der sich wie ein lustiges Tränensäckchen zwischen die Berge gebettet hatte. Unsere Blicke sprangen vom eisigen Weiß der Gipfel über den schwarzgrauen Stein hinunter in grüne Niederungen. Wir schwebten am Mount Cook vorbei, der die Zweit- und Drittplatzierten neben sich um eine Nadelspitze überragt.

Mt. Cook

Das wirre Geflecht der Gebirgsflüsse verschlug uns den

Atem. Das blaue Blut in den wenigen intakten Adern hielt die Landschaft am Leben, während sich die toten grauen Kameraden mit ihnen durch das trockene Tal schlängelten. Alle mündeten im türkis sich aufschäumenden Ufer des *Lake Tekapo*. Wir fühlten uns gesegnet, mit diesen wundervollen Eindrücken ins neue Jahr starten zu können, und werden diesen Rausch nie vergessen.

Lake Tekapo

Ich hatte Thomas einen weiteren Tag in den Bergen abgetrotzt, denn ich wollte dem *Mount Cook* zu seinen Füßen bewundernde Blicke zuwerfen. Thomas fand im WOMO mitten in den Bergen in Mount Cook Village einen Campground am Ende einer sechzig Kilometer langen Sackgasse. Alleine der Ortsname versprach beste Aussichten. Das Wetter schlug wie angekündigt um, schwere Wolken verdeckten die Sicht auf die Berge und es begann zu regnen. Als wir die Uferstraße entlangfuhren, fühlte ich mich an die schottischen Highlands erinnert und hoffte, dass sich das Wetter bald wieder von seiner besten Seite zeigen würde. Als wir ankamen, glaubte ich mich am Ziel meiner Träume. Vor unseren Augen ragte ein Berg auf, dessen oberer Teil noch verdeckt war. Doch ich blieb optimistisch, dass die Wolken sich noch verziehen würden. Ein wenig enttäuscht entnahm ich der Hinweistafel, dass es sich nicht um den *Mount Cook,* sondern um den *Mount Sefton* handelte. Warum hieß dieser Ort dann *Mount Cook Village*? Als wir in der Regenpause ein paar Schritte gehen wollten, zwang uns ein erneuter Regenguss zurück in den Wagen. Aber dann klarte es ein wenig auf. Die Sonne kämpfte sich durch die Wolken. Wir beschlossen, zum *Kea Point* am *Lake Mueller* zu wandern, ein leichter Weg in die tiefen Täler des Gebirges hinein. Im Anblick der Giganten fühlte ich mich wie ein Zwerg, der den Riesen lediglich die Zehen kraulen durfte.

Während der zwei Stunden hielt das Wetter vorbildlich, doch die Gipfel blieben mir dennoch verborgen. Dafür versank in der Nacht alles wieder in den Wassermassen. Wir schlotterten unter unserer Decke und fluchten, dass wir die Heizung im teuren Wohnmobil nicht in Gang bekamen.

Wenngleich das erhoffte große Panorama ausgeblieben war, bereute ich den Abstecher nicht.

Am Vormittag fuhren wir die lange Strecke zurück nach Twizel, wo uns schlagartig tropische Hitze erwartete. Wir füllten die Vorräte auf, fuhren erstmals an eine *Dump Station* und sahen den Campern vor uns in der Schlange zu, wie sie ihren Nachlass entsorgten. Uns gelang es auf Anhieb und wir setzten den Weg zur Ostküste nach Oamaru fort.

Hatten wir neuseeländischen Orten bisher wenig Aufmerksamkeit geschenkt, forderte Oamaru diese – wenn auch auf den zweiten Blick - heraus. Nachdem wir im *Oamaru Top 10 Holiday*

Park eingecheckt hatten, flanierten wir durch den schönen *Public Garden* und entdeckten im Zentrum den historischen Teil, der mich an das Berlin unter den Linden erinnerte. Restaurierte viktorianische Gebäude säumten die Prachtstraße. Ich stand sogar vor dem kleinen Opernhaus aus dem Jahre 1901, das zwar keine Oper mehr, aber Kleinkunst und Konzerte anbot. Dieser Abschnitt der *Thames Street* gilt als beeindruckendste historische Gesamtanlage Neuseelands. Gleichermaßen erstaunte uns das sanierte Hafenviertel. Wir lugten in kleine Geschäfte und Cafés und bummelten durch die Gasse.

Im *Brydone Hotel* reservierten wir für den Abend einen Tisch im Jugendstil-Restaurant. Am Vorabend von Thomas' Geburtstag wünschte er sich dort ein Abendessen. Es fühlte sich auf wundersame Weise beruhigend an, als wir beschlossen, eine weitere Nacht in Oamaru zu bleiben. Mir schien, als bräuchten wir dringend längere Phasen, in denen wir uns – so ungewöhnlich es während einer Reise klingen mag – der Muße hingeben sollten.

Es war lange her gewesen, dass wir in gepflegter Umgebung gespeist hatten, obwohl das Ambiente ein wenig angestaubt wirkte. Als wir nach dem Essen den Saal durch einen anderen Ausgang verlassen wollten, entdeckten wir dort eine Truhe, auf der kleine Geschenke drapiert lagen. Über der Truhe prangte in geschwungenen Lettern der Name *Thoma's*. Der Zufall wurde hier zur heiteren Überraschung.

An seinem Geburtstag wünschte sich Thomas nach dem Frühstück einen Spaziergang, der uns in einen Stadtteil führen sollte, den zu erkunden sich angeblich lohnte. Dass Thomas diese Entscheidung bald bereuen würde, wusste er noch nicht. Mit einem verkürzten Stadtplan in der Hand glaubten wir den Weg durch den *Public Garden* zur nächsten Verbindungsstraße abkürzen zu können. Mutig, aber wenig bedacht. Wir wateten immer tiefer durch hohes Gras, stapften aber neugierig weiter über den unebenen Boden hinweg und sahen plötzlich eine steile Anhöhe vor uns. Da das Dickicht mit stacheligen Disteln und Erdspalten Thomas bereits genervt hatte, gab es kein Zurück mehr. Wir glaubten uns kurz vor dem Ziel, näherten uns der Anhöhe und standen ratlos davor. Oben sahen wir Grundstücke mit Häusern. Dahinter musste die Straße liegen. Thomas fluchte und sah ungnädig an sich hinunter, denn er hatte frische weiße

Kleidung für diesen »Spaziergang« gewählt. Wir bissen die Zähne zusammen, ich eher amüsiert, Thomas unleidlich. Als ich seine Hand halten sollte, um ihn zu sichern, entglitt er mir und stürzte. Ich schwor bei allem, was mir heilig war, dass es ohne Absicht geschah, doch Thomas traute mir fortan nicht mehr und schlug meine Hilfe aus. Wir kämpften uns mit wackeligen Schritten hoch. Oben angekommen folgte das nächste Hindernis. Stacheldraht! Der grenzte das Grundstück zur Senke hin ab. Uns war sehr wohl bewusst, dass Zäune dazu gedacht waren, unbefugtes Betreten von Privatgelände zu verhindern. Da es sich aber um den verfallenen Schuppen eines heruntergekommenen Grundstücks handelte, schien der Hinweis auf kläffende Hunde veraltet. Wir quälten uns über den Draht und schlichen - das Umfeld observierend - zum nächsten Problem. Ein weiterer steiler Anstieg bis zur Leitplanke an der Straße stand uns bevor. Wieder keuchten wir hinauf und krabbelten über einen Zaun, der Fußgänger vor dem Absturz bewahren sollte. Als wir auch diesen überwunden hatten und nach Luft schnappten, war Thomas' Stimmung komplett verhagelt, während ich das Ganze als amüsantes Abenteuer verbuchte. Seine Kräfte waren aufgebraucht und nur missmutig ließ er sich von mir überreden, noch einmal zum Hafenviertel zu schlendern. Da wir kein Stadtviertel ausfindig machten, das sich zu erkunden lohnte, wollte ich die Chance ergreifen, die Pinguinkolonie am Hafen zu besuchen. Auch an diesem Ziel scheiterten wir, weil tagsüber keine Pinguine zu finden waren. Sein Sabbatjahr-Geburtstag wird Thomas stets in Erinnerung bleiben, da bin ich sicher.

Wir folgten der Ostküste gen Süden mit einer Reihe von Sehenswürdigkeiten, die allesamt interessant waren, uns aber nicht übermäßig beeindruckten. Nur die dreißig Kilometer südlich von Oamaru gelegenen *Moeraki Boulders*, eine Ansammlung tonnenschwerer Steinkugeln im Watt des Meeres, repräsentierten geologische Fakten, die mich erstaunten. Sie hatten sich über vier bis fünf Millionen Jahre aus Meeresschlamm und chemischen Verbindungen gebildet und weitere Millionen Jahre gebraucht, an den Strand gespült zu werden. Mir kamen sie wie steinerne Mistkugeln von Dinosauriern vor. Früh am Tag wandelten wir mit etlichen Touristen durch den Sand, um die Zeitzeugen des Paläozäns zu bewundern. Die aufgesprungenen

Kugeln zeigten das durch Eisen erodierte rötliche Innere. Noch immer sprengen sechzig Millionen Jahre Erdgeschichte während der Entstehung der *Moeraki Boulders* meine Vorstellungskraft.

Moeraki Boulder

Shag Point

Wenige Kilometer weiter stoppten wir am *Shag Point* im *Matakaea Scenic Reserve,* wo wir eine Pelzrobbenkolonie beobachteten. Ich gestehe, dass Robben mich selbst in ihrem natürlichen Lebensraum nicht sonderlich faszinieren. Wir beobachteten sie eine Weile, wie sie aus dem Wasser auf die Felsen robbten und auf ihren Platz tapsten, und kehrten alsbald zum Wagen zurück.

Regnerisches Wetter begleitete uns bis Dunedin. Inzwischen hatten wir uns an das große Wohnmobil gewöhnt. Lediglich im engen Stadtverkehr forderte mich das lange Gefährt heraus, besonders wenn nur knappe Parklücken am Straßenrand zur Verfügung standen. Oft stellen Neuseeländer für Camperfreunde allerdings Parkplätze im XXL-Format bereit.

1848 gründete sich die Universitätsstadt Dunedin. Obwohl sich Anfang des 19. Jahrhunderts australische Robben- und Walfänger niedergelassen hatten, waren es schottische Auswanderer mit der Hoffnung auf ein gutes Leben gewesen, die nach Dunedin gekommen und sesshaft geworden waren. Während des Goldrauschs und des folgenden Wirtschaftsbooms reüssierte Dunedin zur reichsten Stadt Neuseelands. Leider konnten wir der Stadt bei Dauerregen nicht die Aufmerksamkeit schenken, die sie verdient gehabt hätte. Während ich mich auf den Verkehr in den engen Straßen konzentrierte, wies mich Thomas auf die Fahrtrichtung hin. Aber auch er kannte sich in der Stadt nicht aus, sodass ich schnelle, unfallträchtige Entscheidungen mit dem Wohnmobil fürchtete. Mit fliegenden Scheibenwischern versuchten wir, uns einen Überblick zu verschaffen. Am Bahnhof irritierten uns diverse Parkschilder und wir nahmen den ersten freien Platz, um kurz das Innere des berühmten Bahnhofs anzuschauen. Das beeindruckend im Baustil der flämischen Renaissance erbaute Gebäude gehört zu den Sehenswürdigkeiten der Stadt. Als wir eintraten, bestaunten wir die dekorative Gestaltung aus poliertem Granit. Eine Dreiviertelmillion Porzellanfliesen zieren den Boden und die Wände.

Die Idee der schottischen Siedler, ein *New Edinburgh* zu gründen, schien uns nicht gelungen, denn mit dem Stadtbild Edinburghs hatte Dunedin nicht viel zu tun. Nach dem Besuch im Bahnhof fuhren wir weiter durch die City und betrachteten trotz nerviger Regentropfen *The Octagon* mit der *St. Paul's Cathedral* und anderen Prachtbauten.

Außerhalb Dunedins, auf der *Otago Peninsula* frei zu campen erschien uns vorteilhaft denn mit der Pinguinkolonie *Pukekura* und *Larnach Castle* hatten wir zwei interessante Ziele in unmittelbarer Nähe. Doch mein besorgter Blick schielte zum Himmel. Dauerregen! Zudem kämpften wir uns durch die vielen Baustellen der engen Küstenstraße, um kurz danach festzustellen, dass auf dem ehemaligen Campground ein Sportplatz angelegt worden war. Die vierzig Dollar, die ein Campground in der Nachbarschaft für einen halb unter Wasser stehenden Platz ohne Strom verlangte, waren wir nicht bereit zu zahlen. Zumindest waren die Betreiber behilflich, uns telefonisch Plätze im *Aaron Lodge Holiday Park* am nördlichen Stadtrand von Dunedin zu reservieren. Nun hieß es aber, den ganzen Weg zurückzufahren. Ich gab das Vorhaben auf, Pinguinen hinterherzuwatscheln, es sollte einfach nicht sein. Und auch für *Larnach Castle,* das einzige Schloss Neuseelands, nahmen wir die schwierige Strecke nicht noch einmal in Kauf.

Am nächsten Tag setzten wir die Rundfahrt in die Catlins nach Balclutha fort. Dieser Landstrich wurde nach einem Walfänger benannt, der den Maori für dreißig Pfund und ein paar Musketen Land um den *Catlin River* abkaufte, um Holz- und Landwirtschaft zu betreiben.

Unsere Tagesziele waren der *Nugget Point,* die billigste Tankstelle Neuseelands in Papatowai und bei der Gelegenheit die dortige Künstlerkolonie *Lost Gypsy Gallery.* Freie Camperplätze machten wir an der *Tautuku Bay* aus. Das war für diesen Tag ausreichend Programm.

Der Weg zum Leuchtturm *Nugget Point* führte die Steilküste entlang. Die aus dem Meer ragenden kleinen Felsen sollen in der Abendsonne wie Goldbarren glänzen. Kaum kamen wir bei wolkenverhangenem Himmel dort an, brach plötzlich die Sonne durch und gönnte uns einen strahlenden Blick auf das türkisblaue Meer.

Das Rätsel, warum in Papatowai, wo uns vierzig Einwohner wie Groupies vorkamen, das billigste Benzin zu bekommen war, lüftete sich für uns nicht. Die *Lost Gypsy Gallery* direkt an der Hauptstraße weckte natürlich unser Interesse. Einladend stand eine gelbe Puppe mit dem Schild »Curious« am Straßenrand und zog die Aufmerksamkeit der Autofahrer auf sich. Uns erwartete eine Sammlung sinnfreier Kreationen, die aus Wellblech oder recyceltem Material auf den ersten Blick - und selbst auf den zweiten - keinen wirklichen Sinn ergaben. Die teils technischen oder künstlerischen Exponate erschienen so skurril, dass wir näher hinschauen mussten. Der Betreiber und »innovative Künstler« hielt sich abseits seiner potenziellen Kunden und schien sich ungern von der Arbeit abhalten zu lassen. Dennoch wurden wir mit einem kurzen »Hello!« begrüßt und uns fortan selbst überlassen. Wenn Einnahmen winkten, kam er zum Kassieren. *Lost Gypsy Gallery* empfanden wir als eine Mischung aus Villa Kunterbunt, Peter Lustigs »Löwenzahn« und einem Flohmarkt für kreativen Tinnef.

Am *Florence Hill Lookout* konnten wir im leichten Dunst die lange, weiche Krümmung der *Tautuku Bay* überblicken. Irgendwo dort im vielen Grün lag der Campingplatz. Zum Glück tauchte rechtzeitig ein Hinweisschild an der Straße auf. In den Dünen, umgeben von Buschwerk und Bäumen, standen wir alleine auf dem Platz. Ein wahrlich romantisches Versteck, hätten uns nicht bereits zwei weitere Camper beäugt, die sich an den Rand unter den Baumkronen zurückgezogen hatten. Somit fühlten wir uns wie auf dem Präsentierteller. Thomas und ich spazierten die wenigen Meter zum Strand. Vom Binnenland ergoss sich der Regenwald bis zur Küste. Die *Tautuku Bay* war ein weiteres Beispiel für die wunderschönen Strände, die sich an den Küsten Neuseelands verschwenderisch anboten. Obwohl Thomas und ich Hand in Hand durch den Sand schlenderten und dieser Ort uns seine schlichte Großartigkeit vor Augen führte, fühlte ich mich ein Stück weit verloren. Fast so, als wollten mir die gewaltigen Urkräfte der Natur Respekt einflößen.

In dieser Nacht prasselte der Regen uns erneut in den Schlaf und ich hoffte, dass wir am nächsten Morgen nicht im Schlamm versunken sein würden. Das paradiesische Neuseeland, so wurde uns klar, konnte nur dank der vielen Regenfälle so beeindruckend grün sein. Kein Paradies ohne ein »Aber«!

Nugget Point

Tautuku Bay

Thomas weckte mich am nächsten Morgen und überraschte mich zu meinem Geburtstag mit einem Snickers, in dem eine kleine brennende Kerze steckte, sowie mit zwei Taschentüchern aus dem Souvenirshop vom Flughafen *Lake Tekapo*. Für diese hinreißende Idee verlangte er aber von mir, keine gewagten Spaziergänge mehr mit ihm zu unternehmen, die uns wie an seinem Geburtstag erneut in die Bredouille brachten.

Auf dem Weg zu den McLean Falls

McLean Fall

Den Tag verbrachten wir an den spannenden *McLean Falls*, im *Petrified Forest*, am langweiligen *Slope Point* sowie im verregneten Invercargill und beendeten ihn im *Colac Bay Tavern & Camping Park*. Erschien der Wassersturz der *Bridal Veil Falls* auf der Nordinsel wie eine elegante Laune der Natur, jagten die Wassermassen der *McLean Falls* ungestüm durch das feuchte grüne

Dickicht des Regenwaldes. An milchigen grauen Tümpeln, weißen Ballons aus Spinnennetzen, tröpfelnden Ästen und modrigen Flechten vorbei entdeckten wir eine kleine Blickschneise, durch den wir den gut zwanzig Meter hohen Wasserfall hinabstürzen sehen konnten. Sicherlich war es den reichlichen Regenfällen der letzten Tage zu verdanken, dass der Fluss brachial die kurvenreich abfallenden Terrassen überspülte und die Luft aufschäumte. Ihr donnerndes Getöse klang lange in unseren Ohren nach.

Wir hatten den Tipp bekommen, die *Cathedral Coves* am *Waipati Beach* nicht zu verpassen. Das stürmische Meer hatte sich seit Urzeiten mit voller Kraft in den Fels gegraben und beeindruckende Erosionen mit einer kathedralenartigen Höhe von dreißig Metern und zweihundert Metern Länge ausgebildet. Da der Zugang aber nur bei Ebbe möglich war, verpassten wir ihn um eine halbe Stunde. Ich bedauerte unser Zuspätkommen und setzte den Weg zum *Petrified Forest* an der *Curio Bay* fort.

Was wir uns unter einem »steinernen Wald« vorzustellen hatten, sahen wir kurze Zeit später. Von der Steilküste aus konnten wir trotz nahender Flut die steinernen Baumstämme im Watt erkennen, die vor hundertachtzig Millionen Jahren durch vulkanische Eruption gefällt und unter den Lavamassen begraben worden waren. Sie hatten sich in schwarze Mumien verwandelt. Die dünnen Stämme und Äste der Koniferenart faszinierten uns mehr als Zeugen der unglaublich langen Erdgeschichte denn durch ihr Aussehen.

Nach der *Curio Bay* bestand ich darauf, zum *Slope Point* zu fahren, dem südlichsten Punkt des neuseeländischen Festlands. Thomas wurde es zu viel. Aber wenn wir schon am *Cape Reinga* den vermeintlich nördlichsten Punkt erreicht hatten, wollte ich den tatsächlich südlichsten nicht auslassen. Zum Glück war es kein großer Umweg gewesen, denn Thomas behielt recht. Ein Schild mit Entfernungsangaben zur Antarktis und zum Äquator wies auf das Südende hin. Das war es auch schon.

Nicht nur Dunedin, sondern auch Invercargill versank während unserer Rundfahrt im Nieselregen. Breite Straßen zogen sich durch die Stadt und nur das historische *Railway Hotel* und die *St. Mary Roman Catholic Basilica* fielen optisch heraus.

Thomas hatte inzwischen eine *free-camping-area* direkt am

Strand der *Colac Bay* ausfindig gemacht. Fünfzig Kilometer hinter Invercargill sollte uns der Weg entlang der Dünen dorthinführen. Eine Baustelle blockierte jedoch die Zufahrt. Wie ein Wunder tat sich gleich um die Ecke der *Colac Bay Tavern & Holiday Park* auf, der alles versprach, was ich mir am Abend meines Geburtstages wünschte. WiFi, Waschmaschinen und ein Restaurant. So konnte ich mich für die Glückwünsche aus der Heimat bedanken und Thomas den Blog mit neuesten Informationen füttern. Der *Holiday Park* wirkte einfach, ein wenig heruntergekommen, doch das störte uns nicht. In der Taverne an der Straße versammelten sich nicht nur die Camper, sondern auch Bewohner der Siedlung. Am Abend meines Geburtstages spazierten wir zum Strand, atmeten die frische Meeresbrise ein und genossen nach langer Zeit wieder die Sonne, die sich durch die graue Wolkendecke gekämpft hatte und dem regnerischen Wetter hoffentlich ein Ende setzen würde.

Am nächsten Morgen wendeten wir uns der Westküste zu und steuerten den legendären *Milford Sound* an, eine der Top-Sehenswürdigkeiten in Neuseeland. Dazu fuhren wir an der Flanke des unzugänglichen *Fjordland National Park* vorbei. Das Fjordland zu bereisen, erscheint fast unmöglich, denn der so spektakuläre wie unwegsame Naturraum Neuseelands bedurfte der Genehmigungen, eines teuren Helikopterflugs sowie einer Ski- und Bergsteigerausrüstung, um sich dort einsam und verlassen den extremen Bedingungen zu stellen. Dieses Abenteuer überließen wir BBC-Dokumentarfilmern oder dem Team von National Geographic. Stattdessen schauten wir an der *Te Waewae Bay* am sturmerprobten *Gemstone Beach* vorbei, stemmten uns gegen die Böen und blickten beidseitig zur imposanten Steilküste hinauf. Wenn auch keine Monsterwellen ans Land schlugen, so malten das aufgewühlte braune Wasser, die Gischt und das durch Stürme verformte Buschwerk ein dramatisches Bild der Naturgewalten.

Wir wussten, dass der Andrang der Touristen am *Milford Sound* enorm sein würde. Wir hatten viele Hinweise gelesen, dass es in der Hauptsaison sinnvoll sei, sich mit einem Ausflugsbus zu nähern, am *Milford Sound* frühzeitig eine Unterkunft zu buchen oder gar mit dem Hubschrauber anzureisen. Die Kapazität dieses Hotspots sei begrenzt, so hieß es. Da wir im Sabbatjahr der Spontanität den Vorzug geben wollten, mussten wir damit rechnen, abgewiesen zu werden. Ein riskantes Spiel.

Die *Clifden Suspension Bridge* über den *Waiau River* lag auf dem Weg. Es wurde Zeit, sich die Beine zu vertreten, sodass wir einen Halt einlegten und über Neuseelands älteste Hängebrücke gingen, die 1899 ihren Dienst aufgenommen hat. Doch länger mussten wir uns dort auch nicht aufhalten.

Wenig später bogen wir zum *Lake Manapouri* ab. Thomas hatte gelesen, dass dort Bootstouren zum *Doubtful Sound* starteten. Wäre der Milford Sound hoffnungslos ausgebucht, würde sich mit dem *Doubtful Sound* eine Alternative anbieten. Stattdessen erfuhren wir, dass es sich genau umgekehrt verhielt. Wir überlegten dennoch kurz, ob sich eine Kombination beider Fjord-Touren lohnen würde. Der Gesamtpreis war allerdings horrend und wir gaben dem *Milford Sound* den Vorrang. Zum Glück konnten wir am Info-Schalter bereits eine Schiffstour für den *Milford Sound* am übernächsten Tag buchen. Die Sorge um Übernachtungsplätze aber blieb.

Wir näherten uns Te Anau. Von dort führt eine hundertzwanzig Kilometer lange Sackgasse zum *Milford Sound* und ist damit das gefürchtete Nadelöhr für alle Touristen. Uns verwirrten die widersprüchlichen Infos, ob – und wenn ja, wo – es freie sowie kostenpflichtige Campgrounds auf der Strecke gab. Der genervte i-site-Mitarbeiter erklärte, es gebe auf halbem Weg zum *Milford Sound* nur eine *free camping area.* Wie groß und wie voll diese sei, könne er nicht sagen. Wer, wenn nicht er, sollte es wissen? Da wir noch einen Tag Zeit hatten, wählten wir den herrlich gelegenen *Te Anau Lakeview Holiday Park* am Rande des Ortes. Vor unseren Augen strahlte der See im schönsten Blau und führte den Blick zum imposanten Bergpanorama. Nachdem wir in Te Anau unsere Vorräte aufgefüllt hatten, entdeckte Thomas das Plakat eines Kinofilms und wünschte sich, dass wir ihn uns anschauten. Wir erinnerten uns an die spektakuläre 3D-Doku, die wir vor fast zehn Jahren im IMAX Theater am Grand Canyon gesehen hatten. So hätten wir uns auch die Bilder über das Fjordland Neuseelands gewünscht. Doch dieser Film flimmerte altbacken, lustlos und ohne mitreißende Kameraführung an uns vorbei.

Am nächsten Vormittag wollten wir Gewissheit haben, ob wir nach sechzig Kilometern Richtung Milford Sound einen Stellplatz bekommen konnten oder nicht. Ansonsten müssten wir nach Te Anau zurückkehren, um am Morgen den *State Highway 94* nochmals und in Gänze bis zum Milford Sound abzufahren.

Unterwegs beobachteten wir plötzlich eine Menschenansammlung am Straßenrand. Neugierig stellten wir uns dazu, hielten Ausschau und erfuhren, dass wir beinahe an den *Mirror Lakes* vorbeigerauscht wären. Das Flussbett des *Eglinton River* war fast ausgetrocknet, nur ein schmaler Wasserlauf floss das diesseitige Ufer entlang. Nachdem wir die Aussichtsterrassen betreten hatten, entzückten uns sofort die Wasserspiegelungen der Umgebung. Das gegenüberliegende Gebirge spiegelte sich auf der ruhigen Oberfläche ebenso wie die über uns thronenden Äste, die Baumkronen und die Uferböschung. An mehreren Stellen kosteten wir die wunderschönen Bilder aus.

Nach siebzig Kilometern hätten wir am Straßenrand einen Hinweis auf die *free camping area* erwartet, doch wir entdeckten keinen. Nach weiteren zehn Kilometern kehrten wir um und suchten erneut entlang der Strecke. Als wir immer noch keinen Hinweis auf einen Campingplatz entdeckt hatten, fuhren wir jede einzelne Zufahrt ab. Erst als wir zum *Lake Gunn* oder *Cascade Creek Nature Walk* abgebogen waren, lag hinter Bäumen ein Areal in der Größe eines Exerzierplatzes, auf dem kein einziges Wohnmobil stand. Nur eine Handvoll Menschen mit ihren PKWs hielten sich am Rande auf. Es war absolut verrückt, wie optimal sich alles fügte und wir entspannt dem morgigen Tag entgegensehen konnten. Uns fiel ein Stein vom Herzen. Nur eine Frage blieb: Wie sehr würde sich der Verkehr bei hohem Besucherandrang zum *Milford Sound* stauen? In Te Anau lauerten bestimmt viele Touristen, die sich am nächsten Tag auch auf den Weg machen wollten. Welchen Zeitpuffer mussten wir ansetzen? Wir planten das Doppelte der Fahrzeit ein.

Mirror Lakes

Lake Gunn Nature Walk

Thomas und ich gingen nach einem Sonnenbad am Nachmittag auf Erkundungstour und folgten dem ausgewiesenen *Nature Walk*. Und was für ein *Nature Walk* das war! Wir zweifelten mittlerweile keine Sekunde mehr daran, dass das Fantasy-Epos »Herr der Ringe« nur hier in Neuseeland hatte gedreht werden können. Wir tauchten bereits nach wenigen Metern in einen grünen Höllensumpf ein. Lebende wie tote Bäume, die unaufgeräumt kreuz und quer lagen, abgefaulte Stümpfe, verweste Äste, Sträucher, silbrig flirrendes Laub, modrige Borken, knorpelige Wulste und Verwachsungen – und alles umschlungen von Flechten und Moos. Was für ein urzeitliches Szenario.

Wir wiesen uns gegenseitig auf die unglaublichen Farben und Bilder hin, die jeder für sich als unwirklich und faszinierend erachtete. Andernorts fiel unser Blick durch das Gestrüpp auf den lichtüberfluteten *Lake Gunn,* der anmutig und still die schneebedeckten Gipfel, Berge und Wälder um sich versammelte. Die Temperaturen waren gestiegen, die kalten regnerischen Tage an der Ostküste vergessen. An diesem Nachmittag konnte ich die Kamera kaum aus der Hand geben und lichtete jedes noch so ähnliche Motiv mehrmals ab.

Als wir früh am Morgen losfuhren, lagen fünfzig Kilometer bis zum Milford Sound vor uns. Der WOMO warnte vor dem einspurigen *Homer-Tunnel* und dem langen zehnprozentigen Gefälle, bei dem es galt, die Bremsen nicht zu überhitzen. Als wir aber die kritischen Stellen ohne Probleme passiert hatten, atmete ich tief durch. Ohne jedes Störfeuer erreichten wir den Parkplatz, von wo aus uns ein Shuttle zum Hafen brachte. Hier herrschten Enge und Betriebsamkeit und ich konnte aufgrund der Ortslage nachvollziehen, dass hier keine Übernachtungen im großen Stil möglich waren. Ausflügler schwirrten hektisch in das Terminal und kamen wieder heraus. Da wir ausreichend Zeit hatten, tranken wir noch schnell einen Kaffee. Auf dem Weg zurück zum Hafen fiel uns die heroische Landschaft ins Auge. Der Sound und die aufragenden Berge ruhten unbeweglich nebeneinander. Als wir das Schiff betreten hatten und es an steilen Bergflanken entlang durch das Wasser glitt, tauchten vor meinen Augen Fabelwesen auf. Wenn nicht hier ein Treffen mit Gandalf, Gollum und den Hobbits möglich war, wo dann? Wir mussten arg den Kopf heben, um auf den Gipfeln nach ihnen zu suchen. Als der Sonnenstrahl immer tiefer an den dunklen Hängen hinabglitt, hauchte er auch den Niederungen Leben ein, sodass sich die Robben auf den Felsvorsprüngen sonnen konnten. Die *Sterling*

Falls stürzten beeindruckende hundertfünfzig Meter hinab und dort, wo ihr Wasser auf den stillen See prallte, donnerte und zischte es. Die zweistündige Rundfahrt bis hin zur Meeresöffnung bot Licht und Schatten, vor allem aber einen heftigen kalten Wind, der durch die Schluchten fegte. Wir bewerteten den Milford Sound durchaus als lohnendes Ziel, allerdings stand er in meinem persönlichen Ranking nicht auf dem Spitzenplatz.

Milford Sound

Gegen Mittag fuhren wir die lange Strecke nach Te Anau zurück, tankten und beschlossen, Queenstown als neues Ziel auszugeben. Siebzig Kilometer Luftlinie klang wenig, doch zwang uns die undurchdringliche Gebirgswelt einen Umweg von dreihundert auf, wofür wir mit abwechslungsreicher Landschaft belohnt wurden. In Kingston landeten wir am Südende des *Lake Wakatipu,* der sich wie ein blaues »S« in das Gebirge bettet. Als die Sonne am späten Nachmittag langsam niederging, tauchte sie die Voralpen in ein sensationell goldenes Licht. Fasziniert von der warmen Stimmung, saß ich gebannt hinter dem Lenkrad und suchte immer wieder nach neuen Perspektiven, obwohl die Serpentinen an den Berghängen meine ganze Konzentration erforderten. Wäre James Bond zu Beginn von »Casino Royale« die Uferstraße des Gardasees nicht im Höllentempo entlanggeflitzt, hätte er ähnliche Eindrücke gewinnen können.

Queenstown explodiert als Touristenhochburg. Die schmalen Straßen, Ampeln, Kreuzungen sowie unzählige Touristen machten es uns nicht leicht, zu navigieren und den Campground zu finden. Ich hatte versucht, telefonisch zu reservieren, doch bei dem Andrang hatten sich die Betreiber nicht darauf eingelassen. Weder froh noch enttäuscht darüber, dass die beiden Campingplätze ausgebucht waren, steuerten wir sofort den von Thomas recherchierten Low-Budget-Campground fünfzehn Kilometer außerhalb an. In Richtung Glenorchy lag die *Twelve-Mile-Delta Campsite.* Uns erwartete ein einfacher großer Platz am Seeufer, von dem sich ein sagenhafter Blick über das Wasser auf die gegenüberliegenden Berge auftat. Allein deshalb konnte uns der städtische Campground gestohlen bleiben.

Nach einer kalten Nacht wachte ich früh auf und sah, wie sich die Sonne langsam hinter dem fantastischen Bergpanorama erhob. Mir wurde immer bewusster, wie reich uns die Natur beschenkt und mit welcher Fahrlässigkeit wir sie global gefährden. Dass sich insbesondere die Neuseeländer sorgsam um sie bemühen, kann ich nur mit großer Dankbarkeit erwidern.

Thomas und ich interessierten uns nicht für Queenstown und planten, eine Fahrt an die Nordspitze des Sees in Angriff zu nehmen. Kaum hatten wir die letzte Biegung umfahren, versank (fast) alles in atemberaubend strahlendem Blau. Sollte ich zuvor das viele Grün betont haben, erlebten wir hier unser blaues Wunder. Die Farben des Himmels und des Wassers dominierten vollends die Kulissen und ließen das Braun der Berge, das Grün der Pflanzen, das Weiß der Schäfchenwolken und des Schnees auf den Gipfeln nur kleine Akzente setzen. Die Luft flirrte stechend klar.

In Glenorchy angekommen, baute sich vor uns die Gebirgswand auf, die wie ein Schutzschild jeden Eindringling abzuwehren versuchte. Wir setzten uns in ein Café, aßen im Garten des Siedlerhauses ein Stück Kuchen und sogen die friedvolle Stimmung auf. Ich kann jedem diese Strecke nur empfehlen.

Eine zweite Nacht auf dem *Twelve-Mile-Data Campground* zu verbringen, schlossen wir aus. Wir hatten alles gesehen und kein neuer Eindruck konnte den vorherigen übertreffen. In Frankton, kurz hinter Queenstown, stoppten wir am Ufer des Sees und setzten uns im Campinggestühl in die erste Reihe. Ein letzter langer Moment, bevor wir den Bogen zur Westküste schlagen wollten.

Auf dem Weg hielten wir im kleinen Ort Arrowtown und fühlten uns in eine Cowboy-und-Western-Stadt versetzt. Die einstige Goldgräberstadt hatte beschlossen, ihre Geschichte lebendig zu erhalten, alte Häuser zu restaurieren und mit einem Facelifting den Tourismus anzukurbeln. Dass dies gelungen schien, sahen wir an den vielen Besuchern, die durch die Straßen wandelten, mit uns an den Fassaden hochschauten und historische Gebäude bewunderten. Die Schaufenster der dekorativen Läden lockten besonders Thomas. Da wir uns wegen Übergepäcks manch Andenken verkniffen, hatten wir bei der schmucken Auswahl an Textilien einen Geistesblitz. Jeder von uns wählte ein T-Shirt mit maorischem Muster aus und tauschte es gegen einen alten Fetzen. Im Glauben, hochwertige heimische Ware zu einem beachtlichen Preis erstanden zu haben, teilten uns später die Etiketten mit, dass mein T-Shirt in Pakistan gefertigt wurde. Auch Neuseeland arbeitet und denkt global.

Wanaka hielten wir für eine kleine Ortschaft mit *free camping areas.* Stattdessen stießen wir in ein zweites Wespennest, das wie Queenstown völlig überlaufen war und freies Campen verbot.

Am erstbesten *Holiday Park* wurden wir abgewiesen. Ausgebucht! Im Umland gab es einen Low-Budget-Campground. Diesen mithilfe von Thomas' Uralt-Handy und der *Campermate*-App aufzuspüren, scheiterte schon im Ansatz. Ich überredete Thomas, auf die preiswerte Variante zu verzichten und den nächsten freien Platz in einem *Holiday Park* zu nehmen. Unsere Blogleser warteten ohnehin auf brandaktuelle Berichte und Fotos. Auf dem *Mount Aspiring Holiday Park* außerhalb des Ortes konnte wir uns den vorletzten Platz sichern.

Ich erkundete die Anlage, kaufte ein größeres Datenvolumen

zum Surfen und genoss den erhöhten Blick auf den See, während sich Thomas auf der Wiese sonnte. Später verfasste er einen ausführlichen Artikel über die Erlebnisse der letzten Tage. Als er plötzlich lauthals fluchte, ahnte ich, was passiert sein musste. Zu viele Campinggäste hingen am Netz. Es war zusammengebrochen und sein Text zwischen den Satelliten in der Weite des Universums verschollen. In der Nacht erstellte er lustlos eine radikal gekürzte Fassung und schickte sie ab.

Am nächsten Tag machten wir uns zur Westküste auf. Da sich die Südalpen als Verwerfung der Pazifischen und der Australischen Platte seit über hundert Millionen Jahren in Nord-Süd-Richtung über die Südinsel erstrecken, begleiteten sie uns weiterhin.

In der *Wonderland Makarora Lodge* tranken wir bei ungewohnten dreißig Grad einen Kaffee und aßen eine Kleinigkeit. Wenig später schlug Thomas vor, die *Blue Pools* zu besichtigen. Ich hatte nichts dagegen, zumal die Bilder fantastisch aussahen. Nach einem guten Kilometer Fußmarsch durch dichten Regenwald erreichten wir die Hängebrücke, von der sich frohgemut junge Menschen in den *Makarora River* stürzten. Das kristallklare, leicht grüne Wasser, durch das wir bis zum weißen felsigen Grund schauen konnten, beeindruckte mich sehr. Als wir erfuhren, dass die blauen Pools erst einen Kilometer entfernt zu finden sein würden, streikten wir. Mir fiel auf, dass wir wählerisch wurden und nicht mehr jedem verführerischen Reiz hinterherliefen. Litten wir an Übersättigung?

Wir setzten uns einen Moment auf den steinigen Untergrund des Flussbetts und sahen dem johlenden Jungvolk zu, bevor wir weiterfuhren.

Nachdem in Haast an der Westküste die *free camping area* aufgegeben worden war, schlug Thomas den fünfzig Kilometer entfernten *Lake Paringa* vor, während ich den komfortableren *Holiday Park* in Haast bevorzugt hätte. Doch ich sah das Dollarzeichen in Thomas' Augen, und da wir gerade in einem *Holiday Park* übernachtet hatten, stimmte ich zu.

Nirgendwo spielte die Natur auf der Südinsel so sehr Ping-pong mit uns wie hier an der Westküste. In einem Radius von zwanzig Kilometern waren unterschiedlichste Naturräume vertreten. Wilde Strände in karibischen Farben, Fjorde, dichter Regenwald und die Alpen mit ihren Gletschern! Ich spürte, wie Neuseeland zum pompösen Finale anhob, bei dem sich auf engstem Raum alles verdichtete, was das Land zu bieten hatte.

Als wir in den tiefen Wäldern auf der *Lake Paringa Campsite* eintrafen, erwartete uns pures Idyll. Wir glaubten, in einem Meer von Bäumen nicht abgeschiedener unterkommen zu können. Einen Strich durch die Rechnung machten uns aber nicht nur die eintrudelnden Camper, sondern die stechenden Sandfliegen. Diese furchtbaren Nervensägen hatten uns bisher das Leben nur am Strand schwer gemacht. Jetzt tauchten sie sogar im Landesinneren auf und suchten sich gnadenlos ihre Opfer. Trotz des Mückensprays verbiss sich die eine oder andere in die Knöchel, die Waden oder in den Nacken. Sie brachten Thomas auf die Palme, dabei traf es andere ärger, die ungeniert ihre zerstochenen geschwollenen Fußgelenke und Unterarme präsentierten. Dennoch ließen wir uns das Essen am See im letzten Schein der Sonne nicht vermiesen.

Der *Fox Glacier* lag als Nächstes auf unserem Weg. Doch wegen schlechten Wetters, so riet die Mitarbeiterin der i-site, sollten wir uns lieber dem *Franz Josef Glacier* zuwenden. Die Prognosen für den nächsten Tag stünden dort günstiger. Sie bot uns dennoch einen Helikopterrundflug an, den wir dankend ablehnten. Ich wurde auf eine Personenwaage neben dem Tresen aufmerksam und fragte, ob wir diese benutzen dürften. Sie war zwar nur für Passagiere der Rundflüge gedacht, nach kurzem Zögern erlaubte die Dame uns aber eine private Gewichtskontrolle. Mein Ergebnis freute mich, hatte ich doch vier Kilo abgenommen, während sich Thomas die Haare raufte, da er kein Gramm schlanker geworden war. Er könne machen, was er wolle, klagte er wie so oft. Selbst der Verzicht auf Schokolade oder kalorienträchtige Snacks zu später Stunde wurde nicht belohnt. »Was soll ich denn noch tun?« Ich schwieg und liebte ihn auch ohne Gewichtsverlust. Die Angestellte lächelte und empfahl uns einen Rundgang um den *Lake Matheson*. Dort spiegele sich das Gebirge spektakulär im See. Noch ein *Mirror Lake*? Die Zeit gab es her und ein Spaziergang würde uns guttun. Dort angekommen, nahmen wir im Besucherbistro einen Kaffee. Vom Gewichtsverlust geblendet, gönnte ich mir grußlos zwei Stück Kuchen, während Thomas zum Auto schlich und sich andere Schuhe anzog. Anschließend starteten wir frohgemut den Rundweg, der uns bis zur erstbesten Spiegelung führen sollte. Bei schwüler Wärme dauerte es aber, bis wir halb um den See den *Jetty Viewpoint* erreichten und uns enttäuscht ansahen. Da spiegelte sich gar nichts. Der Wind kräuselte die Wasseroberfläche und die aufziehenden Wolken spendeten nicht genug Licht. Dafür konnten wir uns mit einer zweistündigen Wanderung brüsten, bei der Thomas vermutlich kein Gramm abgenommen hatte.

Nach dreißig Kilometern checkten wir im *Orange Cheep Campervan Park* in Franz Josef/Waiau ein und freuten uns, in dieser schönen Anlage unterzukommen. Wir parkten in einer kuscheligen Nische unter Palmen, profitierten von den umfangreichen Versorgungseinrichtungen und der informativen Beratung zu Ausflügen und Wettervorhersagen. Ein rustikales Restaurant ersparte uns das Kochen. Als ich mich nach dem Wetter des nächsten Tages erkundigte, schien der Vormittag für eine Gletschertour günstig, ab Nachmittag sollte es regnen. Ich schlug Thomas vor, zwei Nächte zu bleiben. Wir fühlten uns hier so wohl, dass wir zwischendurch die Seele baumeln lassen wollten. Es mag seltsam klingen, diese Redewendung zu gebrauchen, wo jeder Blick aufs Meer oder zu den Gipfeln für viele nichts anderes bedeutet. Jein! Auf dieser langen Reise spürten wir mit jedem neuen Ziel, wie »erholsam« es sein konnte, nichts zu planen, stumpf im Netz zu surfen, am nächsten Roman zu arbeiten, ein Buch zu lesen oder auch nur zu schlafen. Eine Auszeit von der Auszeit!

Vorwiegend junge Camper verströmten eine ausgelassene und frische Atmosphäre. Am ersten Abend kochten wir selbst, für den folgenden reservierten wir einen Platz im Restaurant.

Dass der Wettergott launisch ist und auch gerne mal Termine verschiebt, bewies er, als der Regen bereits in der Nacht über uns hinwegzog und nicht mehr aufhören wollte. Wir verbrachten den kompletten Tag im Wohnmobilbett und ließen die besagte Seele baumeln. Es war wirklich erholsam und lustig.

Erst tags darauf schlug das Wetter wieder um. Wir checkten aus und fuhren bei herrlichem Wetter zum *Franz Josef Glacier.* Wir wussten nicht, wie beschwerlich die Strecke zum Rand des Gletschers sein würde und ob uns Wetterkapriolen überraschten. Deshalb befolgten wir das Zwiebelprinzip und zogen T-Shirt, Pullover und Regenjacke übereinander.

Vom Parkplatz aus mischten wir uns unter die Ausflügler und gingen das Flussbett des *Waiau River* entlang. Es erstaunte mich, wie wenig Wasser die neuseeländischen Flüsse führten. Angesichts der zahlreichen Regenfälle erschien es mir fast schon absurd, auf trockenes Geröll zu schauen. Wir wanderten, flankiert von Bergen, Meter für Meter höher und informierten uns an den Hinweisschildern über den Rückzug des Gletschers. Dass sich der Franz-Josef-Gletscher in den letzten hundert Jahren um drei Kilometer zurückgezogen hatte und bis 2100 um fünf weitere abschmelzen würde, klang wie ein Mantra der heutigen Zeit und recht beängstigend. Dabei sind die Zahlen in Neuseeland weit weniger dramatisch als in anderen Regionen der Welt. Nach einer Stunde standen wir vor einer Absperrung. Vor uns öffnete sich der freie Blick auf die dreihundert Meter dicke Gletscherzunge, die zwischen den Bergen hervorlugt, bevor sie sich zehn Kilometer ins Bergmassiv windet. Ich hatte mir eine glatte, eisige Oberfläche ausgemalt. Stattdessen wirkte sie zerhackt, aufgesprungen, zerwühlt.

Eine ganze Weile erfreuten wir uns des Anblicks und kamen durch Zufall mit einem jungen deutschen Paar ins Gespräch, das uns auf dem Rückweg begleitete. Dreieinhalb Wochen hatten die beiden Zeit, ganz Neuseeland zu bereisen. Obwohl wir unser Sabbatjahr erwähnten und ohnehin neidische Blicke auf uns zogen, hüteten wir uns, unsere vielen Erlebnisse aufzuzählen. Wir bestärkten sie eher, dass ihre restliche Zeit noch wunderschön werden würde. Im weiteren Gespräch stellte sich heraus, dass die junge Frau Lehrerin war, was von nun an zum großen Thema zwischen ihr und Thomas wurde. Am Parkplatz wünschten wir ihnen alles Gute und setzten die Fahrt nach Hokitika fort, wo wir mit Glück im *Sunshine Star Beach* unterkamen.

Neben dem wilden Strand lag die wahre Attraktion auf der anderen Straßenseite des *State Highway 6,* wo die Betreiberin uns die *Glow Worm Dell* ans Herz legte. Nach der misslichen Situation mit den Glühwürmchen auf der Nordinsel schienen wir hier eine zweite Chance zu bekommen. Bis es dunkel wurde, trieben wir uns am Strand herum, legten uns in den Sand, atmeten die Meeresbrise ein und beobachteten die rollenden und krachenden Wellen. Ich nervte Thomas mit der Pinguinkolonie, die hier angeblich existierte. Thomas meinte, dass wir hier keine sehen würden. Leider behielt er recht. Nachdem sich im Abendrot immer noch kein Pinguin gezeigt hatte, fotografierte ich meinen Lieblingspinguin Thomas, der sich dafür ausnahmsweise zur Verfügung stellte.

Als es dunkel geworden war, spazierten wir zur *Glow Worm Dell,* wenige Schritte in den Wald hinein. Ich glaubte, in einen Raum zu treten, der mit Hunderten zarter Lichterketten ausgekleidet war und in dem sich auch ein Netz blinkender Punkte über uns spannte. Faszinierend war nicht das Licht, sondern dass hinter jedem hellen Punkt ein werbender Käfer steckte. Wie erfinderisch die Natur doch ist.

Für uns stand fest, dass wir die Südinsel gänzlich umrunden und auf der nächsten Etappe gen Norden an den *Pancake Rocks* vorbeifahren würden. Wenngleich zum Touri-Hotspot aufgemotzt, sprach die so skurrile wie elegante Struktur der Felsen an der Küste für sich. Sie ist das Ergebnis einer besonderen Laune der Jahrmillionen langen Erdgeschichte. Als Tier- und Pflanzenreste harte und weiche Schichten ausgebildet hatten, sorgten seismische Bewegungen der Kontinentalplatten dafür, dass der entstandene Kalkstein teils säulenartig zwei Kilometer angehoben wurde und ans Tageslicht driftete. Die Erosion hatte unterschiedlich auf die Gesteinsschichten eingewirkt, sodass sich dünn geschichtete »Pfannkuchen«

herausgebildet haben. Sogenannte *Blowholes* unterstützen mit zusätzlicher Verwirbelung des Wassers die Ausformung der *Pancake Rocks*. Im gleißenden Licht schäumte das hellblaue Meer unter uns und verlieh der Kulisse einmal mehr karibisches Flair.

Franz Josef Gletscher

Pancake Rocks

Cape Foulwind mit der kleinen Seelöwenkolonie nutzen wir für eine Zigarettenpause. Ich seufzte bei dem Gedanken an die fünfzig Kilometer Sackgasse, die uns zu unserer nächsten Unterkunft *Gentle Annie* führte. Für den Umweg ins Nowhere musste die Unterkunft einiges zu bieten haben. Junge Menschen betrieben die Anlage und lockten ihre Gäste mit einem ökologisch nachhaltigen Konzept sowohl bei der Einrichtung als auch mit nervig sparsamer Versorgung von Duschen und Toiletten. Trotzdem begeisterte mich der riesige Platz mit freiem Blick übers Meer. Sollten wir hier zwei Tage die Seele baumeln lassen? Ohne WiFi?

Als ich *Oparara Arch* als Ausflugsziel in Erwägung zog und mich informierte, schreckten wir beide zurück. Für den größten Steinbogen der südlichen Hemisphäre achtzig weitere Kilometer in die Pampa einzudringen und wieder zurückzufahren, dazu fehlte mir jede Motivation. Uns wurde die Entscheidung ohnehin abgenommen, als wir lasen, dass die Route für Wohnmobile ungeeignet sei. Manche Dinge erledigen sich von selbst.

Wir blieben nur eine Nacht, weil Thomas bereits auf den *Abel Tasman National Park* schielte, der mit sensationellen Fotos auf sich aufmerksam machte. Ich hatte auf der Fahrt im *Motueka Top 10 Holiday Park* vor den Toren des Nationalparks telefonisch einen Platz reserviert, da wir in der Hauptferienzeit mit großem Andrang rechneten. Da wir die Strecke dorthin nicht einfach durch den *Kahurangi National Park* abkürzen konnten, lag erneut ein dreihundert Kilometer langer Umweg vor uns. Tatsächlich herrschte in Motueka hektischer Ferientrubel und wir waren froh, am nächsten Tag im sehr viel beschaulicheren Marahau unterzukommen, das wir nach lästigen Serpentinen erreichten. Im *Marahau Beach Camp* wunderten wir uns über viele freie Plätze. Das smaragdgrüne Meer lag nur einen Steinwurf von uns entfernt, sodass wir sofort in Aktionismus verfielen und nach möglichen Ausflügen fragten. Diese betrafen aber hauptsächlich mehrstündige bzw. mehrtägige Wanderrouten. Viel angenehmer erschien uns dagegen das Wassertaxi, das an der Küste mehrere Haltepunkte ansteuerte. Die Entscheidung, uns faul ins Boot zu setzen und nicht zu wandern, rechtfertigten wir im Nachhinein damit, dass wir sonst niemals die unglaubliche Farbenpracht vom Meer aus so intensiv gesehen hätten.

Bei einem Kaffee trafen wir Manfred und Jörn aus Düsseldorf, mit denen wir ins Gespräch kamen und uns zum Abendessen im Restaurant verabredeten. Wir bildeten eine gesellige Runde und Thomas bemerkte, wie gut ihm doch eine Unterhaltung in seiner Muttersprache tat.

Nach dem Frühstück wurde das mit uns und weiteren Touristen schwer beladene Boot mittels Traktor ins Wasser gezogen. Alsbald flitzten wir im rasenden Tempo über das unruhige Wasser und schlugen nach jedem Luftsprung hart auf die nächste Welle. Ich versuchte mich nicht als Actiondarsteller, dem es bei Verfolgungsjagden im schnittigen Rennboot stets gelang, den Gegner mit gezielten Schüssen niederzustrecken. Stattdessen hielt ich mich krampfhaft am Gestänge des Bootes fest, um beim Fahrstil der jungen ungestümen Neuseeländerin nicht über Bord zu gehen. Sobald wir aber in die Buchten einfuhren, tat sich ein Paradies an Farben auf. Das Meer schimmerte smaragdgrün bis hin zu allen Blautönen. Selbst der beige-sandige Untergrund leuchtete hell durch das kristallklare Wasser. Der Strand setzte sich goldgelb ab, worauf das satte Grün des Regenwaldes und dann das Blau des Postkartenhimmels folgten. Fassungslos betrachtete ich mit allen Sinnen die Natur um mich herum.

Abel Tasman

Noch halb betäubt von den Eindrücken setzten wir tags darauf den Weg um den *Abel Tasman* herum zum *Cape Farewell* und zum *Wharariki Beach* fort. Wir hätten diesem Landstrich womöglich keine Beachtung geschenkt, wenn der Kollege unserer Freundin Gerti uns nach seiner eigenen Neuseelandreise nicht den Tipp verraten hätte. Um sicher zu gehen, buchte ich einen Platz im *Wharariki Holiday Park*. Die Wettervorhersage kündigte indes Regen an, und tatsächlich zog sich der Himmel zu, je näher wir unserem Ziel kamen. Dort angekommen beschlossen wir, sofort an den Strand zu gehen, bevor der Regen es verhinderte. Als wir nach einer halben Stunde den hügeligen Dünenweg überwunden hatten, öffnete sich ein breiter weißer Strand, in dessen Brandung Felsbögen vorgelagert standen. Trotz dunkler Wolken bereuten wir den weiten Abstecher nicht. Da der Regen einsetzte und immer stärker wurde, verkrochen wir uns in einer großen Höhle. Andere Strandgänger gesellten sich zu uns. Thomas unterhielt sich mit einem Mann, der in den Achtzigern die Atomkatastrophe von Tschernobyl zum Anlass genommen hatte, Deutschland den Rücken zu kehren und in Neuseeland ein neues Leben zu beginnen. Wir staunten und bewunderten ihn für diese folgenschwere Lebensentscheidung. Manche unserer Nachfragen irritierten ihn sichtlich, besonders als wir wissen wollten, ob er denn nicht Annehmlichkeiten wie Kultur, Kino und Theater als Deutscher vermisse. Er schüttelte den Kopf und erwiderte, dass sein Kinofilm lautete auszureiten, am Strand mit Freunden zu grillen und Fische zu fangen. Wir sahen seine zufriedene Miene und stellten fest, dass wir nach unserer Rückkehr mal wieder ins Kino gehen sollten. Als Thomas erwähnte, davon zu träumen, auf einem Pferd den Strand entlangzugaloppieren, gab uns der Mann die Adresse eines Reithofs, der auf unserem Weg lag. Plötzlich sahen wir, wie aus der hinteren Ecke der Höhle ein Seelöwe auftauchte, zu uns robbte und sich wenige Meter entfernt am Felsen seinen Pelz schubberte. Ein wohliges Grunzen folgte. Ein Zufall, der auf den Punkt inszeniert war.

In der anschließenden kurzen Regenpause kamen wir trocken zum Campground zurück. In der Nacht schlug das Wetter erneut um und der Himmel klarte auf. Nach dem Frühstück wollten wir den Strand bei Sonnenschein neu erleben. Wir überquerten die kräftezehrenden Dünen, und als wir an den Strand kamen, erfasste mich ein unglaubliches Freiheitsgefühl. Alle meine Gedanken und Gefühle schienen mit dem starken Wind übers

Meer hinausgetragen zu werden. Wir setzten uns windgeschützt in die Düne, um den grandiosen Ausblick zu genießen. Obwohl wir viele wilde Strände auf unserer Reise gesehen hatten, krönte sich der *Wharariki Beach* selbst mit seinem ganz eigenen Charakter. Bizarre Felsvorsprünge, kleine warme Tümpel mit dösenden Robbenbabys, weiß/schwarz changierender Sand und nicht zuletzt die wuchtigen Felsbögen.

Als wir beschlossen, zum Wohnmobil nicht dem vorgegebenen Weg zu folgen, sondern glaubten eine geschickte Abkürzung nehmen zu können, begann eine ungeahnte Odyssee. Zuerst schritten wir durch hohes Gras und stiegen auf den ersten Hügel. Wir unterschätzten den kräftezehrenden steilen Hang. Endlich oben angekommen, blickten wir über die Landschaft und sahen uns sofort einem zweiten Hügel gegenüber. Wir wähnten uns auf dem richtigen Weg, durchschritten eine kleine Senke und landeten keuchend auf dem nächsten Hügel. Dort versperrte uns eine eingezäunte Wiese mit einer Rinderherde den Weg. In der Ferne sahen wir jene, die sich an den rechten Weg gehalten hatte. Sie waren erschreckend weit entfernt. Da wir keinesfalls den ganzen Weg zurückgehen wollten, mussten wir an der Herde vorbei. Tollkühn stiegen wir über den Zaun. Die Tiere wirkten träge und genügsam. Thomas meinte, dass es Kühe seien, doch so viel Wissen konnte ich dem Lehrer noch entgegensetzen. Kühe hatten Euter, diese Viecher aber nicht. Für mich waren es ausgemachte Jungbullen. Ich bat Thomas, einen großen Bogen um die Tiere zu machen. Doch kaum hatten wir einen Schritt gemacht, wichen die ersten Tiere zurück. Nur zwei aufsässige Bullen nicht. Sie schnauften, starrten uns mit gesenkten Köpfen an und brachten sich in Position. Spätestens jetzt wurde uns beiden mulmig. Wir versuchten, ihnen nicht in die Augen zu sehen und langsam auszuweichen. Über die Wiese rennen und schnell über den Zaun klettern zu wollen, hielt ich für aussichtslos. Wir schlichen in großem Abstand um die Herde herum auf die andere Seite der Wiese. Zum Glück interessierten sich die Bullen nicht mehr für uns. Umständlich quälten wir uns über den Zaun. Unser Plan war aufgegangen, wir konnten aber immer noch nicht aufatmen, da der Hang furchteinflößend steil abfiel und uns mit all den Taschen eine unangenehme Rutschpartie bevorstand. Ich sah missmutig in der Ferne den Menschen zu, die den normalen Weg entlangspaziert waren. Äußerst bedächtig setzten wir die Schritte nach unten. Nun lag nur noch eine letzte steile Hügelwand vor uns, bevor wir uns wieder zu den anderen gesellen konnten. Wir schienen mit einem blauen Auge davongekommen zu sein, wäre da nicht der Bach gewesen, der von Weitem unsichtbar unter Gestrüpp und Bäumen lauerte. Das Hindernis mit einem kühnen Sprung zu überwinden, war genauso illusorisch wie ihn mit spitzen Zehen zu durchschreiten, denn er war erschreckend tief. Es gab zwei Optionen. Jeder von uns wählte eine andere. Thomas hatte quasi Badeshorts an und watete bis zur Hüfte durchs Wasser. Ich, der ich mit Rucksack und Kameratasche beladen war, krauchte wie eine staksige Schildkröte über starke Äste hinweg, um mich trockenen Fußes auf ihnen hinüberzuhangeln. Am anderen Ufer angekommen, sahen wir uns fassungslos an. Unser Großstädterleben hing in der Wildnis bereits nach wenigen Minuten am seidenen Faden. Unglaublich! Wir stiegen den Hang hinauf, wo uns die Spaziergänger mit überraschten Blicken bedachten. Als wir uns im Auto umgezogen und die Schuhe gewechselt hatten, gönnten wir uns im gegenüberliegenden *Archway Café* im Robinson-Crusoe-Ambiente ein Getränk und mindestens zwei Zigaretten. Als ich den Qualm in die saubere Neuseelandluft stieß, musste ich lächeln. Es hatte mir ein bisschen Spaß gemacht.

Cape Farewell, wenige Kilometer entfernt, wurde zum Sahnehäubchen eines wunderschönen, ereignisreichen Tages. Wir spazierten auf das grüne Dach der weißen Steilküste und sahen von oben auf das weite Meer und die Felsformation vor uns. Ein Motiv, das viele Jahre von Microsoft als Desktophintergrund benutzt wurde. Thomas legte sich auf die Wiese, ich machte Fotos. Beide zusammen und jeder für sich genossen wir den Moment der absoluten Freiheit und des Glücks.

Dünenlandschaft Wharariki Beach

Whariki Beach

Cape Farewell

Inzwischen hatten wir den Aufenthalt im Reitstall *Hack'n Stay* an der *Golden Bay* gebucht, den uns der ausgewanderte Deutsche empfohlen hatte. Thomas ließ sich für den nächsten Ausritt registrieren und hoffte, bald seinen Wunsch nach einem Galopp am Strand erfüllt zu bekommen. Leider hatte er die Rechnung ohne die rigorose Anführerin gemacht, der genug fadenscheinige Gründe einfielen, die Gruppe im langweiligen Schritttempo den

Strand entlangzuführen. So etwas Banales machte Thomas keinen Spaß. Statt mich mit einem Kaffee in die Sonne zu setzen und auf seine Rückkehr zu warten, schlich ich ihm hinterher und beobachtete, wie sie dahinzockelten. Genug Zeit, um mir eine kleine Liebelei auszudenken. Mit meinen Fußabdrücken stapfte ich ein riesiges Herz in den Sand, genau an der Stelle, wo sie abdrehen würden, um zum Stall zurückzukehren. Hoch zu Ross musste er es sehen, während ich im Gebüsch hocken und ihn dabei filmen wollte. Am Himmel entdeckte ich plötzlich eine atemberaubende Wolkenformation. Weiße Stratokumuli spannten sich wie parallele Rauchspuren einer Kunstfliegerstaffel in den Himmel. Als wäre das nicht spektakulär genug, hatten sich die »heiligen drei großen Schäfchenwolken« darunter platziert. So etwas hatte ich bisher noch nie gesehen.

Zum Glück hatte ich gerade noch rechtzeitig mein Herz fotografiert, als ein Jeep auf den Strand raste und darauf zusteuerte. Es kam, wie es kommen musste: Die Fahrerin war blind für mein Herzensanliegen und zerstörte es mit fetten Reifenabdrücken ihres Pick-ups. Empört schrie ich auf, woraufhin sie stoppte und mich ansah. Ich erklärte ihr, was sie getan hatte. Sie entschuldigte sich halbherzig, lächelte bedauernd und fuhr weiter. Mir blieb nichts anderes übrig, als Thomas später den Fotobeweis zu liefern.

Am nächsten Tag verließen wir *Hack'n Stay* und fuhren bis Nelson. Thomas' Laune litt unter großer Müdigkeit und dem Gefühl, reiseüberdrüssig zu sein. Die Summe aller Erlebnisse schlug über seinem Kopf zusammen. Ich ließ ihn an der Uferpromenade schlafen, während ich ins Café gegenüber ging und das WiFi nutzte. Ich surfte, schrieb als Co-Autor unseren Blog weiter und kommunizierte mit der deutschen Heimat. Danach kehrte ich zu Thomas zurück und brachte ihm einen Kaffee to go mit. Thomas wollte an diesem Tag keinen Kilometer mehr fahren und am liebsten für längere Zeit an einem Ort bleiben. Ich hatte nichts dagegen und wählte vor Ort den *Top 10 Holiday Camp* in Nelson aus.

Am nächsten Tag flanierten wir durch die Innenstadt und klapperten die wenigen Sehenswürdigkeiten und historischen Gebäude aus dem 19. Jahrhundert ab. Als wir uns für einen Kaffee in die Fußgängerpassage setzten, wies mich Thomas auf ein Klavier vor dem Museumsshop hin, das gespielt werden wollte. Nachdem ein Kind sich versucht hatte, bat mich Thomas, ihm den Gefallen zu tun. Wie immer brauchte es eine Menge Überzeugungskraft, bis ich mich hinsetzte und ein Medley aus verschiedenen Opernmelodien herunterklimperte. Ich freute mich über anerkennende Blicke und den Applaus der Passanten, hatte es aber nur geschafft, sie mit gekonntem Dilettantismus zu blenden.

Thomas' Wunsch nach Ruhe glaubten wir im *Cable Bay Holiday Park* nachkommen zu können. Hinter Nelson bogen wir vom State Highway 6 ab und fuhren in eine verlassene Naturlandschaft bis zur *Cable Bay*. Die bergige Insel *Pepin Island* drückt sich wie der Panzer einer Schildkröte in die Bucht und ist nur durch einen Damm mit dem Festland verbunden. Zur offenen Meerseite hin gelegen, bot der aufgeschüttete Steinstrand Thomas ein perfektes Refugium. Sonnenschein, Meeresrauschen und Stille machten ihn glücklich. Auch ich fühlte mich in dieser Abgeschiedenheit pudelwohl, sodass Thomas und ich übereinkamen, sofort den Aufenthalt um eine Nacht zu verlängern. Die freundliche Betreiberin empfahl uns einen Ausflug mit dem *Mailboat* zu den *Marlborough Sounds*. Nach kurzer Recherche buchte ich online für den übernächsten Tag eine Tagestour. Während Thomas sich der Muße hingab, ging ich auf Erkundungstour und kraxelte auf provisorischen Wegen den Festlandhügel hinauf. Ich erhoffte mir einen fernen Blick auf Nelson und die ganze Küste. Je höher ich kam, umso mulmiger wurde mir. Der unebene Weg ringelte sich derart schmal um den blanken Hügel, dass ich kaum beide Füße nebeneinandersetzen konnte. Wir hatten bereits erfahren, wie steil die Hänge nach unten stürzten, sodass es einem freien Fall gleichkommen würde, wenn ich ausrutschen sollte. Eine Stimme riet mir, kein weiteres Risiko einzugehen, nicht ohne Halt weiterzubalancieren und den Aufstieg abzubrechen. Ich tastete mich zurück und nahm die Einladung einer einsamen Holzbank an, um von dort gemütlich die Aussicht auf die mächtigen Erhebungen und das türkisblaue Wasser zu genießen.

Das Verhalten der anderen Camper hatte sich nicht geändert. Man grüßte kurz und ging weiter. Ich kam dennoch mit einem Mann aus Atlanta ins Gespräch. Er erzählte mir, dass er mit seiner argentinischen Frau und seinen vier Kindern fünf Monate lang die Route Spanien, Italien, Vietnam, Kambodscha und Neuseeland bewältigen wollte, bevor es in die USA zurückgehen würde. Ich zollte ihm Bewunderung, so eine lange Reise mit allen Kindern zu unternehmen, die alles andere als stille Hinterbänkler waren.

Cable Bay

Zwei Tage später brachen wir frisch und neu motiviert zu den *Marlborough Sounds* auf. Über fünfzig Kilometer längs wie breit ragt ein Labyrinth aus Inseln, Halbinseln, Buchten und Meeresarmen in die Tasmanische See. Als ich die Topografie vor mir sah, wirkten die Marlborough Sounds auf mich, als hätte sich vor Urzeiten eine Horde Nagetiere durch das Land gefressen, an allem herumgeknabbert und die Reste liegen gelassen.

Als wir am Morgen mit dem *Pelorus Mail Boat* von Havelock in die Sounds starteten, tauchten dichte Wolken und frischer Wind die Gegend in eine fast apokalyptische Stimmung. Wir trotzten der Kälte und setzten uns dick verpackt auf das Aussichtsdeck. Von dort betrachteten wir die endlosen Bergzüge, die wie uralte Dinosaurier ihren Rücken aus dem Wasser streckten. Was wir im Laufe der Fahrt über die wenigen hier lebenden Menschen erfuhren, forderte uns Respekt ab. Sich für diese »Robinson-Crusoe-Lebensweise« entschieden zu haben oder die Isolation in der Natur über Generationen fortzusetzen, erschien uns unvorstellbar. Das *Mailboat* ist für die Bewohner die einzige Verbindung zu jedweder Versorgung auf dem Festland. Es liefert nicht nur Post, Medikamente und Dinge des täglichen Bedarfs, sondern auch Geburtstagsgeschenke, die bestellt werden. Wir fragten uns, ob nur durchgeknallte Weltverbesserer, Öko-Idealisten oder Lebenskünstler in der Abgeschiedenheit lebten. Umso überraschter waren wir, als am Steg meist ältere Menschen auftauchten, die Lieferungen entgegennahmen und mit dem Bootspersonal ein Schwätzchen hielten. Wir fragten, was denn passiere, wenn jemand einen Herzinfarkt bekomme, dreimal wöchentlich zur Infusion oder Physiotherapie müsse. Im Notfall komme ein Helikopter oder die Menschen müssten »Urlaub an Land« machen oder mit dem *Mailboat* an einem Tag hin und am anderen zurückfahren. Mit dem Ertrag von Austernbänken und dem Fischfang sichern sich die Bewohner der Marlborough Sounds ihre Existenz. Andere heuern als Aushilfen auf Booten an.

Zur Mittagszeit kam die Sonne heraus und wir nutzten die Pause, die Bootsbegleiterin in ein persönliches Gespräch zu verwickeln. Sie war vor achtzehn Jahren aus privaten und wirtschaftlichen Gründen von England nach Neuseeland ausgewandert und hatte die »Lay-Back-Mentalität« am anderen Ende der Welt verführerisch gefunden. Das Image Neuseelands sei aber längst im Wandel begriffen. Immer häufiger rücke der Kommerz, das Profitdenken einer leistungsorientierteren Gesellschaft in den Vordergrund. Es fiel uns schwer, den Trend nachzuvollziehen, empfanden wir selbst das Leben in Städten doch als unaufgeregt und genügsam.

Nach sieben Stunden endete unser Ausflug mit dem *Mailboat* durch das einzigartige Naturparadies. Wir mussten noch lange an die Lebensweise und den Mut dieser Menschen zurückdenken.

Wenige Meter vom Hafen entfernt kamen wir im *Havelock Holiday Park* unter. Während des Essens überlegten wir, wie wir die letzten Tage mit dem Wohnmobil in Neuseeland nutzen wollten. Es widerstrebte uns, feste Termine zu machen. Nur zwei Tage waren für Christchurch verplant, um die Rundreise entspannt ausklingen zu lassen. Es lagen dreihundertfünfzig Kilometer auf dem *State Highway 1* vor uns, über Blenheim, den

Obstgarten und die Weingebiete Neuseelands, die Ostküste über Kaikoura bis nach Christchurch.

In einem exklusiven Weingut tranken wir einen Kaffee und gestanden uns ein, dass wir mental satt waren. Neuseeland hatte uns mit derart spektakulären Eindrücken überhäuft, dass uns eine Fortsetzung geschweige denn eine Steigerung kaum möglich erschien.

Schließlich erreichten wir den überfüllten Badeort Kaikoura. Dort einen Campground finden zu wollen, war aussichtslos. Doch die i-site half uns mit zwei Vorschlägen außerhalb des Ortes weiter. Der *Peteka Beach Holiday Park* lag unspektakulär an der wilden Küste, sodass es nichts zu erkunden gab und wir uns direkt am Strand auf die Bank setzten und Händchen haltend auf das Meer hinausschauten. Ich hatte plötzlich das Gefühl, als entwiche in diesem Moment die viele Luft, die wir durch Anspannung, freudige Erwartungen, Hoffnung und Staunen über dieses Naturparadies Neuseeland acht Wochen lang angestaut hatten. Das Ausatmen tat gut und beruhigte uns. Niemand konnte uns das Erlebte mehr nehmen. Unser ganzes Leben würden wir an diese Zeit zurückdenken.

Der *Amber Kiwi Park* in Christchurch, strategisch günstig zum Flughafen hin gelegen, bot alles, was wir für die finalen Arbeiten am Wohnmobil brauchten. Nachdem wir uns ausgeruht hatten, fiel uns Ralfs Hinweis ein, den *Sumner Beach* südlich der City nicht zu verpassen. Wie bei allen gutgemeinten Hinweisen war es eine Frage des Geschmacks. Für uns war es ein guter Stadtstrand, der an keinen der Küstenabschnitte, die wir erlebt hatten, heranreichte. Zurück in der Stadt kurvten wir durch die City. Wir wussten um die verheerenden Erdbeben 2010 und 2011, sodass wir gespannt waren. Es erscheint mir unangemessen, nach solchen Katastrophen trotz aller Anstrengung des Wiederaufbaus ein Urteil zu fällen. Die Innenstadt wirkte auf uns aufgrund sehr unterschiedlicher neuer Bebauung eher unübersichtlich. Noch lange erstrahlt nicht alles im neuen Glanz.

Am letzten Tag hätte ich mir geruhsames Ausatmen gewünscht, doch Thomas hatte Pläne und wünschte sich, die Küste nördlich von Christchurch in Augenschein zu nehmen. Ich denke, er erhoffte sich einen schönen warmen Strandtag. Das Eldorado für Surfer in New Brighton klang verführerisch, doch der heftige Wind machte ein Frühstück im Sand unmöglich. Thomas steuerte uns weiter in nördliche Richtung. Wir verhedderten uns mit dem Navi in den Straßen einer Wohngegend und kamen nicht, wie wir wollten, an der Küste entlang. Deshalb kehrten wir auf den *State Highway 1* zurück, um auf Höhe von Pine Beach erneut zur Küste zu gelangen. Hier blies der Wind nicht so heftig, dafür stach die Sonne enorm, sodass dies auch nicht der passende Ort war, um länger zu verweilen. Letztendlich fanden wir in Kairaki noch eine Gelegenheit zur Rast. Hier hatten sich einige Angler eingefunden. Einer von ihnen stand bis zu den Waden in der milchigen, helltürkisfarbenen Flussmündung des *Waimakariri River* und gab in seinem pinkfarbenen Shirt ein herrliches Fotomotiv ab. Nun war für mich der Schlusspunkt gesetzt und ich drängte Thomas, zum Campground zurückzukehren. Die letzten Stunden wollten wir die Weiterreise vorbereiten. Ich sprach mit dem Betreiber der Anlage, ob wir Utensilien wie Plastikkästen und Topper für ankommende Touristen spenden dürften. Nicht uneigennützig stimmte er zu und nahm fast alles selbst an sich. Uns störte es nicht, Hauptsache wir wurden die Sachen los und jemand hatte Verwendung dafür.

Am nächsten Morgen, ich hatte den Check-out auf dem Campground um zwei Stunden hinauszögern können, reinigten wir das Wohnmobil, um die Rückgabe so anstandslos und sauber wie möglich über die Bühne zu bekommen. Thomas beträufelte die Kratzer an der Verblendung nochmals mit etwas Öl, sodass sie kaum auffielen.

Da wir beschlossen hatten, unsere Reise mit einem Flug von Christchurch nach Melbourne fortzusetzen, und der Flug erst am folgenden Morgen um 6 Uhr 15 startete, nutzten wir ein weiteres Airbnb-Zimmer in Flughafennähe.

Ein Mitarbeiter der Caravanvermietung Apollo erwartete uns zur Abgabe des Wohnmobils. Er schien begeistert und lobte uns, dass er selten so ein sauberes Fahrzeug zurückbekommen habe. Unseren Hinweis auf die Schrammen belächelte er und winkte ab. »No problem!«

Unser Camper-Abenteuer in Neuseeland war hiermit beendet. Thomas schwor, nie wieder einen Camperurlaub zu machen, während ich es für möglich hielt. Egal was die Zukunft uns bringen würde, bei Urlauben mit einem Wohnmobil konnten wir nun getrost auf unsere Erfahrungen zurückgreifen.

Die Apollo-Vermietung stellte uns einen Shuttle zum Flughafen zur Verfügung, wo wir das Gepäck frühzeitig aufgeben wollten. Leider wurde es uns verwehrt, aber wiegen durften wir es. Übergewicht! Nun schlug Thomas' große Stunde. Wir packten um, bis das Gewicht passend verteilt war.

Ein Uber-Fahrer brachte uns zur Unterkunft, wo wir nach nur wenigen Stunden Schlaf erneut zum Flughafen aufbrachen.

Neuseeland gehört zu den abgelegensten und einsamsten Ländern, die wir in unserem bisherigen Leben bereist haben. Städte und Menschen sind bei der Übermacht der Natur reine Statisten. Dabei ist es zweifellos der Verdienst aller Neuseeländer, sich diese Naturvielfalt bewahrt zu haben. Mit strengen Gesetzen, Baubeschränkungen und rigiden Vorschriften für Camper tun sie ihr Möglichstes. Neuseeland war eine ganz besondere Erfahrung.

Wer noch nie schottische Highlands, irische Wiesen, karibische Strände, die Alpen oder die Fjorde Norwegens gesehen hat, wird all dies in Neuseeland auf der Fläche so groß wie Großbritannien finden.

NEUN

Australia again!

Völlig übermüdet brachte uns das Uber-Taxi gegen vier Uhr am nächsten Morgen zum Flughafen von Christchurch, wo wir uns zwei Stunden später in die Lüfte erhoben und eines der beeindruckendsten Länder dieser Erde verließen.

Wir kehrten nach Australien zurück, um uns für eine Woche wie geplant Melbourne näher anzuschauen. Danach, so spekulierte Thomas, könnten sich die *Great Ocean Tour* zu den Zwölf Aposteln sowie der *Coastal Drive* bis nach Sydney anschließen. In beiden Richtungen versprachen die Küstenabschnitte intensive Erlebnisse mit der Natur. Die Idee klang spannend und abenteuerlich, doch zuerst wartete Melbourne auf uns.

Das *Brand New Apartment* am nördlichen Rand der Innenstadt würde unser neues Zuhause sein. Wir hatten in Sydney bereits erfahren, wie attraktiv zur Erkundung einer Stadt zentral gelegene Wohnungen reisender Geschäftsleute waren. Zwar wirkte das Handling steril und wir trafen die Gastgeber leider nie persönlich an, dafür lief der Kontakt über soziale Medien schnell und reibungslos.

Da wir bereits am frühen Morgen in Melbourne eingetroffen waren, mussten wir samt Gepäck einige Stunden überbrücken, bis wir das Apartment beziehen durften. Die Gastgeber versprachen, die Zeit so kurz wie möglich zu halten.

Uns kam die Idee, im Bahnhof *Southern Cross* das Gepäck in

ein Schließfach zu stopfen, um unbeschwert die Zeit totzuschlagen. Thomas hatte nur ein freies Fach gefunden und stellte seinen Koffer hinein, um die Größe auszutesten. Außerdem wussten wir nicht, wie die Gebühr zu entrichten war, als die Tür plötzlich zufiel und nicht mehr aufging. Ratlos rauften wir uns die Haare. Aufregende Momente vergingen, bis sich ein Angestellter bequemte, den Koffer wieder freizugeben. Da es ohnehin kein zweites Fach für das restliche Gepäck gab, blieb uns nichts anderes übrig, als es weiter hinter uns herzuziehen. Wir beschlossen, im öffentlichen Café des *Police Department* um die Ecke zu frühstücken. Wir kauten in Zeitlupe, um Zeit zu schinden, während die Stadt erwachte und hektischer wurde. Nach dem letzten Bissen stapften wir um den Block, um uns mit der Umgebung vertraut zu machen. Dabei ratterten die zwanzig Kilo schweren Koffer über die unebenen Wege und knallten die hohen Bordsteinkanten hinunter, während die riesigen Rucksäcke an unseren Schultern hingen. Unser Blick fiel auf das nahegelegene *Marvel Stadium,* in dem uns am nächsten Abend ein besonderes Ereignis erwarten sollte. Wir waren mit der Idee auf Reisen gegangen, ein landestypisches Spektakel zu besuchen. Was lag da in Australien näher, als bei der Veranstaltung einer traditionellen Sportart wie Football, Rugby oder Cricket in den Enthusiasmus der Einheimischen einzutauchen. Thomas hatte deshalb in Vorbereitung auf Melbourne zwei Tickets für ein Cricket-Spiel ergattert.

Inzwischen schmerzten die Hände, und wir beschlossen, uns kurzerhand in die kostenfreie *Circular Lane* zwischen die Fahrgäste zu quetschen. Als wir aus den Fenstern starrten, erinnerten wir uns an die ersten Eindrücke, die wir während der Kreuzfahrt gewonnen hatten, und orientierten uns erneut.

Dann kam endlich die Meldung, dass das Apartment frei sei. Wir fuhren zurück und suchten nach der Lock-Box, in der die Schlüssel verborgen waren. Dieses Mal fand ich sie auf Anhieb.

Das Apartment gefiel uns außerordentlich, zumal der Ausblick vom dreizehnten Stock wie in Sydney atemberaubend war. Unsere Blicke stürzten in die Straßenschluchten, während die benachbarten Hochhäuser zum Greifen nahe waren.

Nachdem wir uns eingerichtet hatten, versorgten wir uns im nächsten Supermarkt für die kommenden Tage.

Als der lange, aufregende Tag zu Ende ging, fühlten wir uns müde, aber dennoch entspannt. Wir hatten uns eine Auszeit vom kilometerfressenden Getriebensein verschafft, konnten nach Lust und Laune die Stadt erkunden, »nach Hause« kommen und »die Seele baumeln lassen«.

Als wir uns am nächsten Abend dem *Marvel Stadium* näherten, kamen böse Erinnerungen an den Abend in der *Sydney Opera* auf, denn auch hier sahen wir nur Vereinzelte zu den Eingängen gehen. Ich griff mehrmals nach dem Handy, um sicher zu sein, es inklusive der Online-Tickets auch wirklich dabei zu haben.

Auf dem Weg zu unseren Plätzen gönnten wir uns ein Bier. Ich schielte enttäuscht auf die leeren Zuschauerränge im weiten Rund. Ich hatte einen Hexenkessel erwartet. Oder hatte Thomas uns ein unbedeutendes Kreisligaspiel ausgesucht? Ich fragte einen jungen Mann, wie wichtig dieses Match sei, da wir von außerhalb kämen und keine Ahnung hätten. Er schaute lächelnd im Internet nach und erklärte, dass Sydney gegen Melbourne in der obersten Liga auf den vorderen Plätzen um die Qualifikation spiele und für die Mannschaften viel auf dem Spiel stehe. Ich erzählte Thomas begeistert, dass wir ein Topspiel zu erwarten hatten und die Ränge sicherlich noch knackevoll werden würden.

Als sich die beiden Mannschaften warm spielten, waren immer noch achtzig Prozent der Plätze unbesetzt. Am Spielfeldrand brachten sich ein Fernsehteam und ein Kommentatorenpaar in Stellung, während der Stadionsprecher lauthals Werbung für süße Nestlé-Produkte ins Mikrofon brüllte. Die Zeit verging und nichts passierte. Vielleicht hatten wir eine australische Zeitverschiebung verpasst und das Spiel fing eine Stunde später an. Ich spekulierte herum und googelte aus Langeweile noch einmal die Spielregeln, die uns aber genauso unverständlich blieben wie die Punktevergabe. Als wir wieder aufschauten, trauten wir unseren Augen nicht. Das Spiel hatte begonnen – ohne uns. Kein Pfiff, keine anfeuernde Menschenmenge, selbst der Stadionsprecher hatte das Spiel nicht eröffnet. Sie spielten einfach drauflos. Unglaublich! In den ersten Minuten traf die schlagende Mannschaft kaum den Ball. Ich versuchte, die Fankurven der heimischen wie der gegnerischen Mannschaft auszumachen, doch niemand ergriff Partei für sein Team. Als nach einem deftigen Treffer der Ball endlich im weiten Rund des Stadions verschwand und die Höchstpunktzahl erreicht wurde, entflammte pyrotechnischer Zauber für einen Moment die johlende Menge, bevor die meisten wieder in ihr Handy versanken oder den Smalltalk mit dem Nachbarn fortsetzten. Die Familie neben uns überschüttete ihre Kinder mit jeglichem Schnickschnack: Cola, Fanta, Popcorn, Plastikspielzeug und würzige Tacos. Das Spiel selbst schien sie nicht so recht zu interessieren. Auf den Köpfen einiger Zuschauer türmten sich nagelneue knallrote Popcornbehälter, als wäre Ressourcenverschwendung der neueste Trend. Einerseits veranstalten die Australier einen Riesenzinnober, um den Artenschutz ihrer endemischen Flora zu bewahren, während sie andererseits für amerikanisch anmutendes Produktentertainment Wälder abholzen.

Eine Stunde lang saßen wir konsterniert und gelangweilt herum. Thomas zuckte mit den Schultern, als ich fragte, wie lange das Match noch gehe. Nach eineinhalb Stunden dachten wir, das Spiel sei vorbei. Zu früh gefreut, es war erst Pause. Wir wollten dennoch die Veranstaltung bis zum Ende durchstehen. Vielleicht urteilten wir vorschnell. Doch leider dümpelte die zweite Hälfte so spannungslos dahin wie die erste. Nach einer weiteren Stunde kam das Ende so abrupt wie der Beginn. Nach kurzem Feuerzauber verließen die Spieler den Platz, als hätten sie ein ungeliebtes Training absolviert. Kurzer Applaus, und dann leerte sich das Stadion. Gegen Cricket ist Rhönradturnen eine hochemotionale Sportart.

Da wir uns noch gut an die City erinnern konnten, wollten wir die Stadtteile näher erkunden. Besonders auf die Szeneviertel *South Yarra* und *Collingwood* richteten wir unser Augenmerk, da dort angeblich auch die Gay-Community zu Hause war.

Mit Bus und Bahn erreichten wir zuerst *South Yarra*, wo wir die *Chapel Street* hinuntergingen und von einer lebendigen Vielfalt angezogen wurden. Kleine bunte kreative Geschäfte, zahllose Pubs, Cafés und Restaurants verströmten eine lebensfrohe Atmosphäre, von der wir uns anstecken ließen.

Viele Gebäude stammen aus den letzten Jahrhunderten, präsentieren im Parterre die kommerzielle Moderne, während die obere Fassade im viktorianischen Stil an die Vergangenheit erinnert. Es machte uns großen Spaß, die Blicke wandern zu lassen. Nach einigen Kilometern setzten wir uns in die Bahn, durchquerten die Innenstadt und gelangten in den Stadtteil *Collingwood*. Thomas hatte eine Bar recherchiert, in der abends eine LGBT-Show aufgeführt werden sollte. Nur leider fanden wir die Hausnummer nicht, das Etablissement schien wie vom Erdboden verschluckt. Dann eben nicht, sagten wir uns und zogen weiterhin lustvoll durch die vibrierenden Straßen. Unseren Hunger stillten wir am frühen Abend mit einem Hamburger auf der schnuckeligen, aber überfüllten Dachterrasse einer Cocktailbar. Alle Gäste schienen mit einem Drink ausgelassen das Wochenende einzuläuten. Wir ließen uns von der chilligen Atmosphäre mitreißen, wenn auch nur als Zaungäste.

Mit einem Kontrastprogramm starteten wir in den nächsten Tag. Anlass waren die berühmten bunten Strandboxen am *Brighton Beach*. Hier hatten die Kreuzfahrer Joel und Michael sich das Ja-Wort gegeben, wobei wir - im Gegensatz zu ihnen - vom hochsommerlichen Wetter profitierten. Mit dem Nahverkehrszug erreichten wir *Brighton Beach Station* und entdeckten bald die farbenfrohen Kabinen. Wir gingen den Strand entlang und umkurvten die Sonnenanbeter, die sich einen entspannten Samstag am Meer gönnten. Wir suchten vergeblich nach gastronomischen Angeboten. Stattdessen besorgte ich an einem einsamen Verkaufsbulli Eis und Getränke.

Leider waren wir für den überraschend heißen Strandtag nicht ausgerüstet, schlurften lediglich durch den Sand, ließen die Blicke kreisen, setzten uns auf einen Felsen und schlabberten das Eis. Danach traten wir den Rückweg an.

Im Veranstaltungskalender von Melbourne stieß Thomas im Internet für den nächsten Tag auf das *Midsumma Festival* in St. Kilda. Nach dem stimmungslosen Cricket-Spiel versprachen wir uns vom bunten Straßenumzug eine Menge Spaß. Da wir *Mardi Gras*, die weltberühmte LGBT-Parade in Sydney, im März verpassen würden, freuten wir uns umso mehr auf dieses kleine Parallelevent hier in Melbourne.

Beach Boxes Brighton

Midsumma Festival

Ausgelassene Menschen verbreiteten eine tolle Atmosphäre, als wir am Sonntag die *Fitzroy Street* entlang zum *Catania Park* gingen. Zwei Stunden lang verfolgten wir den farbenfrohen Umzug und die lebensfrohe Demonstration gegen Diskriminierung und für Respekt und Toleranz. Drag Queens zelebrierten ebenso ihren Anspruch auf Vielfalt wie Schüler, Sportler in schrillem Outfit sowie uniformierte Militär- und Polizeikorps.

Nachdem der Umzug beendet war, stillten wir unseren Hunger in der Strandgastronomie, legten uns an den Strand und schwammen ein paar Züge im Meer. Amüsiert verfolgten wir eine Szene, die uns in Deutschland befremdlich vorkommen würde. Die patrouillierende Polizei entdeckte unter den Badegästen einen Mann, der am Strand Alkohol konsumierte. Sie sprachen ihn an und nach kurzer Plauderei verschwand die Flasche flugs wieder in der Tasche des Mannes.

Wir hatten den Tag in *St. Kilda* sehr genossen.

Ganz andere beeindruckende Bilder bekamen wir am nächsten Tag vom *Eureka Tower*. Auf zweihundertachtzig Metern Höhe, mitten im CBD von Melbourne, genossen wir den grandiosen 360°-Blick über die Metropolregion Melbourne. Die bis zum Horizont sich erstreckenden zweihundert Stadtteile wirkten wie ein fein gewobenes Spinnennetz. Dass Melbourne erst 1835 über sechzig Jahre nach Sydney von europäischen Siedlern aus Tasmanien gegründet worden war, erstaunte mich. Mir war nicht bewusst, dass sich die Besiedlung des fruchtbaren Küstenstreifens so lange hingezogen hatte.

Im steifen Wind der Aussichtsplattform verglichen wir unsere Eindrücke mit denen von Sydney. Melbourne hatte zweifellos alle Vorzüge, um mit der berühmten Schwester in New South Wales mitzuhalten. Wir konnten die Lebenszufriedenheit der Melbourner geradezu spüren, doch gegen die Schönheit der umliegenden Natur Sydneys, dessen weitreichendes Hafenidyll sowie die beeindruckenden Blicke bleibt Melbourne in unseren Augen chancenlos.

Das Tagesticket ermöglichte es uns, die Aussichten vom *Eureka Tower* auch bei Nacht zu erleben. Um die Zeit zu überbrücken, spazierten wir durch das östliche Zentrum zum Carlton Park, wo wir das 1880 erbaute und damals größte Gebäude Australiens, das Royal Exhibition Building, gerne von innen gesehen hätten. Da das Gebäude an diesem Nachmittag durch eine Gedenkfeier gesperrt blieb, gingen wir hinüber zum Melbourne Museum, das im Begriff war, seine Pforten zu schließen. Thomas konnte nur noch schnell durch den Souvenir-Shop huschen.

Nach Einbruch der Dunkelheit kehrten wir zum *Eureka Tower* zurück, wo sich vor und unter uns das Lichtermeer der Fünf-Millionen-Stadt ausbreitete. Besonders eindrucksvoll wirkten die zum Greifen nahen Wolkenkratzer. Wir schöpften die Besuchszeit aus, beendeten den Höhenflug und sausten mit dem Fahrstuhl zur Erde zurück. Wieder festen Boden unter den Füßen, flanierten wir am Ufer des *Yarra River* entlang und schauten an den gläsernen Himmelsstürmern des *Central Business District* empor. Auf der anderen Seite strahlte die schmucke bunt beleuchtete Fassade der alten *Flinders Station*.

Wir hatten Melbourne in sieben Tagen kennenlernen wollen, doch es ist illusorisch zu glauben, diesem Anspruch in der letztendlich knappen Zeit gerecht zu werden. In wenigen Stunden würden wir die Stadt verlassen, ohne mit Insidern dem wahren Lebensgefühl Melbournes näher gekommen zu sein.

Mit *billiger-mietwagen.de* hatten wir bisher gute Erfahrungen gemacht und deshalb einen Wagen gemietet, den wir im Stadtbüro der Firma Hertz am nächsten Tag abholen konnten. Alles schien auf eine problemlose Übergabe hinzudeuten. Wir begutachteten das Auto, machten die obligatorischen Fotos von vorhandenen Schäden und fuhren los. Dass einer der hinteren Reifen etwas weniger Luft hatte, nickten wir weg. An jeder Tankstelle konnten wir ihn aufpumpen.

Wir starteten zur *Great Ocean Tour* gen Westen, deren Ziel die zweihundertfünfzig Kilometer entfernten *Twelve Apostles* waren. Der graue Schleier des regnerischen Wetters schluckte die Farben und den grandiosen Ausblick auf die Landschaft. Einzig der kurze Stopp am *Eagle's Rock* belebte die eintönige Kulisse, weil ich dort meinen Freunden wieder begegnete, den Gelbhaubenkakadus. Sie lauerten im Baum nahe dem Parkstreifen, andere streiften durch die Lüfte. Einer von ihnen ließ sich keck auf dem Parkschild nieder, balancierte mit dem Fuß und schob sich mit dem anderen eine trockene Samenkapsel in den Schnabel. Das Foto gehört zu den lustigsten und frechsten in unserer Sammlung. Vereinzelt tapsten Papageien über die Wiese zum

Strand. Ich liebte den Anblick dieser exotischen Tiere in der freien Natur.

Anfangs noch uneins, wie viele Zwischenstopps wir einlegen sollten, beschlossen wir, nach dem Großteil der Strecke in Marengo bei Serena zu übernachten. Nachdem wir bei ihr eingecheckt hatten, empfahl sie uns in Apollo Bay ein Restaurant, in dem wir sehr lecker, aber auch zu einem beachtlichen Preis dinierten.

Als wir die *Great Ocean Road* weiterfuhren, machten wir am Leuchtturm von *Cape Otway* Halt. Endlich war die Sonne hervorgekommen und schenkte uns ein paar helle Momente, in denen wir den Blick auf den weiten Südpazifik genossen. 1848 als heute zweitältester Leuchtturm auf australischem Festland erbaut, sichert dieser seitdem mit seinem Leuchtfeuer vielen Seeleuten die Fahrt durch die *Bass Street*.

Auf der weitläufigen Anlage lockte uns ein Vortrag über die Aborigines, die hier gelebt hatten. Alle Interessenten fanden sich unter einem Zelt im Wald zusammen und lauschten den Ausführungen eines Mannes, der uns im Laufe des sehr langen Vortrags mit seiner Kritik am westlichen Lebensstil und der Ignoranz der Natur gegenüber nicht nur ermüdete, sondern mit der Zeit auf die Nerven ging. Die Lebensform der Aborigines ist zweifellos naturverbundener als die unsere und wir könnten viel von Naturvölkern lernen. Doch das war auch ohne diesen Schlaumeier unstrittig. Thomas und ich blieben aus schlechtem Gewissen bis zum Ende der Veranstaltung, während sich andere rechtzeitig abgeseilt hatten.

Dass die *Twelve Apostle*s eine nachgefragte Sehenswürdigkeit sein würden, ahnten wir, hofften aber, die über Jahrmillionen erodierte Küste in trauter Zweisamkeit und Muße bewundern zu können. Als wir jedoch am späten Nachmittag auf den riesigen Parkplatz fuhren, wurde klar, dass uns eine Völkerwanderung bevorstand. Hunderte drängten zu den Aussichtsplattformen, wo selfiesüchtige dauerfotografierende Asiaten zur Belastung wurden. Sie waren zweifellos Touristen wie wir, die sich dieses Highlight auch nicht entgehen lassen wollten. Trotzdem mussten wir uns Blicke auf die berühmte Felsformation körperlich erkämpfen. Jung wie alt, allein oder in Gruppen versuchten sie, sich mit Faxen auf Selfies selbst zur Hauptattraktion zu machen. Unbeeindruckt von der Menge um sie herum blockierten sie die Geländer, stellten sich auf Bänke, rissen die Arme hoch und wichen erst zurück, als wir uns zwischen sie drängten. Einige fuchtelten mit den Teleskoparmen vor unserer Nase herum. Besinnliche Momente in der Natur sehen anders aus.

Twelve Apostles scheinen grundsätzlich ein Fake zu sein. In Kapstadt bewunderten wir achtzehn Bergkuppen statt zwölf. Hier an der *Great Ocean Route* hatten statt zwölf einst nur neun Felssäulen bis zu sechzig Meter aus dem Meer geragt, bis 2005 die neunte erodierte und in sich zusammenfiel. Da waren es nur noch acht. Die Reste sahen wir im seichten Wasser liegen. Es fiel mir schwer zu glauben, dass die *Apostles* einst Teil der wellenförmigen Steilküste gewesen waren und nun als solitäre Gebilde gegen die gewaltige Erosionskraft des Meeres ums Überleben kämpfen.

Als ich das Juchzen und Gebrabbel der Umstehenden für einen Moment ausblenden konnte und sich ein freier Blick ergab, schauten wir auf eine wildromantische Küste. Im diesigen Schleier wirkten die vorgelagerten Felsen wie uralte weise Propheten. Doch auch dieser Gedanke ließ sich nicht länger weiterspinnen, denn inzwischen tönten auch noch die Helikopter mit ihrem heftigen Rotorenschlag über unseren Köpfen.

Wir verließen mit gemischten Gefühlen das Spektakel und machten uns auf den langen Weg durch Nieselregen zurück Richtung Melbourne nach Connewarre. Zwischendurch tankten wir und pumpten den Reifen auf, der erneut Luft verloren hatte. Zwischendurch fragte ich mich, ob sich die fünfhundert Kilometer zu den *Twelve Apostles* wirklich gelohnt hatten. Andererseits durften wir nicht ernsthaft erwarten, dass jeder unserer Ausflüge mit superlativen Eindrücken gekrönt würde.

In Connewarre bezogen wir unseren Garagenbungalow, den wir von Jodie angemietet hatten. Wir schätzten das Internetportal *Airbnb* mit jeder Unterkunft mehr und waren bisher auf kein Angebot hereingefallen. Fast alle Vermieter begegneten uns freundlich, hilfsbereit und interessiert, zu denen auch Jodie gehörte. Da wir oft nur einen Over-Night-Stand planten, kamen wir meist über einen netten Smalltalk mit den Gastgebern nicht hinaus.

Twelve Apostles

Zwölf Tage hatten wir nun Zeit, über den *Coastal Drive* Sydney zu erreichen. Laut den Beschreibungen lagen weit mehr als tausend Kilometer und die angeblich reizvollste Küste des Landes vor uns.

Bei wieder herrlichem Wetter entgingen wir dem großen Umweg durch Melbourne um *Port Phillip* herum und nutzten stattdessen die Fährverbindung an der Buchtöffnung von

Queenscliff nach Sorrento. Die folgende Bucht *Western Port* allerdings mussten wir umfahren, um nach *Phillip Island* zu gelangen.

Auf dem Eiland steuerten wir den Ort Cowes an, wo uns die Besitzer des *Bayside Bungalow* erwarteten. Da uns das kleine Häuschen im Garten sehr gut gefiel, fragten wir eine zweite Nacht an. Leider lag bereits eine Anschlussbuchung vor. So blieb uns nur an diesem Abend Zeit, die berühmte Kolonie der Zwergpinguine zu besuchen, der einzige Grund, weshalb wir nach Phillip Island gefahren waren. Wie und wann wir die Tiere beobachten konnten, klang reichlich kompliziert. Angeblich durften sich Besucher nur mit einem Ranger am Strand den Pinguinen nähern. Andererseits lasen wir von einer abgesperrten Arena, in der Zuschauer durch eine Glasscheibe auf die watschelnden Genossen blicken konnten. Wir glaubten, dass unsere Fragen vor Ort am besten beantwortet werden würden. Zuvor aber sonnten wir uns, badeten in der Bucht und harrten bis zur Dämmerung aus.

Ich fieberte dem Schaulaufen der possierlichen Tiere entgegen, doch als wir auf den Parkplatz bogen, trauten wir unseren Augen nicht. Es ging hier zu wie bei den *Twelve Apostles*. Autos! Überall! Absperrbänder verwirrten uns auf der Suche nach einem freien Platz. Die Blechlawine ließ nichts Gutes ahnen. Als wir irritiert eine Ordnerin fragten, ob es Sinn mache zu bleiben, erwiderte sie mit Blick auf die Uhr, dass der Strand in wenigen Minuten ohnehin gesperrt werde. Wir sahen uns einen Moment ratlos an. Jeder von uns hatte bereits entschieden, umzudrehen und stattdessen essen zu gehen. Ich stellte mir vor, wie mich unter Hunderten von Menschen bei Kindergekreische und mit verbotenem Blitzlichtgewitter eine Plexiglasscheibe von den Pinguinen getrennt hätte. Von nun an begrub ich jede Hoffnung, Pinguine in ihrem natürlichen Lebensraum beobachten zu können.

Am nächsten Tag verließen wir Phillip Island und fuhren nach Wonthaggi, wo uns die neue, etwas schrullige Vermieterin Kathreen gleich nach der Ankunft stolz ihren winzigen Ökogarten präsentierte. Als Thomas und ich auf das Salatbeet starrten, zwinkerten wir uns zu und versicherten ihr, wie meisterlich sie den Garten angelegt habe.

Nach Kaffee und Kuchen wurde es etwas undurchsichtig, als sie einen Mann begrüßte, der wohl nicht in Erscheinung treten wollte und dessen Rolle uns verborgen blieb. Wir nutzten die Chance, um zu verschwinden. Kathreen reservierte für uns für den Abend noch schnell einen Tisch im *Wonthaggi Hotel.*

Über Cape Paterson fuhren wir die Küstenstraße bis Inverloch und waren beeindruckt vom beschaulichen Leben der Bewohner an der *Surf Parade,* eine schmale Durchfahrt direkt am Wasser. Die Häuser standen verträumt gegenüber der ufernahen Böschung. Am Hafen von Inverloch schweifte unser Blick über das blaugrüne Meer. Wir schüttelten ungläubig den Kopf, wie sehr das klare Licht uns einen neuen Farbrausch bescherte.

Auf dem Hinweg waren wir achtlos an den Aussichtspunkten vorbeigefahren. Wir hätten es uns nie verziehen, sie nicht wenigstens auf dem Rückweg zu beachten. *Eagles Nest* klang wenig spektakulär und tatsächlich gab der aufragende Felsen nicht viel her. Dafür raubte mir der spektakuläre Meeresboden den Atem. Ich kannte nur den sandigen Grund der Nord- und Ostsee. Hier aber offenbarte sich bei leichter Ebbe geradezu eine architektonische Meisterleistung der Erosion. Wie in einer durch Bomben zerstörten Stadt en miniature reihten sich kleine Hohlräume aneinander. Wie konnte so etwas Präzises entstehen? Die Abbruchkante eines glatt polierten Felsens zeigte rundliche blauweiße Löcher wie versteinerte Waben. Ich war fasziniert von diesen Kunstwerken und konnte den Blick kaum abwenden, wäre mir in der Abendsonne nicht ein noch schöneres Motiv aufgefallen: Mein Mann! Ihn mit einem Porträt von sich selbst zufriedenzustellen, ist schier unmöglich, doch als er braungebrannt mit Dreitagebart und verführerischem Lächeln um die Ecke sah, konnte das Foto nur gelingen. Nun steht er gerahmt auf dem Klaviersims und erinnert mich an die vielen unvergesslichen Stunden mit ihm.

Das *Bunurong Coastal Reserve* und *Shack Point* spielten in derselben Liga wie die malerischen Strände in Neuseeland.

Wir hatten einen wundervollen Nachmittag verbracht. Auf dem Heimweg fuhren wir an eine Tankstelle und pumpten den wieder ermüdeten Reifen auf. Wir gewöhnten uns daran und ahnten, dass es bis zur Abgabe so weitergehen würde. Da wussten wir noch nicht, dass es anders kommen sollte.

Bunurong Coastal Reserve

Zum Frühstück unterhielten wir uns mit Kathreen, die uns in ihr Herz geschlossen zu haben schien. Sie empfahl uns den *Wilsons Promontory Nature Park,* der ohnehin auf unserer Liste stand. Ihr Bruder biete auch Unterkünfte und wir sollten uns bei ihm melden. Für uns stand fest, genau das nicht zu tun.

Die Halbinsel *Wilsons Promontory* mit dem südlichsten Punkt des australischen Festlands ist mit zahlreichen Tracks ein Wanderparadies. Da wir aber spätestens mit Neuseeland unsere Wanderambitionen ad acta gelegt hatten, wollten wir sie hier nicht wiederaufleben lassen. Die einzige Straße führte uns schnurstracks bis zum Ende nach Tidal River. Dort angekommen erwartete uns ein kleiner touristischer Ort, wo Ausflüge, Campingplätze und Lodges gebucht werden konnten. Für einen Moment juckte es mir in den Beinen, mit Thomas den Weg zum Aussichtspunkt des *Mount Oberon* oder *Mount Bishop* zu wandern. Doch als käme es einem Wink des Schicksals gleich, waren beide Routen an diesem Tag gesperrt.

Mit seinen Warm- und Kaltregenwäldern, Sümpfen, Heideland und dem Wattenmeer vereint *Wilsons Promontory* unterschiedliche Klimazonen. Wenngleich unser Besuch einer Stippvisite ähnelte, fühlten wir uns von der dichten Kraft der Natur beinahe erdrückt. Wir begnügten uns damit, einzelne Aussichtspunkte wie *Glennie Lookout* anzufahren, um die imposanten Blicke auf die Küste und Buchten zu genießen.

In der Heidelandschaft entschlossen wir uns trotz drückender Schwüle, uns ein wenig die Beine zu vertreten. Offizieller Beschreibung zufolge sollten wir auf dem Rundweg zahlreiche Tierarten sichten, entdeckten aber nur zwei Wallbys, die entfernt wie Osterhasen aus dem hohen Gras lugten.

Wilsons Promontory

Unser Weg führte uns weiter nach Port Albert im *Corner Inlet*. Wir hatten uns bei Valda in einem Häuschen eingebucht, das uns mit seinen schmalen Kirchenfenstern und dem kleinen Portal wie eine ehemalige Kapelle vorkam. Gegenüber lag uns die Marina zu Füßen und unser Blick schweifte sofort zu den Masten und Takelagen der Segelboote. Ungewöhnlich fanden wir die beklemmende Stille und Regungslosigkeit des Hafens, die sich zur Tages- und Nachtzeit wie ein Vakuum über uns stülpte. Sofort geisterten Psychothriller-Fantasien durch meinen Kopf und erzeugten eine knisternde Spannung, obwohl Valda uns so herzlich begrüßt hatte, als gäbe es keinen schöneren Ort, um sorgenfrei zu leben. Geschmackssache, dachte ich. Abgesehen von meiner kruden Fantasie spürten wir, dass uns zwei Tage in der reizarmen Atmosphäre guttun würden, zumal ich leichte Krankheitssymptome verspürte. Einziger Höhepunkt des Aufenthalts waren die Pelikane, die majestätisch auf den hohen Laternenmasten thronten und für unsere Kamera posierten.

Die kleine Auszeit bekam uns gut und wir starteten zu unserer nächsten Etappe in das vielgelobte *Gippsland.*

Der *Ninety Mile Beach* hielt im Gegensatz zu seinem kürzeren Bruder in Neuseeland, was sein Name versprach. Die grüne Dünenlandschaft, der menschenleere weiße Strand und das blaue Meer erstreckten sich bis zum Horizont. In kristallener Luft zauberte Thomas am *Golden Beach* aus Treibgut, Algen und Muschelresten ein Stillleben der besonderen Art. Ich hoffte inständig, dass er sich kein Mitbringsel in die Tasche steckte. Heimische Natur außer Landes zu schaffen, konnte definitiv ein Problem mit dem Zoll bedeuten. Doch meine Sorge war umsonst.

Hinter den Dünen öffnete sich der Blick auf das *Gippsland Lake Reserve,* ein verwirrendes Ensemble aus Lagunen, Seen und Sandbänken mit dem Charakter eines riesigen Naherholungsgebiets und Feuchtbiotops. Wir fuhren auf einer sehr langen schmalen Halbinsel parallel zur Küstendünung dreißig Kilometer bis Loch Sport. Als wir ankamen, wirkte auch hier alles wie sediert. Ich fragte mich, wo die spielenden Kinder in den Gärten, die an- und abreisenden Touristen waren. Bei einem Kaffee schauten wir auf das Inlet und wunderten uns über die einschläfernde Beschaulichkeit.

In Newlands Arm kamen wir bei Kate und Shannon in ihrer Gästesuite unter. Wir freuten uns riesig über die geräumige Doppelhaushälfte direkt neben den Gastgebern. Bequemer und besser ausgestattet hätten wir es nicht treffen können. Statt am nächsten Tag in Ruhe einen Ausflug nach *Raymond Island* zu machen, konnten wir es kaum erwarten, Koalas und Kängurus zu Gesicht zu bekommen. Wir richteten uns schnell häuslich ein und fuhren in den Nachbarort Paynesville. Wir parkten in der Nähe des Fähranlegers und setzten die zweihundert Meter nach *Raymond Island* über. Wenige Minuten später spazierten wir auf dem Koala Trail durch ein parkähnliches Gelände und spähten in die Bäume. Erst nach einigem Suchen entdeckten wir die verträumten Fellknäuel in den Astgabeln der Eukalyptusbäume. Zusammengekugelt verbargen die trägen Tiere ihre Gesichter, aber wenn nicht, sahen sie uns mit ihren Knopfaugen herzerweichend an, malmten die Blätter und kehrten ungeniert ihr Plüschtierimage heraus. Wir liefen noch etwas herum, bis wir auf dem Weg zurück zum Hafen in einem Vorgarten drei Kängurus entdeckten, die kurz geschockt waren und nach drei aufgeregt verwackelten Fotos davonsprangen. Güldene Sonnenstrahlen brachen durch die Wolken, während die vertäuten Boote an den Stegen mit ihren Masten schwankten. Neben uns setzten Papageien mit ihrem grau-rosafarbenen Gefieder einen letzten Farbtupfer in die Dämmerung.

Als ich am nächsten Morgen erwachte und noch schlaftrunken das Handy checkte, fiel mir eine WhatsApp-Nachricht von unserer Vermieterin Kate auf. Als sie das Haus zur Arbeit verlassen habe, sei ihr unser platter Reifen aufgefallen. Ich war sofort hellwach, informierte Thomas und wir überlegten, was zu tun war. Versicherungen hatten wir genug abgeschlossen. Doch wer musste wo zuerst informiert werden? Mein erstes Telefonat führte ich mit der Hertz-Filiale in Sydney, die mich aber an die Vermietungsstation in Melbourne verwies. Dort sagte man mir, dass auch sie nicht zuständig seien. Man verband mich mit der Schadensabteilung. Dort fühlte ich mich aufgehoben. Die Mitarbeiterin bot mir Hilfe durch den RAC – ein Pendant zum deutschen ADAC - an, der für uns den Reifen wechseln würde. Ich stimmte zu. Allerdings wies sie darauf hin, dass wir mit dem Ersatzreifen nur bis zur nächsten Filiale nach Bairnsdale fahren sollten, um einen Ersatzwagen zu bekommen. Als ich in Bairnsdale anrief und unser Kommen avisierte, gab der Angestellte zu verstehen, dass er keinen Ersatzwagen anbieten könne. Wir müssten wohl oder übel einen Reifen kaufen oder reparieren lassen, was uns am Ende erstattet würde. Der RAC-Mitarbeiter, der nach einer Stunde eintraf, wechselte uns den Reifen und bemerkte, dass der Ersatzreifen durchaus ein Vollreifen sei, mit dem wir genauso gut bis Sydney fahren könnten. So würden wir aber das Risiko eingehen, die Fahrt ohne Ersatzreifen fortzusetzen. Um den Versicherungsschutz nicht zu verspielen, fuhren wir zu einer Werkstatt nach Bairnsdale und baten darum, den kaputten Reifen zu flicken. Die Angestellten versuchten ihr Bestes, kamen aber zurück und zeigten uns den Schraubkopf, der sich in den Reifen gebohrt und ein viel zu großes Loch gerissen hatte. Wir brauchten also einen neuen Reifen, den wir für hundertachtzig Dollar kauften. Nun war klar, dass wir mit einem defekten Reifen in Melbourne gestartet waren. Nur beweisen konnten wir es nicht mehr.

Wir fuhren nach Newlands Arm zurück. Thomas beschäftigte sich sofort mit der Schadensregulierung. Das Internetportal billiger-mietwagen.de bekräftigte nur seine Vermittlerrolle, fühlte sich nicht zuständig und verwies auf das Unternehmen »Car del Mar«, das im Kleingedruckten auftauchte. Im Laufe der vielen Telefonate musste Thomas mehrmals dieselben Unterlagen an sie schicken. Die Firma hielt Informationsfristen nicht ein und vertröstete Thomas bei jedem Anruf. Bei einer erneuten Nachfrage erreichte er plötzlich ein Call-Center in Portugal, wo man ihm reinen Wein einschenkte und sagte, dass es die Strategie der Firma sei, den Kunden mürbe zu machen und zum Aufgeben zu bewegen. Wir überlegten und gaben tatsächlich auf. Der Schaden war zu gering, um uns graue Haare wachsen zu lassen. Allerdings mochten wir uns nicht ausmalen, welchen Kampf wir bei einem richtigen Unfall hätten ausstehen müssen. Wer günstig ein Auto mietet und keinen Schaden zu beklagen hat, macht ein gutes Geschäft. Aber wehe, wenn nicht.

Koala auf Raymond Island

Gippsland Lake Reserve

Wir setzten unsere Reise nach Mallacoota fort. Auf der langen Strecke stoppten wir zuerst am *Lake Entrance*. Hier befindet sich die 1890 errichtete und einzige Meeresöffnung zu den *Gippsland Lakes,* die durch natürlichen Zu- und Ablauf des Wassers das niedrig gelegene Festland schützt. Von *Jemmys Point* und *Lake*

Entrance Lookout schauten wir ein letztes Mal auf diese wundersame verlassene Gegend.

Weiter nördlich stoppten wir an den *Salmon Rocks*. Bei heftigen Böen und Sonnenschein umrundeten wir die Felsen der Halbinsel *Cape Conran* und ließen uns von der rauen Meeresbrise umtosen. Wir genossen unser Glück als wir lachend und eng umschlungen von den Felsen auf das Meer hinausschauten. In Mallacoota übernachteten wir bei Col und Val in ihrem exklusiven Haus in der küstennahen hügeligen Landschaft. Im Schlafzimmer unserer Parterrewohnung erwartete uns ein spektakulärer Blick durch die riesige Fensterfront über das *Wallagaraugh River Inlet* hinweg. Val empfahl uns, in der Dämmerung auf den gegenüberliegenden Hügel hinüberzuschauen, an dessen Hang jeden Abend Hunderte von Kängurus grasen würden. Ich war sofort Feuer und Flamme und konnte den Augenblick kaum erwarten. Bis dahin verbrachten wir den Nachmittag am Strand und kehrten am frühen Abend in einem Restaurant ein. Oftmals dachten wir an die in Europa stimmungsvoll eingerichtete Gastronomie, während wir uns auf unserer Reise oft mit der kühlen Atmosphäre eines Diners oder einer Kantine begnügen mussten.

Als wir erwartungsvoll zur Unterkunft zurückkehrten, kamen wir aus dem Staunen nicht heraus. Unzählige Wallabys waren aus den Wäldern gekommen, verteilten sich wie eine verschworene Gemeinschaft am steilen Hang und fraßen seelenruhig zu Abend. Wir lehnten uns gegen den Zaun und schauten fasziniert hinüber auf die für uns so exotischen Wesen. Ich wünschte, ich hätte mich ihnen ein wenig nähern können, doch Val hatte erwähnt, dass Kängurus zwar scheu wirken, dem Menschen aber heftige Verletzungen zufügen können, wenn sie sich bedroht fühlen.

Kurz vor unserer Abfahrt am nächsten Morgen fragte uns Val nach unseren Reisezielen. Als sie hörte, dass wir nach Sydney zurückkehren wollten, schlug sie uns eine Campertour durch das Outback nach Darwin vor. Auf meine Frage, wie viel Zeit sie dafür anraten würde, schlug sie sechs Wochen vor. Thomas und ich stöhnten innerlich, da wir gerade acht Wochen lang mit dem Camper durch Neuseeland gefahren waren. Außerdem ging uns das Bild der jungen Familie nicht aus dem Kopf, die im Outback den Tod gefunden hatte, weil sie mit dem Wagen im Nirgendwo liegen geblieben war. Als Val merkte, dass wir zögerten, verkündete sie emotional, dass das Outback das wahre Australien sei, die Menschen rau, aber unglaublich herzlich seien und nichts mit den widerlichen Snobs an der Ostküste gemein hätten. Wir zuckten kurz zusammen, nickten und versicherten, dass wir es uns überlegen würden. So eindeutig rau und selbstbewusst, wie Val auftrat, fragten wir uns, warum sie nicht zu ihresgleichen ins Outback gezogen war, statt das exklusive Leben in einem großen Glasbungalow im beschaulichen Mallacoota zu führen.

Ein knappes Jahr später, liebe Leser*innen, erhielten wir die Nachricht, dass die katastrophalen Buschbrände den Regenwald um Mallacoota zerstört und zwanzig Meter hohe Flammen im Zentrum des kleinen Ortes die Menschen zur Flucht aufs Meer getrieben haben.

So verführerisch die Idee auch klang, so einig waren wir uns, das Outback nicht mehr in unseren Plänen zu berücksichtigen. Val hatte allerdings erreicht, dass wir uns während der Fahrt nach Eden darüber unterhielten, wie es mit uns weitergehen sollte. Geld und Zeit hätten es erlaubt, die Reise nach Südamerika und in Städte wie Santiago de Chile, Montevideo, das bolivianische oder peruanische Hochland sowie Feuerland mit seinen ewigen Gletschern fortzusetzen. Die Gelegenheit erschien günstig und die Neugier auf Neues brodelte immer noch in mir. Nachdem Thomas und ich jeweils zweitversetzt immer wieder mit dem Gedanken gespielt hatten, einte uns nun das Gefühl der Sättigung. Thomas sah seine Wünsche bereits erfüllt und ich musste mir eingestehen, von den zahlreichen aufregenden Ortswechseln müde zu sein. Namibia, Südafrika, Australien, Neuseeland, jedes Land würde mit seiner atemberaubenden Welt für immer unvergesslich bleiben. Außerdem waren wir jung genug, um die noch unentdeckten Welten zu einer anderen Zeit kennenzulernen. Schon jetzt trugen wir einen knüppelvollen Sack unglaublicher Erinnerungen mit uns herum. Wir würden die nächsten Tage nutzen, den Rückweg einzuläuten.

Auf dem Weg nach Pambula schauten wir ein weiteres Mal in Eden vorbei. Wenngleich die Erinnerungen während der Kreuzfahrt noch sehr präsent waren, wünschte ich mir, ins Paradies zurückzukehren. Wir steuerten den Aussichtspunkt an, den ich damals vor der Rückkehr zum Schiff ausgelassen hatte. Als wir dort standen, wollte mir nicht in den Kopf, wie unfassbar viele schöne einsame Strände Australien und Neuseeland den Betrachtern als das Normalste von der Welt verkauften. Den grausigen Gedanken, dass profitgierige Unternehmer die Natur mit steilen Hotelkomplexen, Strandkörben und lauter Gastronomie verschandeln könnten, schob ich beiseite und genoss die prachtvolle Ruhe.

In Pambula begrüßte uns die überaus herzliche Gastgeberin Ruth, die uns ihr kleines HALWIN-Gästeapartment am Rande des Ortes für eine Nacht überließ. Kaum eingecheckt, machten wir uns auf den Weg zu den Stränden vor Ort. Jene in Pambula und Merimbula schreckten uns aufgrund der vielen Urlauber ab, sodass wir den entfernteren menschenleeren *Tura Beach* aufsuchten und uns inmitten der Natur selbst genug waren.

Abends grillten wir auf der Miniterrasse eines der unzähligen Steaks, die während der Reise oft mit Salat und Brot auf unserem Teller gelandet waren.

So herzlich, wie wir begrüßt worden waren, verabschiedeten wir uns von Ruth am nächsten Morgen und machten uns nach *Denhams Beach* auf. Unterwegs las Thomas im Reiseführer von einem Café, das in malerischer Umgebung liege. *La Galleta* fanden wir nach einigem Suchen in der Region Tilba Tilba, abseits der Küste in einem verträumten Dörfchen. Wir setzten uns auf die Veranda und unterhielten uns mit der Betreiberin, die von Frankreich nach Australien ausgewandert war, um sich mit dem Café einen Lebenstraum zu erfüllen. Beim Rauchen bestand sie allerdings auf den gesetzlichen Mindestabstand von vier Metern vor dem Gebäude.

Es mag müßig klingen, die vielen traumhaften Küstenabschnitte aufzuzählen, die uns auf unserem Weg nach Sydney begleiteten, weshalb ich das traumhafte *Wagonga Inlet* überspringe und zum *Burrewarre Point* an der *Guerilla Bay* eile. Dort angekommen, lockte uns ein Spaziergang um die kleine Halbinsel.

Salmon Rocks - Cape Conran

Guanna

Kaum dass wir ausgestiegen waren, flüsterte Thomas mir hektisch etwas zu und zeigte versteinert auf ein Tier, das aus der Urzeit zu stammen schien. Ein großer Waran! Dieser wollte behäbig über den Pfad tapsen, blieb aber stehen und sah uns an.

Schnell überlegten wir, ob das Tier uns gefährlich werden konnte, denn mit einem fleischfressenden australischen Guanna hatten wir nicht gerechnet. Zum Glück verzog er sich alsbald ins Gebüsch. Wir wagten dennoch den Rundgang und hofften, dass jahrzehntelang abgehangenes Menschenfleisch wenig schmackhaft für ihn war.

Thomas machte alsbald die Hitze zu schaffen, sodass wir den Rundgang zügig beendeten und zum Auto zurückkehrten. Kurz zuvor machten sich im Geäst meine farbenfroh gefiederten Papageien bemerkbar, die als Kunstturner an den Blüten und Rinden eines Banksia-Baums knabberten.

Als Nächstes erwartete uns das BeeBee's B&B Batemans Bay. Das WiFi war so vorzüglich, dass wir nach einem halben Strandtag und einem Restaurantbesuch im Hafen die Rückreise nach Deutschland planten. Es gelang uns, die Strecke kostengünstig mit einem Zwischenstopp in Thailand nicht nur zu halbieren, sondern auch für einen »Kurzurlaub« zu unterbrechen. Thailand wurde uns so oft empfohlen, dass wir uns im *Kalima Resort* in Khao Lak selbst davon überzeugen und zugleich einen sanften Übergang in die nächste Phase des Sabbatjahres einläuten wollten.

Der *Coastal Drive* näherte sich dem Ende. Wir kamen Sydney immer näher. Nur zwei Stationen blieben meinem inzwischen strandsüchtigen Mann, sich an den Südpazifik zu legen und alle viere von sich zu strecken. Vom *Sinclair Country Retreat* aus wählten wir den *Racecourse Beach* südlich von Ulladulla, der seinem Namen alle Ehre machte. Wie in St. Peter Ording wären hier Pferderennen und Strandsegeln ein idealer Freizeitspaß.

Über Samanthas *Dwell Studio* in Vincentia rümpften wir am nächsten Tag ein wenig die Nase. Für zwei Nächte konnten wir die leicht verschrobene Unterkunft sowie den einsilbigen Mitbewohner der Hausherrin hinnehmen, während Samantha kaum zu Hause war. Dafür entschädigte uns am Sonntag die phänomenale *Jervis Bay* mit der Krönung aller fantastischen Strände. Ein Rausch für die Sinne! Begehrt bei Einheimischen wie Touristen. Die Autos quetschten sich wie blecherne Schlangen in die engen Straßen der Siedlung. Bereits von der Anhöhe starrten wir fassungslos auf das blaue Wunder. Was für ein Augenschmaus! Strahlend weißer Sand, glasklares blauchangierendes Wasser. Wir hatten bisher fast nur menschenleere Strände gesehen, doch hier genossen wir geradezu, dass mit uns Familien, Paare, Freunde und Singles am Meer sonnige Erholung suchten. Schnell erspähten wir einen Platz. Sonnencreme ab Lichtschutzfaktor 50, Mützen und kleine Sonnenschirme, jeder hatte seine Schutzausrüstung gegen die aggressiven UV-Strahlen dabei.

Als wir über den Strand schlenderten, fühlte ich mich von der Szenerie berauscht. Laut dem Guinnessbuch der Rekorde wirbelten unsere Füße den feinsten und weißesten Sand der Welt auf, obwohl dieser angeblich zweitausend Kilometer entfernt am *Great Barrier Reef* auf den *Whitsunday Islands* zu finden sein soll. Mir war es egal und trübte auch nicht meine Begeisterung an diesem Tag.

Obwohl sich der Strand bereits gegen drei Uhr am Nachmittag leerte, harrten wir noch aus und begaben uns erst am frühen Abend nach Huskisson, wo wir im Strandclub zu Abend aßen.

Für den Weg nach Sydney fuhren wir den *Princess Highway* weiter und bekamen noch viele schöne Ausblicke geschenkt. Die erste Rast machten wir im Ferienort Kiama, wo ich mit Thomas die Fontäne des Blowholes bewundern wollte. Doch der schwache Wind und die fortgeschrittene Ebbe verhinderten das spritzige Erlebnis. Wir spazierten um den Leuchtturm herum, tranken einen Kaffee und setzten die Fahrt auf dem *Lawrence Hargrave Drive* die Küste entlang fort. Erinnerungen an den Highway 101 von San Francisco nach Los Angeles wurden wach, als wir zudem die *Sea Cliff Bridge* überquerten. Die fünfhundert Meter lange und vierzig Meter hohe Brücke schlängelt sich um die Felsen. Der *Bald Hill Lookout* bot uns einen letzten grandiosen Blick auf die Küste, bevor die bis zum Meer reichenden Nationalparks uns zwangen, ins Landesinnere abzudrehen.

Wir folgten der schmalen kurvenreichen Straße durch den *Royal National Park*. 1879 gegründet, ist er der zweitälteste Nationalpark der Welt nach dem Yellowstone. Diese fast unberührte Oase beherbergt artenreiche Eukalyptusbäume, Mangrovenwälder, subtropischen Regenwald und an der Küste schwer erreichbare Strände und Lagunen. Mir wurde einmal mehr bewusst, an wie vielen sehenswerten Orten wir trotz intensiver Reise achtlos vorbeirauschen mussten, um nicht von ihrer Wucht erschlagen zu werden.

Jervis Bay

Bald Hill Lookout

Thomas wünschte sich, an der *Botany Bay* das James-Cook-Denkmal zu besuchen, schließlich war der britische Kapitän 1770 hier erstmals an Land gegangen, hatte den Ort New South Wales genannt und das Land im Namen der britischen Krone zur

Kolonie erklärt. Aufgrund des dichten Verkehrs im südlichen Vorort Sydneys konnten wir den großen Entdecker nicht entdecken, brachen genervt die Expedition zu ihm ab und fuhren weiter zum *Bondi Beach,* wo ich mich in die Wellen stürzte und von der langen hitzigen Fahrt abkühlte.

Die letzten vier Tage in Australien und ganz besonders in Sydney fühlten sich an, als kehrten wir zu einer alten Bekannten zurück. Wir wussten, was uns erwartete und welche Wege sie bereithielt. Für diese Zeit gönnten wir uns das *Herited Sandstone Cottage,* umgeben vom Flair vergangener Jahrhunderte im geliebten Stadtteil Darlinghurst. Denkmalgeschützt sicherte sich der betagte Winzling in einer Seitenstraße seinen zentralen Platz inmitten moderner Gebäude und Wolkenkratzer. Für hundertvierzig Euro gönnten wir uns im Herzen der Stadt die bisher teuerste Unterkunft unserer Reise.

Ein Handicap bestand darin, dass die Haustür rasch zufiel, wenn wir aus dem Haus traten, und sei es auch nur, um den Müll zu entsorgen. Thomas riet deshalb, den Schlüssel stets dabeizuhaben.

Da es in der Nähe keine kostenfreien Parkplätze gab, mussten wir den Wagen an die Hauptstraße stellen und alle zwei Stunden die Parkuhr füttern. Grund genug für uns, den nächsten Tag mit dem Wagen unterwegs zu sein. Wir erinnerten uns voller warmer Gefühle an die erste Woche in Australien, die Beschaulichkeit und die genmanipulierten Wesen am Leuchtturm von Palm Beach, weshalb wir uns ein letztes Mal mit Margie und Ross in Avalon verabredeten. Wir genossen eine weitere herzliche Begegnung mit ihnen und mästeten sie mit den vielen Höhepunkten, die wir in den zurückliegenden drei Monaten erlebt hatten.

Nun konnten wir endlich das Mietauto bei der Firma Hertz abgeben und monierten den von Anfang an kaputten Reifen, der uns, wissentlich oder nicht, in Melbourne untergeschoben worden war. Der Mitarbeiter zuckte wenig überraschend mit den Schultern, blieben wir doch den Beweis schuldig. Er verwies uns an den Garagenleiter. Dieser ging nach Schema F vor und präsentierte uns die Rechnung inklusive der Kosten für den Pannendienst von hundertfünfzig Dollar, obwohl der RAC-

Fahrer behauptet hatte, dass Hertz seine Dienste bezahlen werde. Thomas und ich resignierten, denn alles sprach gegen uns und jede Rebellion erschien zwecklos.

Bisher hatten wir den Botanischen Garten von Sydney kaum eines Blickes gewürdigt, obwohl er sich von der Oper bis zu St. Mary's Cathedral zog und schnell zu erreichen war. Der 1816 gegründete Garten protzte weniger mit blühenden Pflanzen denn mit exotischem Baumbestand. Ein Rundgang lohnte sich allemal wegen der schönen Blicke über den Hafen. Da sich Sydney zu unserem Abschied grau in grau zeigte und es nieselte, erlagen wir einer gewissen Elegie. Mit jeder Stunde, die der Abschied nahte, bedauerte ich, Australien zu verlassen. Mir war bewusst, dass wir das friedvolle Miteinander der Menschen, die Naturschönheiten und die exotische Tierwelt nur an seiner Oberfläche berührt hatten. Doch es reichte aus, um mir ein zweites Leben in diesem Land vorstellen zu können.

Noch einmal trafen wir uns mit Ralf und gingen in eine In-Bar, die sich im Keller eines abgewrackten Stadtgebäudes befand. Was an dieser Lokalität so neu und besonders war, erschloss sich uns nicht. Weder die rustikale Ausstattung, der kleine Raum noch die unattraktive Gegend gaben dazu Anlass. Nach einer guten Stunde verabschiedeten wir uns von Ralf, bedankten uns für seine vielen Tipps und die Gastfreundschaft, die er zwei Fremden in seinem Land gewährt hatte, und luden ihn beim nächsten Deutschlandbesuch zu uns nach Hannover ein.

Am Vormittag des nächsten Tages wollten wir um 10 Uhr 45 von Sydney nach Melbourne fliegen und nach drei Stunden Wartezeit in Melbourne mit einem weiteren Jetstar-Flug Phuket ansteuern. Doch plötzlich ereignete sich eine winzige, aber folgenschwere Begebenheit, die allem einen Strich durch die Rechnung zu machen drohte.

Wir hatten alles im Haus gerichtet, das Gepäck zum Eingang gebracht, die wichtigsten Dinge zur Kontrolle auf den Kamin gelegt, sodass ich nur noch schnell den Müll auf die Straße bringen musste. Thomas, den ich im Haus wähnte, begann mit einem Mal, die Koffer auf den Bürgersteig zu stellen, achtete aber nicht auf die Haustür, die hinter ihm zufiel. Vom einen auf den anderen Moment waren wir ausgesperrt. Schlüssel, mein Handy mit allen Kontaktdaten, die Ausweispapiere sowie unsere Barschaft lagen auf dem Kaminsims. Wir brauchten einen Moment, um zu verstehen, was passiert war, und wurden panisch. Thomas sah das Flugzeug ohne uns abheben. Seine Befürchtung klang leider realistisch. Ich traute noch unserem komfortablen Zeitpuffer, der aber nur ausreichte, wenn wir eine schnelle Lösung aus dem Hut zauberten. Thomas begann derweil im Müll nach einer Plastikkarte zu kramen, mit der er, wie in jedem schlechten Krimi zu sehen, die Tür aufbekommen wollte. Er fand aber keine. Alternativ wollte er ein Fenster einschlagen, wobei ich ihn fragte, wie er sich das vorstelle. Niemals würde ich das Haus mit eingeschlagener Fensterscheibe zurücklassen und abhauen, von der strafrechtlichen Verfolgung ganz zu schweigen. Zum Glück versperrte ein schmiedeeisernes Gitter das Fenster, sodass auch Thomas die Idee nicht ernsthaft weiterverfolgte. Ich zog einen Schlüsseldienst vor, doch wie sollte ich ihn ausfindig machen, wie ihn kontaktieren und wann würde dieser eintreffen? Ich rechnete mittlerweile mit einer Neubuchung aller unserer Flüge. Es wäre ärgerlich, aber nicht zu ändern gewesen. Wir standen ratlos auf der Straße, als ein älteres Ehepaar um die Ecke bog. Thomas sprach sie sofort an, ob sie uns einen Schlüsseldienst rufen könnten. Das irritierte Paar fragte, weshalb, und outete sich als unsere Nachbarn. Thomas erzählte, was passiert war. Wir hofften, dass sie einen Ersatzschlüssel hatten. Die beiden überlegten und kamen überein, keinen im Haus zu verwahren. Uns sank das Herz in die Hose. Doch sie meinten, dass die etwas verschrobene Nachbarin gegenüber einen haben müsse. Der Mann rief sie mehrmals an, doch niemand ging ans Telefon. Unsere Chancen gingen gegen null. Es wäre zu einfach gewesen, auf unser unverschämtes Glück zu hoffen. Der Mann entschied sich, an der Tür der Nachbarin zu klopfen, doch ebenfalls ohne Erfolg. Das Ehepaar zuckte ratlos mit den Schultern. Zu viert blockierten wir die Straße und überlegten, als sich plötzlich ein kleiner Türspalt im Haus gegenüber öffnete und die Nachbarin verschlafen ihren Kopf herausstreckte. Nachdem der Mann mit ihr gesprochen hatte, reichte sie nach weiteren spannungsgeladenen Minuten den Schlüssel heraus. Da war es wieder, unser unverschämtes Glück. Wir überhäuften die Nachbarn mit Dankeshymnen, schnappten unsere Sachen und eilten zur Bushaltestelle. Thomas saß schweißgebadet im Bus. Noch hatten wir genug Zeit. In der S-Bahn zum Flughafen fragte ich einen jungen Mann, ob wir am *International* oder mehrere Kilometer entfernten *Domestic Terminal* aussteigen mussten. Ich war der Meinung, dass der Gabelflug derselben Airline vom *International Terminal* startete. Zögerlich nickte der junge Mann und gab mir recht.

Dann folgte der nächste Schock. Als wir die Flughalle betraten und unseren Flug auf keiner Anzeigetafel fanden, fragte ich eine Angestellte der Airline, die uns an den *Domestic Airport* verwies. Wir stürzten in ein Taxi und ließen uns von einem Palästinenser fahren, der betonte, wie toll er die Deutschen finde. An jeder roten Ampel und bei jedem kleinen Stau schlug das Herz schneller, doch der Taxifahrer blieb die Ruhe selbst und lächelte, als er uns absetzte und Thomas' Trinkgeld in der Hand hielt.

Als wir in den Airbus 320 stiegen, fielen alle Sorgen von uns ab. Wir fragten uns, womit wir dieses Glück verdient hatten.

ZEHN

Thailand

Bekannte und Freunde hatten uns immer wieder Thailand als Urlaubsland empfohlen. Die einen schwärmten für Chiang Mai im Norden, die anderen für die traumhaften Strände im Süden. Da die beste Reisezeit zwischen Dezember und März lag, hofften wir auf gute klimatische Bedingungen.

An diesem 22. Februar verbrachten wir vierzehn Stunden auf Flughäfen und in der Luft, um am Abend in Phuket zu landen. Als wir vor dem Flughafengebäude auf den Shuttle-Service warteten, stellten wir leider fest, dass unsere Vorurteile gegenüber dem asiatischen Klima berechtigt waren. Thailands beste Reisezeit war nicht gut genug für uns. Unsere Körper fühlten sich an, als wären wir in warme Watte gepackt worden. Meine Nase nahm den stickigen Geruch von Menschen und Gewürzen auf. Die Namen der abzuholenden Gäste standen auf Zetteln, die an einer Art Wäscheleine aufgehängt waren. Als unser Name von der »Leine« genommen wurde, näherte sich auch gleich der Fahrer und signalisierte, uns in das hundert Kilometer entfernte *Kalima Resort* bringen zu wollen.

Wir legten uns im Wagen entspannt zurück und ließen uns von der Klimaanlage verwöhnen. Bereits die ersten Eindrücke deuteten darauf hin, dass wir in einer völlig anderen Welt angekommen waren.

Mir kam die Fahrt sehr lang vor, zumal der Fahrer schwieg

und die Dunkelheit jede Abwechslung nahm. Thomas und ich redeten wenig, weil der Tag sehr ereignisreich und kräftezehrend gewesen war. Ich wollte nur noch an den Futtertrog und konnte den flotten Fahrstil des Fahrers deshalb nur gutheißen.

Die stickige Luft hatte ausgereicht, um die Klischees über den Subkontinent wachzurufen: staubige Straßen, klapprige röhrende Mofas, Menschenmassen, Stroh- oder Bambushütten und bunte Stoffe. Ob sich meine Vorstellungen bewahrheiteten, würden wir in den nächsten Tagen erleben.

Das *Kalima Resort* gehört zur Fünf-Sterne-Kategorie, hatte erst vor wenigen Monaten eröffnet und mit Angeboten gelockt. Es lag abgeschieden vor den Toren von Khao Lak. Außer dem Hantieren des Küchenpersonals drangen kaum Geräusche an unser Ohr. Das Ambiente wirkte zeitlos und doch modern und überraschte uns mit großen Zimmern, perfekter Ausstattung und breiten Balkonen. Nach Wochen des individuellen Reisens fühlten wir uns hier wie Pauschaltouristen, die mit allen Annehmlichkeiten versorgt wurden und eine ruhige, entspannte Zeit erwarten durften.

Da das Restaurant bereits geschlossen hatte, orderten wir Sandwiches und ein Dessert aufs Zimmer. Als es klopfte, stand ein junger Kellner in ungewohnt devoter Geste vor uns, dem es unangenehm schien, das Zimmer zu betreten. Als ich ihn dennoch hereinbat, begann er, sich hektisch seine Schuhe auszuziehen und das Tablett zum Tisch zu balancieren. Die freundlichen Gesten des jungen Mannes irritierten und amüsierten uns ein wenig. Wir brauchten Zeit, den Sprung in eine andere Kultur zu vollziehen.

Ich erwachte am frühen Morgen, wollte Thomas schlafen lassen und beschloss, mich mit dem Laptop auf den Balkon zu setzen. Kaum hatte ich die Balkontür geöffnet, schlug mir die dumpfe Wärme entgegen und trieb mich nach zehn Minuten zurück ins kühle Zimmer.

Thomas und ich frühstücken nicht – normalerweise. Es sei denn, wir sind in einem Hotel. Magisch zieht mich die Vorstellung eines Buffets an und verschafft mir ungeahnte Hungergefühle, weshalb ich Thomas dränge aufzustehen. Er kann widerstehen. Ich nicht.

Wir hatten erst wenige Meter zum Restaurant zurückgelegt, als Thomas zu stöhnen begann. Auf seinem Hemd bildeten sich dunkle Flecken und er schien zu ahnen, was uns in dieser Woche bevorstand. Ich hingegen versuchte die Wärme zu verdrängen und sagte mir, dass alles eine Frage der Gewöhnung sei. Später würde der deutsche Desk Manager uns mitteilen, dass dieses Wetter zu dieser Zeit nicht normal sei.

Wir erkundeten die Anlage mit weiteren Pools und einer Chill Area nebst einem zweiten Restaurant sowie zahlreichen Liegen am Flussgestade. Wir wankten über Pontons zum anderen Flussufer und erreichten hinter einer Lichtung den Indischen Ozean. Unbedarft streiften wir die Sandalen ab und sprangen plötzlich durch den heißen Sand zum Wasser. Wie die Hotelpools begrüßte uns auch das Meer mit Badewannentemperaturen. Dabei hatten wir gehofft, ein wenig Abkühlung zu finden. Trotzdem schwammen wir eine Runde durch die Bucht. Ein längeres Sonnenbad ungeschützt am leeren Strand ohne Schatten verbot sich von selbst, sodass es uns sofort unter die Schirme der Hotelanlage zog.

Unter den Hotelgästen lernten wir das Gastronomenpaar Reiner und Irene kennen. Jeder von ihnen führte ein Restaurant in Baden-Württemberg. Sie outeten sich nicht nur als Thailand-Fans, sondern auch als lustige, angenehme Gesprächspartner. Sie ließen uns an ihren zahlreichen Erfahrungen in diesem Land teilhaben. Besonders Reiner schwärmte von den Thais, dem Essen, der Höflichkeit und dem günstigen Leben. Sie entführten uns eines Abends nach Khao Lak, wo wir auf dem *Bang Niang* Markt gemeinsam zu Abend essen wollten. Wenngleich mich eine kleine Magen-Darm-Verstimmung plagte, wollte ich kein Spielverderber sein. Reiner und Irene fuhren mit dem Moped voraus, während wir den holprigen offenen Kleinbus des Hotels nutzten.

Als wir in Khao Lak eintrafen, herrschte buntes Treiben. Bevor wir uns aber ins Getümmel des *Bang Niang* Markts stürzten, besuchten wir auf der gegenüberliegenden Straßenseite die Mahnmale der Tsunamikatastrophe. Eine Riesenwelle hatte im Dezember 2004 unter anderem ein Marineboot, das zum Schutz des Königssohnes vor der Küste patrouillierte, kilometerweit ins Landesinnere gespült. Es lag noch immer dort, wo die Welle verebbt war. Wir ließen den Blick über die offene Senke bis zum Meer wandern, um uns vorzustellen, mit welcher Wucht das Wasser die Natur und die Häuser weggerissen hatte.

Reiner und Irene führten uns zu einer der offenen Essküchen, die Sitzplätze bot. Reiner bestellte für uns Fisch. Mit meiner Unpässlichkeit, dem Tohuwabohu um uns herum und dem Klima merkte ich, dass ich den Sprung über die Kontinente noch nicht verkraftet hatte. Mir fehlte die klare Luft, die uns mit kräftigen Farben verwöhnt hatte, obwohl auch hier am Straßenrand grüne Bananenstauden, Palmen und dichtes Buschwerk zu erkennen war. Und doch ging alles in der Hektik und dem staubigen Dunst unter.

Als Thomas und ich über den Markt schlenderten, während Irene und Reiner Plätze an einer Cocktailbar reservierten, stellten wir fest, dass uns nichts von dem Angebot reizte. Die Koffer platzten ohnehin aus allen Nähten, wie auch die thailändischen Konfektionsgrößen sich wenig schmeichelhaft an unsere Körper schmiegen würden. Nach einem Bier bat ich Thomas, frühzeitig die Rückfahrt anzutreten, da mein Zustand sich nicht besserte.

Nachdem ich mich von der Magenverstimmung erholt hatte, erwischte es Thomas. Reiner und Irene, die wir jeden Tag zum Frühstück und beim Chillen trafen, schienen gegen diese Art von Unpässlichkeit gewappnet zu sein. Doch am nächsten Tag hörten wir, dass Irene leidend auf dem Zimmer lag. Kaum war sie auf dem Weg der Besserung, traf es Reiner.

Thomas und ich fragten uns, ob uns Ausflüge ins Landesinnere oder an spektakuläre Küstenabschnitte begeistern konnten. Aber sollten wir noch ein Korallenriff bestaunen, die phänomenale *Phang Nga Bay* erkunden wollen, wo Sean Connery James Bond gespielt hatte? Oder würden wir die weite Strecke nach Bangkok in Kauf nehmen? Nein! Mochten die Fotos uns noch so sehr kitzeln, sie schafften es nicht, uns zum Handeln zu bewegen. Einerseits fühlten wir uns wegen des Klimas wie gelähmt, andererseits waren wir bis in die Haarspitzen mit Eindrücken der bisherigen Reise abgefüllt. Eine Ausrede, die den Sehenswürdigkeiten Thailands sicherlich nicht gerecht wurde, doch so war es nun mal.

Der Aufenthalt im *Kalima Resort* war als sanfte Überleitung in einen neuen Abschnitt unseres Sabbatjahres gedacht.

Thomas' Friseur in Hannover, aber auch Reiner, pries die wohltuenden Thai-Massagen am Strand an, die für wenige Euro angeboten würden. Mit leichtem Dünkel wehrten wir uns gegen die Vorstellung und studierten stattdessen den Flyer des Hotels, der den hoteleigenen *Lamoon Spa* bewarb. Reiner runzelte ein wenig die Stirn, als wir erzählten, dass wir dort einen Termin gemacht hätten.

In einer freundlichen, fast devoten Atmosphäre begrüßte uns die Leiterin des *Lamoon Spa*, bei der wir eine Standardmassage buchten, um danach zu entscheiden, ob wir die Behandlung fortsetzen wollten.

Als wir uns am nächsten Tag dort einfanden, kamen zwei junge Masseurinnen auf uns zu, begrüßten uns im kleinen Foyer mit warmem Tee und feuchten Tüchern und führten uns in einen Raum mit zwei Liegen, in dem Thomas und ich allein gelassen wurden, um uns zu entkleiden und eine Art Judo-Anzug anzuziehen. So weit, so gut. Als die Damen zurückkehrten, begannen sie, uns zu massieren, was anfangs angenehm war, mich aber später an die Grenze meiner Empfindsamkeit brachte. So grazil, sensibel und scheu die beiden Frauen wirkten, ihre Hände sprachen eine andere Sprache. Sie besaßen genug Kraft und Technik, unsere Schmerzgrenzen auszutesten. Ihre Frage, ob alles zu unserer Zufriedenheit sei, bejahte ich höflich. Thomas schien die zwischenzeitliche Robustheit besser zu vertragen und riet mir zu sagen, wenn mich etwas störte. Doch an diesem Tag schwieg ich. Trotz einer gewissen Skepsis buchten wir nach der Sitzung bei der geschäftstüchtigen Chefin, deren Höflichkeit mir etwas gespielt vorkam und auf die Nerven ging, ein komplettes Wellnesspaket. Zu diesem Zeitpunkt hatten wir bereits beschlossen, unseren einwöchigen Hotelaufenthalt um weitere vier Tage zu verlängern.

Bei der nächsten Sitzung ging es dann richtig zur Sache. Alles folgte demselben Prozedere. Tee, warme Tücher, entkleiden und … statt auf den Judo-Anzug starrten wir irritiert auf eine grobmaschige blickfreie Netzunterhose. Obwohl wir uns weder für scheu noch verklemmt halten, fühlten wir uns in diesem Ding unwohl. Wir hatten uns vorsorglich ein Handtuch über unseren Schoß gelegt. Nun packten die Masseurinnen nach allen Regeln der Kunst zu. Ihre Ellbogen und Handrücken bohrten sich in unsere Körper, dass ich immer wieder zusammenzuckte. Ich erinnerte mich an Thomas' Rat und bat meine Masseurin, gnädig zu sein und weniger Kraft einzusetzen, woraufhin sie sich mehrmals entschuldigte. Nach ein paar Minuten besprach sie sich mit ihrer Kollegin und verließ plötzlich den Raum. Auch Thomas' Masseurin stoppte die Behandlung. Nach geraumer Zeit kehrte sie zurück und fragte, wie ich es denn am liebsten hätte. Sanfter, wiederholte ich. Ihre Seufzer ließen vermuten, dass ich einen Fauxpas begangen und sie in Schwierigkeiten gebracht haben könnte. Ich versicherte, dass es nicht ihre Schuld sei. Eine verwirrende Situation, denn sie antwortete nicht.

Wieder im Empfangsraum, sah mich die Chefin freundlich, aber prüfend an. Während die beiden jungen Masseusen untertänig neben ihr standen, versicherte ich ihr unsere Zufriedenheit. War es Zufall oder bezeichnend, dass mir bei den weiteren Terminen eine andere Masseuse zugeteilt wurde? Während der Behandlung näherte sich »die Neue« recht unerschrocken und bedrohlich meiner Netzunterhose, um erst im allerletzten Moment die Kurve zu kratzen. Thomas erlebte Ähnliches. Am Ende unseres Wellnesspakets musste ich feststellen, dass trotz aller guten Absichten mir die Behandlungen kein durchgehendes Vergnügen bereitet hatten.

Reiner und Irene entführten uns eines Abends zum Nachbarstrand des *Kalima Resorts*. Nicht nur in Khao Lak, sondern auch hier könne man preisgünstig zu Abend essen, sagten die beiden. In wenigen Minuten erreichten wir zu Fuß die kleine Bucht und tauchten in eine wunderschöne Szenerie ein. Mehrere Kleingastronomen nutzten nacheinander einen Abschnitt des Strandes, um Gäste an einfachen Tischen und Stühlen bis hinunter zur Wasserlinie zu bedienen. Beim Schein bunter Lampions fühlten wir uns bei aller Einfachheit romantisch verzaubert. Auch ohne Reiner und Irene kehrten wir an den nächsten Abenden hierher zurück und ließen die sanften Wellen immer näher kommen. Unsere Nachbarn speisten unbeeindruckt mit den Füßen im Wasser, während wir wegen des festen Schuhwerks zurückweichen mussten. Wir genossen die befremdliche, aber stimmungsvolle Einfachheit des Ambientes.

Irene und Reiner flogen nach einer guten Woche in die Heimat zurück. Wir lagen tagsüber weiterhin am Pool, tranken Cocktails, beobachteten die anderen Gäste, dösten, lasen oder kündigten der Familie unsere Rückkehr an.

Für den fünften März buchten wir einen Flug von Phuket über Kuala Lumpur nach Frankfurt mit anschließender ICE-Fahrt nach Hannover.

Vor sieben Monaten und sechs Tagen hatte unsere Reise auf die Südhalbkugel begonnen und nun sollte schon alles vorbei sein? Obwohl wir uns für eine zwischenzeitliche Heimkehr entschieden hatten, kam mir der Gedanke an die Heimat fremd vor. Sollte es das wirklich schon gewesen sein? Der Aufenthalt in Thailand hatte unseren feurigen Entdeckergeist kurzzeitig ausgebremst. »Ans andere Ende der Welt und noch ein bisschen weiter« wartete allerdings auf ein neues Ziel. Zwölf Monate Freiheit waren noch längst nicht vorbei.

Wir wären nicht wir, hätten wir uns nicht im Vorhinein einen Plan B überlegt. Für mich lautete dieser, mich mit Thomas in einem Land am Mittelmeer niederzulassen und dem kitschigen Klischee eines Autorenlebens in mediterranen Gefilden nachzuspüren. Thomas signalisierte derweil mit jeder Pore, wie sehr er sich auf das eigene Bett und die gewohnte Umgebung freute.

ELF

Hannover

Nach einem zwölfstündigen Flug und gut zehntausend Kilometern landeten wir am frühen Morgen in Frankfurt. Gleichermaßen ernüchtert wie melancholisch saß ich kurz danach im Zug und erlebte deutsche Landschaft. Mit der Schubkraft eines Jumbos fühlte ich mich auf den Boden der Tatsachen zurückgeholt. In mir wollten die Bilder von roten Dünen, steinigen Wüsten, paradiesischen Stränden und grünen Hügeln weiterleben. Sie sollten den trostlosen März-Beginn in Fulda und Kassel übertünchen. So richtig gelang es mir nicht, die Enttäuschung über die Heimkehr schönzureden.

Thomas weilte bereits vergnügt in anderen Sphären und überlegte bereits, ob er nicht mit der Renovierung des Flurs beginnen sollte. Wie konnte er nur so schnell umschalten? Ich erinnerte ihn daran, dass wir verabredet hatten, den Rest des Sabbatjahres in Südeuropa zu verbringen und die Zeit nicht in Hannover zu vertrödeln.

»Natürlich! Wie besprochen«, versicherte er und erklärte im selben Atemzug, dass mit Australien und Neuseeland ein Traum für ihn in Erfüllung gegangen sei. Wir würden diese Orte aber niemals wiedersehen. Mochte er recht haben oder nicht, ich sträubte mich innerlich gegen diesen allzu frühen Schlussstrich.

Die weitere Planung sah vor, dass wir den Rest des Sabbaticals in einem traditionellen Dorf nahe der Mittelmeerküste und einer Großstadt verbrachten. Thomas nahm sich zum Ziel, die Landessprache zu lernen. Mit Einheimischen wollten wir am Abend in einer Bar bei mehreren Gläsern Wein über das Leben fachsimpeln. Tagsüber träumte ich vom vergeistigten Schriftstellerdasein mit Blick aufs Meer oder in die Berge. Ausflüge und kleine Reisen in die Umgebung sollten das Salz in der Suppe sein.

Mit Blick auf die Temperaturen fiel die Wahl auf Spanien, weil Andalusien als Backofen Europas gilt und bereits im Frühjahr mit angenehmen Temperaturen aufwartet. Italien und Frankreich hätten mir sprachlich nähergelegen, doch selbst Rom, Sizilien und die Côte d'Azur ließen mich beim Blick auf die aktuelle Wetterkarte 2019 bibbern.

Wir planten drei Monate ein, um uns in den Sommerferien wieder an das heimische Hannover und den Wiedereinstieg in unsere Berufe gewöhnen zu können.

Ich hatte schon begonnen, nach Unterkünften zu suchen, und wurde von der Vielfalt erschlagen. Für einen langen Aufenthalt waren manche Kriterien unerlässlich: ein bequemes Bett für Thomas' Rücken, kein Fußende für meine langen Beine, dörflich, WLAN-Empfang, nicht touristisch überlaufen und finanziell tragbar. Ein Objekt stach besonders heraus. In einem der typischen weißen Dörfer in der Nähe von Málaga bot ein Schwabe sein Domizil an. Ein renoviertes Haus über drei Etagen im Gaudí-Stil. Ich informierte mich bei dem Besitzer, deutete Verhandlungen an und vertröstete ihn für zehn Tage. Die Idee musste in unseren Köpfen reifen, obwohl der gute Mann liebend gern und sofort an uns vermietet hätte. Eineinhalbtausend Euro pro Monat schienen uns für das Angebot ein fairer Deal zu sein.

Thomas hatte sich ausbedungen, die Zeit in Hannover für einen Hospitationsunterricht in einer Schule zu nutzen, wozu er in der normalen Arbeitszeit kaum Gelegenheit bekam. Die Schule, in der seine ehemalige Kollegin Miriam unterrichtete, hatte er ins Auge gefasst. Sie verabredeten sich, tauschten sich aus und sprachen nebenbei über unser Sabbatjahr und darüber, wie unsere weiteren Pläne aussahen. Als sie hörte, dass wir Spanien als Favoriten auserkoren hatten, bot sie uns unumwunden ihr Haus in der Nähe von Alicante an, das außer WiFi all unseren Kriterien entspreche. Torremanzanas, ein Bergdorf, dreißig Kilometer von der Küste und vierzig von Alicante entfernt, lag zwar nicht in Andalusien, doch dort herrsche im Frühjahr angeblich ein Top-Wetter, sagte Miriams Mann Daniel. Miriam hatte viele Jahre an der Internationalen Schule in Alicante gearbeitet, während Daniel für seine Familie eine Immobilie geradezu aus dem Fels geschlagen und saniert hatte. Da sie nach Deutschland zurückgekehrt waren, stand uns das Haus für längere Zeit zur Verfügung.

Thomas und ich überlegten, diskutierten, wägten ab. Da wir mit unserem eigenen Auto nach Spanien fahren würden, blieb es uns überlassen, wann wir an- oder abreisen wollten. Außerdem war es uns jederzeit möglich, einen Mini-Urlaub in den begehrten Städten Sevilla, Córdoba und Granada anzutreten. Daniel bedingte sich nur zwei Wochen aus, in denen er mit seinem Bruder dort Urlaub machen wollte, und lud uns ein, die Zeit mit ihnen im Haus zu verbringen. Schnell waren Thomas und ich uns einig, eine gemeinsame Woche mit den beiden ins Auge zu fassen und in der zweiten die Brüder sich selbst zu überlassen und nach Andalusien auszuschwärmen. Als wir dann auch noch die Fotos des Hauses und der Umgebung anschauten, gab es kein Zurück mehr. Wir sagten Miriam und Daniel zu und ich begann fieberhaft zu überlegen, wie wir uns eine Internetverbindung einrichten konnten.

Als wir das Laminat im Flur herausgerissen hatten und überrascht den guten Zustand der Dielen sahen, machten wir für Anfang Juli Termine mit den Handwerkern aus.

Die Spannung stieg und wir freuten uns auf Torremanzanas. Kaum hatten uns die Familien nach der Weltreise froh in ihre Arme geschlossen, mussten sie uns erneut ziehen lassen.

ZWÖLF

Spanien

Am dreißigsten März packten wir die Koffer ins Auto und verabschiedeten uns erneut für ein Vierteljahr von unseren Lieben. Wie oft wir auf der über zweitausend Kilometer langen Strecke eine Übernachtung einlegen würden, überließen wir der Spontanität und fuhren einfach drauflos. Am späten Nachmittag beschlossen wir, uns in Dijon ein Hotel zu suchen. *Booking.com* erwies sich mal wieder als unkomplizierter Planungspartner und ich buchte das *Hôtel des Ducs* inmitten der Altstadt. Die Dunkelheit war bereits angebrochen, als wir auf der *Place de la Libération* in einem Restaurant zu Abend aßen. Der kurze Weg dorthin ließ erahnen, welch prächtige Kulisse uns am nächsten Tag erwartete.

Als wir nach dem Frühstück einen Rundgang durch die Altstadt machten, überwältigte uns tatsächlich eine ungeahnte Flut von historischen Gebäuden. Patrizierhäuser, Paläste, Kirchen, die gotische Kathedrale, uns umwehte ein steingewordener Sturm der Geschichte, vom Mittelalter über die Renaissance bis zum Barock. Als wir durch die Gassen schlenderten, bekamen wir ein besonderes Spektakel geboten. Aus jeder Ecke tauchten Menschen auf, die wie kostümierte Puppen in langen Roben über den Boden schwebten. Erst auf Nachfrage erfuhren wir vom venezianischen Fest, das als eine Art Karneval für Volksfeststimmung in der Stadt sorgte. Wir waren froh, diese alte Stadt in der Bourgogne nicht links liegengelassen zu haben.

Weitere achthundert Kilometer führten uns die Rhône entlang, an Nîmes und Montpellier vorbei an den Rand der Pyrenäen. Kaum hatten wir die Grenze und die Ausläufer des Gebirges passiert, sah ich mit großen Augen auf die Senke zur Küste hinab, wo gelbbraune Wohnsilos und Bettenburgen die maritime Landschaft verschandelten. Lloret de Mar war schon zu meiner Jugend in den Achtzigern der Inbegriff schlechten Urlaubsgeschmacks gewesen, als Busse die jungen Menschen zum Spottpreis zu Saufgelagen an die Costa Brava kutschiert hatten.

Die letzten fünfhundert Kilometer bis Torremanzanas hätten uns überfordert, sodass wir im Hotel *Montemar Maritim* an der Küste eine weitere Zwischenübernachtung einlegten. Der Badeort Santa Susanna reiht sich, ohne Luft zu holen, in die Kette der vielen anderen ein. Das Hotel gehört zu den neuen Schlachtschiffen entlang des Strips, repräsentiert für mich wie alle anderen die spanische Tourismusfabrik. Hier lebt der Gast auf nackten Fliesen und in großen 08/15-Räumen. Während des Abendessens im kantinenartigen Restaurant mochte ich mir nicht den Trubel in der Hochsaison vorstellen und träumte mich sofort an die malerischen Küsten Australiens zurück.

Die letzte Etappe führte uns um Valencia herum in das bergige Hinterland, bis wir in Alcoy einen Ort erreichten, der sich spektakulär an die Hänge der Schluchten legte. Wir bogen von der Schnellstraße ab, um dort in einem Supermarkt unsere erste Lebensmittelration einzukaufen. Die Irrfahrt durch die alte Stadt machte uns neugierig, sodass wir hierher zurückkehren wollten.

Viele enge Kurven begleiteten uns bei Regen und Wind, bis wir nördlich das Dorf Torremanzanas erreichten. Wir brauchten eine Weile, um uns in den schmalen Gassen zurechtzufinden und die *Carrer del Salvador* zu finden. Und dann sahen wir es. In der Reihe alter Sandsteinhäuser strahlte uns die Fassade mit weiß abgesetzten Tür- und Fensterrahmungen entgegen. Wir entluden den Wagen und parkten das Auto um.

Was für ein Haus! Drei Etagen waren in den Hang gebaut worden und verwöhnten uns mit so viel Platz, dass wir staunten. Eine Dachterrasse ließ unsere Blicke zum Glockenturm der Dorfkirche und den umliegenden Bergen wandern. Ein Patio sorgte für intimes Outdoor-Ambiente. So hatten wir es uns vorgestellt. Dass uns das regnerische Wetter mit schäbigen Temperaturen begrüßte, nahmen wir noch nicht ernst, denn in den Bergen auf achthundert Metern konnten schon mal Wolken über uns hinwegziehen. Solange die Sonne nur kurz Pause machte, drückten wir ein Auge zu.

Wir fühlten uns pudelwohl und sprangen durch die Stockwerke, spazierten durch das Dorf, um uns zu orientieren. Wir gingen davon aus, das Haus kaum heizen zu müssen, was in spanischen Gefilden ohnehin eher unüblich schien. Neben der Heizung gab es einen Kamin, der im Notfall sicherlich genug Wärme spenden würde.

Mittwochs und sonntags herrschte Markttrubel im Dorf und wir waren vom bodenständigen Leben entzückt. Wir setzten uns an einen Tisch im *Amber*, einem der beiden Restaurants mit Straßenbestuhlung. Bevor wir bestellen konnten, hörten wir, dass sich Menschen am Nachbartisch auf Deutsch unterhielten und sich sofort zu uns umschauten. Thomas nutzte die Gelegenheit, stellte uns vor und schaffte es, dass wir uns in Nullkommanichts an ihren Tisch setzten. Marlies, Dieter und einige andere entpuppten sich als ausgewanderte deutsche Rentner, die sich in der Nähe des Dorfes für den Lebensabend ein neues Zuhause geschaffen hatten. Besonders Marlies und Dieter, die sechs Kilometer entfernt ein Haus auf 15 Hektar Grund gebaut hatten, signalisierten im Laufe des Gesprächs, dass wir uns näher kennenlernen sollten. Christa gehörte ebenso zur Runde wie viele andere, die immer mal vorbeikamen und auf den Tisch klopften, um Hallo zu sagen. Mit jedem Markttag erweiterte sich die Runde. Wir staunten, wie viele von ihnen die spanische Enklave als neue Heimat erkoren hatten.

In den ersten Tagen fuhren wir durch teils malerische Dörfer, die uns das Flair des einfachen und ursprünglichen Spaniens näherbrachten. In der bergigen Landschaft konnten wir das beschwerliche Leben der Mandel- und Olivenbauern nur erahnen.

Die Küste bot ein ganz anderes Bild. Kaum durchbrachen wir die fünf Kilometer breite Bannmeile zum maritimen Tourismus, unterfuhren und überquerten Autobahnen und Schnellstraßen, reihte sich der Kommerz wie eine fette Wurst längs der Wege. Hier würden wir alles bekommen, was unser Herz begehrte. Die letzten Meter bis zum Meer gehörten den Feriensiedlungen und Hotels mit ihren sich türmenden Apartments. Dass Spanien die Bausünden der Siebziger nur schwerlich korrigieren kann, war mir bewusst. Ebenso, dass preiswerte Unterkünfte für viele die einzige Chance auf eine Erholung am sonnigen Mittelmeer darstellen.

In den folgenden Wochen besuchten wir Marlies und Dieter und versprachen uns, von ihnen einiges über Land und Leute zu erfahren. Zudem brauchte Thomas neuen Lesestoff und hoffte, sich interessante Bücher ausleihen zu können. Bei Kaffee und Kuchen hörten wir ihre Lebensgeschichte, mit welchem Mut und handwerklichem Geschick sie sich ihren Traum vom spanischen Lebensabend erfüllt hatten. Beim Bau ihres Heims konnten sie auf die gegenseitige Hilfe der handwerklich ausgerichteten Nachbarn und Freunde vertrauen. Dieter als Tischler, Norbert als Elektriker, der spanische Nachbar mit seinem Bagger. Belohnt wurde ihre Mühe mit traumhaften Blicken von ihrer Terrasse in die Weite der Landschaft.

Die ersten Aprilwochen nagten an unserer guten Laune, denn noch immer waren wir vom spanischen Frühling weit entfernt. Eine Kaltfront hatte das Land fest im Griff. Wenn ich das Bett verließ, Thomas schlafen ließ und mir einen Kaffee machte, schlotterte ich. Pullover, Decken und dicke Socken waren wir nicht gewohnt. Wulstige graue Wolken zogen über die Bergkämme und bescherten uns Regen. In der Umgebung gingen Sturzbäche nieder, wie Spanien sie laut den Nachrichten seit Jahrzehnten nicht mehr gekannt hatte. Auch die *Semana Santa* zu Ostern drohte mit den prächtigen Prozessionen ins Wasser zu fallen. Dieter bestätigte, dass die Kälte und der viele Regen äußerst ungewöhnlich und nicht normal seien. Mit dem Blick auf das langfristige Mittel von drei Monaten versuchten wir gelassen zu bleiben. Ich schielte derweil auf die Temperaturen im südlichen Andalusien. Sie schwankten auch dort, aber auf höherem Niveau.

Erschwerend kam hinzu, dass alte Steinhäuser, die in sonnigen Monaten die Hitze herunterkühlen, in diesen Kältephasen eine frostige Nase bescherten. Die Heizung im Haus wurde durch Propangasflaschen gespeist, doch wollten wir die wertvollen Reserven der Besitzer nicht schröpfen, zumal wir keine Ahnung hatten, wie viel Gas eine Heizung im Vollbetrieb verbraucht. Mein Talent als Kaminmeister schien zudem dürftig zu sein, denn ich mühte mich oft erfolglos, aus der Sparflamme eine lodernde Feuersbrunst entstehen zu lassen. Der von Miriam und Daniel erwähnte Sauerstoffregler half auch nicht. Zum Glück hatte Thomas seinen Heizlüfter mitgenommen, der uns auf dem Sofa oder im Bett wärmende Dienste leistete. Wir pusteten womöglich die Stromrechnung in die Höhe, doch wir würden es Miriam und Daniel entgelten. Thomas wollte den Heizlüfter keinesfalls erwähnt wissen, obwohl ich der Meinung war, dass die von uns zu tragende Stromrechnung Fragen aufwerfen und das Geheimnis eh lüften würde.

Ich schrieb leidenschaftlich an meinem literarischen Projekt, verzweifelte gleichsam, als Thomas die ersten Kostproben mit unangenehmen Fragen torpedierte. Nachdem ich den inneren Kampf überstanden hatte, beschloss ich, ihn für die Beurteilung erst zu Rate zu ziehen, wenn ich die Texte besser geprüft hatte.

Trotz des mäßigen Wetters brauchten wir zwischendurch einen Tapetenwechsel, sodass wir eine Rundfahrt planten. Diese führte uns durch den bunten Küstenort Villajoyosa über Altea zum *El Castell de Guadalest*. Obwohl das Kastell Anfang des 18. Jahrhunderts bis auf die Mauern und den Glockenturm im Spanischen Erbfolgekrieg zerstört wurde, boten sich dort schöne Blicke auf die karge Bergwelt.

Torremanzanas

El Castell de Guadalest

Ein plötzlicher Sonnentag lockte uns ein paar Tage später nach Alicante. Viele Erzählungen hatten in unseren Köpfen das Bild einer hässlichen Großstadt entstehen lassen. Doch die Altstadt Santa Cruz und der sonnige Blick vom Hügel *Benacantil* auf das *Castillo de Santa Bárbara*, dem zu Füßen die Altstadt liegt, machten die vielen Regentropfen vergessen. Aus hundertfünfzig Metern schauten wir über die Zinnen hinweg vom blauen

Himmel hinab zum Hafen, auf die Strände sowie über die gesamte Stadt.

Eine Großstadt hat nun mal charakteristische Eigenschaften, doch unser Eindruck von Alicante fiel positiver aus, als wir befürchtet hatten. Alt mischte sich mit Neu, breite Avenidas lösten schmale Altstadtgassen ab. Wir schlenderten herum und erreichten die Strandpromenade, wo wir beeindruckt vom markanten Muster auf über sechs Millionen Bodenmosaiken sahen. Was wäre ein Spanienaufenthalt wert, wenn wir nicht ein Tablao Flamenco besuchen würden? Thomas hatte Karten für eine Show auf der *Plaza de los Luceros* erstanden, sodass wir auf einen fulminanten Abschluss des Tages hoffen durften.

Bei einem Glas Wein ließ sich Thomas in alte Zeiten versetzen, als er selbst Flamenco getanzt hatte. Während das Ensemble klagende Melodien anstimmte und rhythmisch hämmernde Laute von den Brettern in die Ohren schallten, beobachtete ich, wie Thomas seine Expertise formulierte. Im Anschluss fuhren wir von den Eindrücken beglückt zurück in unser Bergdorf.

Die Hoffnung stirbt zuletzt, sagten wir, als neuer Regen im Anmarsch war. Wir igelten uns ein. Ich schrieb, Thomas las.

Die *Semana Santa* nahte und allerorten lasen wir von den Prozessionen. Wir hofften, am Karfreitag die spektakulärste in Alicante miterleben zu können. Da wir uns mittlerweile in der Stadt zu orientieren wussten, fanden wir schnell heraus, welche Route die Prozession nehmen würde. Da sie erst in den frühen Abendstunden beginnen sollte, fuhren wir entsprechend spät in die Stadt hinein und wunderten uns über die leeren Tribünen. Eine ältere Dame, die schon einen Platz eingenommen hatte, teilte uns mit, dass das Spektakel nicht vor 22 Uhr beginnen würde. Da hatten wir wohl etwas falsch verstanden. Wir beschlossen, zur *Parroquia María Auxiliadora* zu gehen. In dieser Kirche initiierte eine Messe die Prozession. Wir traten verspätet, aber mit nötigem Respekt in das überfüllte Gotteshaus. Der heilige Bühnenzauber mit Fanfarenmusik füllte lautstark den Raum. Doch ständig kamen Menschen herein, schauten, bekreuzigten sich, redeten, als befänden wir uns auf dem Jahrmarkt, und schoben den Kinderwagen wieder nach draußen. Der heilige

Ernst im erzkonservativen Spanien schien oberflächlich betrachtet verloren gegangen zu sein.

Als die Messe beendet war, strömten alle hinaus, doch eine Prozession setzte sich nirgends in Gang. Wir spazierten noch hoffnungsvoll, aber bei stärker werdendem Nieselregen zunehmend irritiert zu den leeren Tribünen zurück. Die alte Dame saß dort immer noch. Wann kamen die priesterlich Gewandeten mit riesigen Figuren, Heiligenbildern und Reliquien? Als ich den Sicherheitsbeamten fragte, teilte er mit, dass vor wenigen Minuten der Umzug wegen Regen abgesagt worden sei.

Enttäuscht eilten wir zum Parkhaus und fuhren zurück nach Torremanzanas. Doch es gab noch Hoffnung. Die Dorfgemeinschaft würde im Mai über mehrere Tage mit Tamtam und einem riesigen Paella-Essen das Fest *Sant Gregori* feiern. Vielleicht hatte Petrus bis dahin ein Einsehen mit allen Beteiligten.

Mit der Zeit erkannten uns die Dorfbewohner auf den Straßen und in den Geschäften wieder, da wir unablässig grüßten und nicht wie andere Touristen nach einer Woche wieder abgefahren waren. Die Fleischerin bediente uns sehr herzlich und zeigte sich interessiert, die Bäckersfrau war unsere Nachbarin und hängte jeden Tag auf der Terrasse Wäsche auf, bis sie sich nach geraumer Zeit traute, uns zuzuwinken. Auch das Personal im *Amber* erkannte uns mittlerweile wieder – vielleicht auch nur, weil wir großzügig Trinkgeld gaben. Als ich merkte, dass meine spärlichen spanischen Wortfetzen nicht ausreichten, um zu sagen, wer wir Neuankömmlinge sind, wo wir wohnen und was wir kaufen wollten, entlehnte ich den Rest aus anderen romanischen Sprachen wie Italienisch und Französisch und freute mich über kurze Erfolge. Ich war ein Meister des Pfuschens, mehr nicht. Thomas hatte zudem seinen Vorsatz schnell aufgegeben, Spanisch lernen zu wollen.

Wir fühlten uns in Torremanzanas schnell heimisch, da die Menschen uns freundlich begegneten. Einige hoben nur kurz den Kopf, sagten »Buen' dia'« oder »Hola!« und gingen weiter.

Marlies hatte für uns eine deutsche Wochenzeitung abonniert, die Thomas aufmerksam studierte. Bald waren wir Kaffeegäste auch bei Christa und später bei Barbara und Norbert. Allesamt stießen sie ins selbe Horn: Es konnte nirgends lebenswerter sein als hier. Dieter versuchte, auch uns davon zu überzeugen, in der Gegend sesshaft zu werden. Doch Thomas und ich glaubten an die große weite Welt, die noch so viele schöne Orte für uns bereithielt.

Eines Tages ergab sich am Stammtisch eine weitere zufällige Begegnung, als Sorrel und ihr Mann auftauchten. Sorrel machte große Augen, als sie erfuhr, dass ich am Opernhaus in Hannover arbeite und Thomas ehemaliger Balletttänzer in Oldenburg gewesen war. Sie selbst hatte weit vor meiner Zeit als Balletttänzerin in Hannover auf der Bühne gestanden. Ihre tanzbegeisterte Tochter wohnt in Oldenburg und wirkt dort an Projekten des Theaters mit. Was für eine kleine verrückte Welt! Sorrel bedauerte, keine Erinnerungsfotos aus jener Zeit zu besitzen, was uns veranlasste, unsere Kontakte am Opernhaus zu nutzen, um nach Zeitungsberichten oder Fotos von ihr zu forschen. Tatsächlich fanden sich treue Ballettfans, die sich an sie erinnerten und behilflich sein wollten.

Plötzlich ereilte uns die Nachricht, dass meine französische Brieffreundin aus Kindheitstagen nach Ostern mit ihrem Mann nach Andalusien aufbrechen wolle. Da sie von Toulouse kommend an unserer Haustür vorbeifahren würde, schlug sie ein kurzes Wiedersehen vor. Wir luden sie in Absprache mit Miriam und Daniel ins Haus ein. Als sie mit ihrem Camperbulli bei Regen eintrafen, verfrachteten wir sie kurzerhand in die kalten Parterrezimmer, was ihnen allemal lieber war, als im Wagen zu schlafen. Wir kochten gemeinsam und tauschten uns aus. Am nächsten Tag starteten sie nach Andalusien und versprachen, uns ihre Erfahrungen und Tipps mitzuteilen.

Weit nach Ostern, vier Wochen nach unserer Ankunft, näherte sich das Wetter dem valencianischen Frühling an. Wir hatten lange darauf warten müssen. Zögerlich kletterten die Temperaturen und wir begannen, die Außenbereiche zu nutzen. Frühmorgens verkroch ich mich noch mit einem Kaffee ins Wohnzimmer, kuschelte mich in die Decke und schrieb, bis

Thomas aufgewacht war. Danach verzog er sich zum Sonnenbad auf die Terrasse, während ich im Schatten weitere Kapitel schuf.

Anfang Mai holten wir Daniel und seinen Bruder vom Flughafen ab und wir lebten eine Woche lang in einer Vierer-Männer-WG. Wir hatten eine gesellige Zeit zusammen, zumal auch Daniels Bruder seinen Urlaub am liebsten bewegungslos mit einem Buch in der Hand in der Ecke verbrachte, während Daniel als Einziger auf die Gipfel der umliegenden Berge stürmte.

Wir hatten vom Fest *Moros y Cristianos* in Alcoy gehört, das am ersten Maiwochenende stattfand und das wir keinesfalls verpassen wollten. So lernten wir jene Stadt kennen, die uns schon bei unserer Ankunft interessiert hatte. Vom mehrtägigen Fest suchten wir uns den Tag aus, an dem die Christen ihre Stadt von den Mauren mit großem Bühnen- und Kostümspektakel zurückeroberten. Die Stadt platzte aus allen Nähten und wir fanden mit Glück eine Lücke in der von Autos überfluteten Stadt. Als wir über die Brücke in die Altstadt vorstießen, hörten wir bereits die ausgelassene Stimmung und sahen in strahlende Gesichter der Darsteller, die bei Bier und Wein mit dem Feind herumalberten. Eine Mischung aus Jahrmarkt, Karneval und Theater schlug uns entgegen, als wir die *Plaza de España* betraten. Menschenmassen warteten auf die Konfrontation zwischen den Anführern der beiden Gruppen. Die Maurenführer schrien von der Festung herab, die einer großen Plastikburg von Playmobil ähnelte, während der heilige Jorge hoch zu Ross verkündete, die Burg mit seinen Christen siegreich einnehmen zu wollen. Dass wir selbstredend kein Wort von den Drohgebärden verstanden, tat dem Vergnügen keinen Abbruch. Nachdem alles gesagt worden war, zog sich Jorge unter dem Jubel der Zuschauer mit seinen Mannen zurück, um sich für den Kampf vorzubereiten. Wir schlenderten die Gasse hoch zum *Parc La Gorieta*, um etwas zu essen. Kaum dass wir den letzten Bissen hinuntergeschluckt hatten, brach ein irres Getöse los. Nicht enden wollende Böllerschüsse erfüllten die Luft und schwefeliger Qualm stieg in unsere Nase. Wir gingen zu den Ausgängen des Parks. Marodierende Truppen verfolgten sich. Mauren wie Christen schossen in die Luft. Wenn jemand die Flinte auf den Asphalt hielt und abdrückte, knallte es besonders heftig. Für eine Stunde würden uns die Dezibel nur so um die Ohren fliegen. Mir war schnell klar, dass ich das nicht lange aushalten würde, und ich machte Thomas mit zugehaltenen Ohren Zeichen, verschwinden zu müssen, egal wie viele Spanier sich unbeeindruckt vom Lärm im Smalltalk verloren. Trotz unserer frühen Flucht hatten wir das Fest mit seinen prachtvollen und farbenfrohen Kostümen genossen.

Alcoy - Moros y Cristianos

Fünf Tage später fieberten die Menschen in Torremanzanas *Sant Gregori* entgegen. Aus Anlass der Hungerkatastrophe 1658 durch eine Heuschreckenplage tragen zu Ehren des Heiligen *Sant Gregori* zwei Dutzend Frauen Brotlaibe auf ihren Köpfen zur Segnung in die Kirche.

Spaniern reicht oft ein Feiertag nicht aus, um Frohsinn und Weinseligkeit ausleben zu können, weshalb gleich mehrere Tage eingeplant werden. Gelegentlich findet am nächsten Wochenende eine Nachfeier statt.

Schon früh am Morgen zog die Banda durch die Gassen und weckte das Dorf mit schwungvollen Melodien. Da ich mich noch nie an tonpfählenden Klängen deutscher Schützenkapellen erfreuen konnte, beschwingten mich die spanischen Bandamelodien umso mehr. Am dritten Festtag setzten sich Gäste wie Bewohner an langen Tafeln auf der Hauptstraße zusammen und feierten fröhlich beim großen Paella-Essen den Schlusspunkt. Natürlich trafen wir auf unsere deutschen Rentner, von denen wir uns für eine Woche verabschiedeten. Wie verabredet würden wir Daniel und seinen Bruder alleine lassen wollen, um Andalusien und seinen Städten Granada, Sevilla und Córdoba einen Besuch abzustatten. Die drei Granden der spanischen Historie wollte ich schon immer kennenlernen.

Dorffest in Torremanzanas

Die erste Etappe führte uns nach Granada, wo ich uns für zwei Nächte ein Zimmer im *Eurostars Catedral* in der Altstadt gebucht hatte. Am Hotel angekommen, ragten die mächtigen Mauern der Kathedrale so nahe empor, als würden wir Wand an Wand mit dem Erzbischof schlafen. Besser hätten wir nicht unterkommen können. Es blieb uns nicht viel Zeit, denn anders als meine französische Brieffreundin hatten wir in der Nacht noch ein Onlineticket für die Alhambra ergattert. Wir nahmen uns gleich nach dem Einchecken ein Taxi und ließen uns zur angeblich meistbesuchten Kulturstätte Europas bringen.

Die Anlage der Burgstadt kam mir zu Beginn recht bescheiden vor. Ich hatte mir Wunder was darunter vorgestellt. Sowohl der *Generalife* mit den Gärten, Pagoden und kleinen Wasserspielen als auch der wuchtigere Renaissancepalast Karls V. mit seinem arenaartigen Säuleninnenhof wirkten auf ihre Art bezaubernd, aber auch ernüchternd, wenn man sich wie ich einen opulenten Komplex vorgestellt hat. Doch dann erreichten wir die Nasridenpaläste. Hier funkelte uns der Schatz der Alhambra entgegen. Wirkten die römisch-katholischen Kathedralen, die wir in den drei Städten noch zu sehen bekommen würden, wie steinerne Kolosse, blickten wir hier in luftige Räume voller Arabesken, mit ziselierten Wänden und Decken, stalaktitartig verzierten Bögen, bunten Mosaiken und schlanken Säulen. Wir fühlten uns in die Welt von »Aladin und die Wunderlampe« versetzt. Ohne die Nasridenpaläste hätte ich die Alhambra nach vier Stunden etwas enttäuscht verlassen. Dabei belegt sie wie kaum anderswo die mittelalterliche muslimische Herrschaft in Europa. Und in diesem Kulturkreis scheint man zu der Zeit die klobige steinerne Machtdemonstration nicht nötig gehabt zu haben.

Alhambra

Nesridenpalast

Als wir am nächsten Tag durch die Altstadt Granadas spazierten, stand die Kathedrale wie ein mächtiger Fels in der Mitte zahlloser kleiner Fachwerkhäuser und Gassen. Von 1523 bis 1704 hatte es sage und schreibe hundertachtzig Jahre bis zur Fertigstellung gedauert. Dass die Kathedrale von Granada erst der Anfang eines Schaulaufens opulenter Gotteshäuser sein würde, wussten wir dort noch nicht.

Erst als wir am nächsten Tag in Sevilla eintrafen und ins Herz Andalusiens vorgedrungen waren, ahnten wir, dass die anderen Baumeister noch höher und breiter gedacht hatten.

Granada hatte uns mit angenehmen Sommertemperaturen verwöhnt. In Sevilla schlugen uns stolze vierzig Grad entgegen. Als wir mit dem Rezeptionisten des Hotels *Lobby Room Sevilla* sprachen, zuckte er mit den Schultern und erwiderte: »Non es normal!«Für jede der drei spanischen Städte hatten wir zwei Tage eingeplant, was in Anbetracht der vielen Sehenswürdigkeiten viel zu knapp bemessen war. Ich bin mir heute noch nicht sicher, warum wir eine Unruhe mit uns herumtrugen, als wollten wir schnell über die Städte hinweghuschen und schnell wieder nach Torremanzanas fahren. Gerade in Sevilla lauerte an jeder Ecke die spanische Geschichte, lockten andalusische Events. Beides erlebten wir im Zeitraffer von wenigen Stunden. Thomas fragte beim Rezeptionisten nach einem guten Tablao. Dieser hielt das *El Arenal* für das Beste und reservierte uns einen Tisch für den nächsten Abend.

Mit dem Hop-on/Hop-off-Bus verschafften wir uns den Überblick über sehenswerte Teile der Stadt. Thomas ertrug die Hitze nur im klimatisierten Inneren des Busses, weshalb ich ihn zwischenzeitlich verließ, um vom offenen Doppeldecker die freien Blicke zu genießen. Wie Paris und Wien protzt Sevilla mit geschichtsträchtigen Plätzen, Kirchen, Museen, Palästen und Prachtstraßen. Die vielen verschiedenen Daten, Fakten und historischen Hintergründe überforderten mich. Ich ließ die Eindrücke ungefiltert auf mich einprasseln. Was ich wissen wollte, konnte ich später nachlesen.

Für den Abend nahmen wir uns vor, in der Altstadt essen zu gehen. Doch die war groß. Wo genau? Wir waren spät dran und irrten durch die Gassen. Die ersten Kellner packten schon ein. In letzter Sekunde fanden wir ein Restaurant mit Stühlen im

Außenbereich. Die freundliche Bedienung schien dennoch mehr am Feierabend als an uns interessiert zu sein, brachte nach einer gefühlten Ewigkeit das falsche Gericht und stellte zum Schluss eine sonderbare Rechnung aus. Ich intervenierte, worauf er bedauerte und alles unter meinem prüfenden Blick neu berechnete. Da Thomas am Abend zuvor in Granada Ähnliches erlebt hatte, kamen wir überein, dass die Gastronomie in touristischen Zentren sich schon mal gehenlassen kann. Kommen wir nicht, kommen andere.

Die Kathedrale von Sevilla überbot die Eindrücke derer zu Granada. Wie der Mailänder Dom beherrscht *Santa María de la Sede* die Kulisse der *Plaza del Triunfo*. Da wir uns aus den Seitengassen näherten, türmten sich die mächtigen Mauern in den Himmel. Wir betraten die flächenmäßig fünftgrößte Kirche der Welt. Es raubte mir fast den Atem, als wir durch das Innere wandelten. Immer länger, immer breiter zog sich das Gebäude hin. Ich schaltete den Audioguide ab, bevor ich in den vielen Erklärungen zu ertrinken drohte. Einzig am größten Retabel der Welt, das mit vierhundertsechzig Quadratmetern die vierfache Größe unserer Altbauwohnung in Hannover hat, lauschte ich den Informationen. Die in fünfundvierzig Kassetten unterteilte gotische Holzschnitzwand erschlug mich als Betrachter. Dass sie mit zwanzig Tonnen Blattgold verziert war, sprengte meine Vorstellungskraft. Unschlüssig starrte ich auf die überragende Kunst in der zum Himmel schreienden Architektur der Kirche. So sicher die Kunst ihren Platz gefunden zu haben scheint, so ungehörig wird der Reichtum der Kirche durch Bau- und Kunstwerke im Namen der Allmacht Gottes genutzt, um Menschen vor Demut niederknien zu lassen. Ob die Indios das ihnen geraubte und von ihrem Blut überschwemmte Gold gerne in der Kathedrale von Sevilla sehen würden?

Sevilla war für uns ein lebendiges Museum der Superlative! An jeder Ecke blitzte ein protziges Juwel auf.

Wir ließen den Tag bei einem schnellen Abendessen und dem anschließenden Flamenco-Abend im *Tablao El Arenal* ausklingen. Die Tänzer vollführten ein ebenso fulminantes und bewundernswertes Spektakel wie in Alicante. Ich musste Thomas erstaunt zuraunen, dass ich diese Art Tanz trotz versierter Technik für absolut körperschädigend hielt. Die Beinmuskulatur, Fußgelenke und die Wirbelsäule mussten doch beim hämmernden Auftreten arg in Mitleidenschaft gezogen werden.

Am Ende des anstrengenden Tages flanierten wir glücklich am Ufer des Guadalquivir zurück zum Hotel.

Als dritte Stadt besuchten wir Córdoba, das wir nach nur hundertfünfzig Kilometern erreichten. Ich fand die Fahrt zu unserem Hotel *Eurostar Conquistador* sonderbar. Unerwartet mussten wir für den Weg in die Altstadt eine Schranke passieren, für die wir ein Ticket brauchten, das wir aber nicht besaßen. Ich rief ratlos im Hotel an, woraufhin sich wundersam die Absperrung öffnete. Kurz danach waren wir aufs Neue von sandsteinfarbenen mächtigen Mauern, Gebäuden und mit Kopfstein gepflasterten Wegen umgeben. Hätte ich mir all die Menschenmassen wegdenken können, die mit uns das Weltkulturerbe erleben wollten, wäre ich mir als Wanderer in einer Welt voller Mythen und Sagen vorgekommen.

Wie in Granada lag die fast quadratische und festungsartige *Mezquita Catedral de Córdoba* direkt vor unserer Nase, die aber mitnichten erahnen ließ, was sich drinnen befand. Wir überlegten, zu welcher Tageszeit ein Rundgang ohne die vielen Touristen möglich war. Da diese aber schon am frühen Morgen die Altstadt fluteten, schoben wir diese Überlegung beiseite.

Wenn man wie wir einige Orte auf dieser schönen Welt bereits gesehen hat, spuken schnell Vergleiche durch den Kopf. Mit der Altstadt von Dubrovnik hatten wir ein ähnlich abgeschottetes museales Areal vorgefunden, das von Einheimischen kaum noch bewohnt, am Abend »abgesperrt« erscheint, sobald der letzte Touristenbus abgefahren ist.

Wenn ich von den riesigen Sakralbauten Granadas und Sevillas fasziniert und bedrückt zugleich war, erschien die *Mezquita Catedral* wie ein einzigartiges Gebilde der Superlative. Die Geschichte dieses Gebäudes schlägt den Bogen von einem römischen Tempel über eine westgotische Kathedrale bis zur riesigen Moschee, um diese mit einem majestätischen gotischen Kirchenschiff durch die römisch-katholische Kirche anzureichern. Die Moschee-Kathedrale gehört mit der doppelten Innenfläche der Kathedrale von Sevilla zu den größten Gotteshäusern der Welt. Genauso fühlten wir uns, als wir die Halle betraten - verloren. Unendlich tiefe Blicke ließen das andere Ende kaum erkennen. Ich konnte nicht glauben, was ich sah: Achthundert hufeisenförmige Säulenbögen, Spolien aus den Resten alter römischer Tempelanlagen, stützen den fast zweihundert Meter langen leeren Innenraum. Wir wandelten über eine Fläche so groß wie zwei Fußballfelder und schauten zu den vielen Seitenkapellen, die sich als Randerscheinung im Raum verloren. Das rot-weiße Säulenlabyrinth beeindruckte mich mächtig. Auf der Hälfte der Strecke durch die Halle entdeckten wir einen vor Blicken geschützten Bereich, als schlüge hier das verborgene Herz der Moschee. Doch als wir näher kamen, öffnete sich ein Kirchenschiff der katholischen Kirche mit hohen Emporen und einer lichten verzierten Kuppel. Unfassbar, wie kontrastreich die schlichte sandsteinfarbene Moschee für zigtausend Muslime und das gotische prunkvolle Innere der Kirche nebeneinander existieren.

Mezquita Catedral de Còrdoba

Noch berauscht von diesen Eindrücken besuchten wir anschließend das *Alcázar de los Reyes Cristianos* mit seinen hübschen Gärten und schlenderten an der sechszehnbögigen römischen Brücke vorbei. Die restliche Altstadt, mit Restaurants, Galerien, Souvenirshops und Cafés zum Wohle der Touristen gepflastert, zeugt vom einst friedlichen Zusammenleben von Juden, Muslimen und Christen. Es geht auch ohne ideologischen Streit, wenn der Mensch nur will.

Wir verabschiedeten uns von Córdoba und fuhren mit einem dröhnenden Kopf unvergesslicher Eindrücke in kürzester Zeit nach Torremanzanas zurück.

Die letzten fünf Wochen vergingen wie im Flug. Ich verbrachte viele Stunden am Tag mit der Schreiberei, während Thomas immer unruhiger die Plätze tauschte. Manche Tage waren ihm zu warm, um sie in der Sonne zu verbringen, sodass er sich zurückzog. Wir spazierten an den Stränden entlang und machten einen Ausflug nach Benidorm, als Manhattan der *Costa del Sol* der Inbegriff für hässlichen Massentourismus. Ich wollte es aber unbedingt einmal in meinem Leben gesehen haben.

Benidorm

Wir gaben uns tagelang der Ruhe hin und genossen das Faulenzen. Der herrliche Blick von der Sonnenterrasse auf den Glockenturm und die Berge machte dieses Domizil zu etwas ganz Besonderem. Und dennoch wurde uns die Zeit lang. Thomas fand keinen Lesestoff mehr, verlor die Lust an weiteren Ausflügen und starrte umso länger in den Fernseher. Es zog ihn nach Hause, so wie auch ich den Ruf der Heimat nicht leugnen konnte. Es sprach nichts dagegen, den Rest unserer zwölfmonatigen Freiheit nicht nur mit Reisen, sondern auch mit Rückkehr zu verbringen.

Wir fuhren am neunzehnten Juni noch einmal die deutschen Residenzen ab, um uns von unseren Rentnern zu verabschieden und ihnen für ihre Gastfreundschaft zu danken. Wir hoffen, Miriam und Daniel das Haus in ansehnlichem Zustand wieder übergeben zu haben.

Die Einladung meiner Brieffreundin, sie in Toulouse zu besuchen, schlugen wir aus, nächtigten in Narbonne und später im wunderschönen Straßburg.

Am zweiundzwanzigsten Juni kehrten wir nach Hannover zurück und wussten, dass unser Sabbatjahr von nun an Geschichte sein würde. Ich fürchtete, dass die Flut unserer Erlebnisse im kleinkarierten Alltag verloren gehen könnte. Doch das Gegenteil ist der Fall. Zwölf Monate nach dem Sabbatjahr vollbringt jedes Foto und jedes Gespräch darüber das Wunder, mich sofort an all die paradiesischen Orte zurückzubeamen, als stünde ich in diesem Augenblick noch immer dort.

DREIZEHN

Echo

Wir haben uns den Traum eines Sabbatjahrs erfüllt, dem Alltag den Rücken gekehrt und den Aufbruch ins Ungewisse gewagt. Unsere Reiseerlebnisse werden uns wie ein langer Lichtstrahl in unserem Leben begleiten. Wir blicken auf zwölf Monate Freiheit voller wunderbarer Momente zurück.

Wir leben jetzt! So lautete unser Motto. Wir haben jeden Tag gestaunt, waren ratlos und verstört, aber vor allem eines, wir waren glücklich. Und dies war nur möglich, weil mit Thomas das größte Glück an meiner Seite stand. Wir haben uns bewiesen, über lange Zeit in fremder Umgebung, auf engstem Raum aneinandergekettet und in gegenseitiger Zuneigung alle Herausforderungen und Stimmungstiefs meistern zu können.

Wir sind nicht in die weite Welt gezogen, um uns selbst zu finden, in unserer Persönlichkeit nach etwas zu suchen, das wir zu vermissen glaubten. Das Privileg, ein Jahr frei von jeglicher Verpflichtung und Rücksichtnahme spontan zu entscheiden, wohin es uns wann wie lange ziehen würde, war eine lustvolle und äußerst sinnliche Erfahrung.

Während der Reise haben uns viele Fragen beschäftigt: »Warum ist das so? Wie machen die das? Wie kann man nur so leben? Könnten wir von diesem oder jenem lernen?« Auf jeden

Fall haben wir festgestellt, wie nichtig unsere alltäglichen Befindlichkeiten im Verhältnis zu den offenen Wunden dieser Welt sind: die Schere zwischen Arm und Reich, Chancengleichheit, die Toleranz fremden Kulturen gegenüber, der Klimawandel und die Zerstörung der Natur. Besonders wertvoll waren uns die vielen Menschen, deren Hilfsbereitschaft und Interesse uns durch die Ungewissheit getragen haben.

Kaum war ich zurück im deutschen Straßenverkehr, hupte mich eine Frau an und wollte sich an mir vorbeidrängeln, obwohl ich bereits am Limit fuhr. Umso größer fällt mein Dank an die Australier und Neuseeländer aus, die seelenruhig gewartet haben, als ich fast hilflos das große Wohnmobil auf der Straße zu wenden versuchte. Als flinker Fahrer bekannt, bin ich nicht verzweifelt, wenn ich nur mit hundert Stundenkilometern auf achtspurigen Autobahnen oder leeren Landstraßen unterwegs sein durfte. Müssen wir also in unserem Leben ein so hohes Tempo gehen, verbissen unseren Willen durchsetzen und stets nur den eigenen Vorteil im Sinn haben? Sollten wir nicht mal damit beginnen, dem Busfahrer für eine sichere Fahrt zu danken oder den Müllmann zu grüßen? Als im hektischen Sydney eine zweite Kasse im Supermarkt aufmachte, wurden wir selbstverständlich als Nächste vorgelassen. In Deutschland undenkbar.

Beinahe demütig betrachteten wir die beeindruckende Vielfalt der Natur. Ich bin fest davon überzeugt, dass sie stärker ist als wir Menschen und sich für unseren sorglosen Umgang mit ihr bitterlich an uns rächen wird.

Zur Wahrheit gehört auch, dass unsere persönliche CO_2-Bilanz im Sabbatjahr den roten Bereich kaum verlassen hat. Wir sind über 48.000 km mit dem Flugzeug geflogen, über 22.000 Kilometer mit dem Auto gefahren und haben über 5000 Kilometer auf einem stinkenden Kreuzfahrtschiff zugebracht. Auch wir sind nicht vorbildlich. Doch ich erhoffe mir, dass wir demnächst unsere Freiheit klimafreundlicher genießen können und Fragen der Zukunft lauter und noch bestimmter diskutiert werden.

Mit dem Sabbatjahr 2018/2019 sind wir knapp den Katastrophen 2019/2020 entgangen: die Jahrhundertbuschbrände in Australien, deren Feuersbrunst viele Orte zerstörte, die wir besucht hatten. Was ist wohl aus der resoluten Val und den am Hang grasenden Kängurus geworden? Wären wir in den Wasserfluten Neuseelands mit Karens Camperbus im Morast steckengeblieben? Ganz zu schweigen von der Corona-Pandemie, die die ganze Welt plötzlich in Geiselhaft nahm und den Lockdown auslöste.

Wir hatten wieder mal unverschämtes Glück!

Liebe Leserinnen und Leser,

mein Bericht über unser Sabbatjahr endet hier. Ich danke Ihnen für Ihr Interesse. Sie waren ganz nahe bei uns, haben unsere Gedanken und Gefühle hautnah miterlebt und sich eine Auszeit an fantastischen Orten dieser Welt gegönnt. Sollte es mir gelungen sein, Ihre Sehnsucht nach Freiheit und fremden Welten zu wecken, hat sich dieses Buch gelohnt. Hätten Sie manche Dinge anders gemacht? Dann machen Sie sich selbst auf den Weg. Ich habe mich bemüht, Reiseinformationen in den Text zu integrieren, die ihnen bei ihrer eigenen Planung hilfreich sein könnten. Vor allem hoffe ich, dass sie Spaß und Lust hatten, mit uns ein Sabbatjahr zu verbringen.

So, und jetzt ist aber mal Sabbat!

Danksagung

Thomas und ich haben viele hilfsbereite Menschen auf unserer langen Reise kennengelernt. Rolf und Hermann in Windhuk, Gudrun in Swakopmund, Arnold und Jan sowie Francois in Kapstadt, Margie, Ross und Ralf in Sydney, Joel und Michael aus Canada und alle deutschen Rentner in Torremanzanas wie Marlies, Dieter, Christa, Norbert und Barbara sowie die vielen »Unbekannten«, die uns als Fremde so großzügig empfangen und in ihrem Haus haben wohnen lassen. Ihnen allen haben wir für die unglaubliche Freundlichkeit, das warmherzige Willkommen zu danken. Der Ruf des Menschen ist besser, als er ihm manchmal vorauseilt.

Über den Autor

Über den Autor

Frank Domnick, 1965 in Münster geboren, studierte nach der kaufmännischen Ausbildung klassischen Gesang. Als Opernsänger ist er Mitglied des Staatsopernchores Hannover.

Mit dem Schreiben von Gedichten und Kurzgeschichten entwickelte sich seine literarische Leidenschaft. Im Mai 2018 veröffentlichte Frank Domnick seinen ersten Roman *Das stille Leben des Karl Rosenbaum*. Nach seinem Sabbatical 2018/2019, in dem er bis ans andere Ende der Welt gereist ist, erscheint nun der Reisebericht *12 Monate Freiheit*.

www.frank-domnick.com

Bisherige Werke:

ISBN: 978-3752833966

Anhang

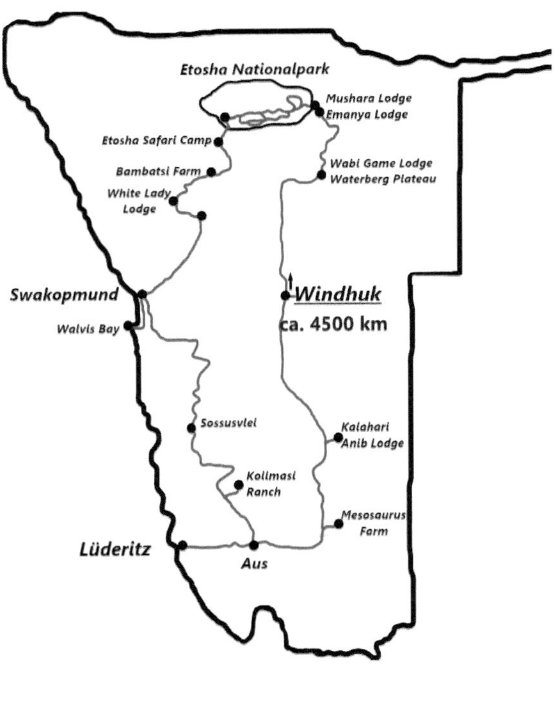
Etosha Nationalpark
Mushara Lodge
Emanya Lodge
Etosha Safari Camp
Bambatsi Farm
White Lady Lodge
Wabi Game Lodge
Waterberg Plateau
Swakopmund
Walvis Bay
Windhuk
ca. 4500 km
Sossusvlei
Kalahari Anib Lodge
Kollmasi Ranch
Mesosaurus Farm
Lüderitz
Aus

Windhoek
Namibia
Südafrika
ca. 2500 km
Pretoria
Johannesburg
Bloemfontein
Prince Albert
Boesmanskoop
Stellenbosch
Kapstadt
Hermanus
Wilderness
Stormsriver

Cairns
Great Barrier
Reef
Ayers Rock
Australien
Brisbane
Great Ocean Drive
2000 km
Sydney
Adelaide
Kangaroo Island
Eden
Melbourne
Twelve Apostles
Burnie
Kreuzfahrt
5400 km
Tasmanien
Hobart

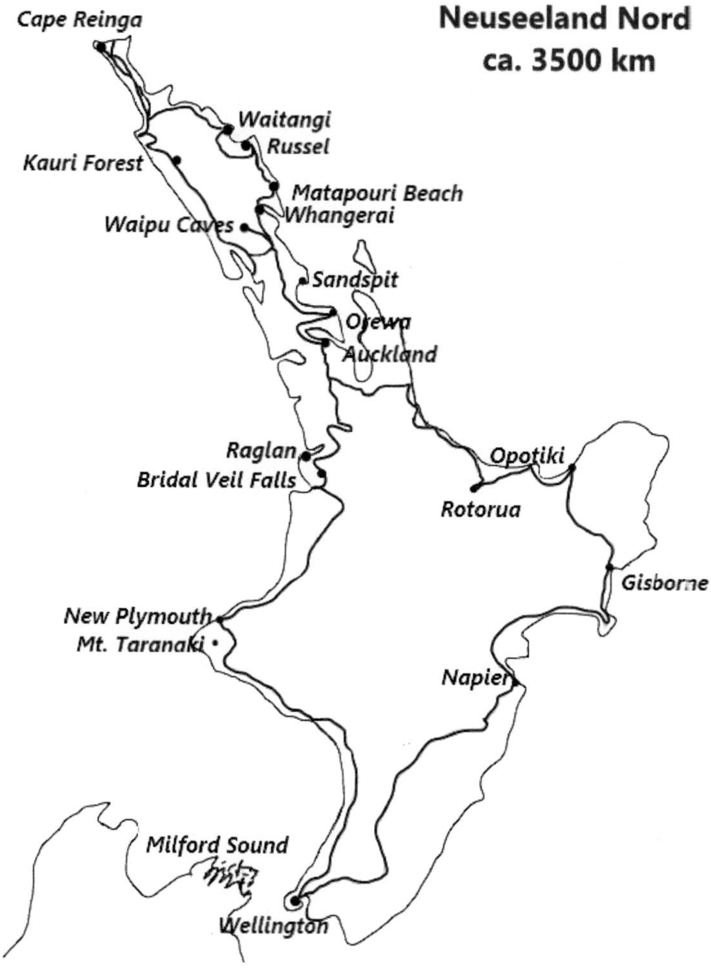
Neuseeland Nord
ca. 3500 km
Cape Reinga
Waitangi
Russel
Kauri Forest
Matapouri Beach
Whangerai
Waipu Caves
Sandspit
Orewa
Auckland
Opotiki
Raglan
Bridal Veil Falls
Rotorua
Gisborne
New Plymouth
Mt. Taranaki
Napier
Milford Sound
Wellington

Neuseeland
Südinsel
ca. 4000 km
Whaririki Beach
Abel Tasman
Gentles Annie Seaside
Milford Sound
Pancake Rocks
Kaikoura
Franz Josef Gletscher
Mt. Cook
Christchurch
Milford Sound
Tekapo
Queenstown
Oamaru
Te Anau
Fjordland
Dunedin
Invercargill
Slope Point

Linkliste

Unterkünfte:
www.misterbnb.com
www.airbnb.com
www.booking.com
www.citysider.com.au
(Appartementanlage in Cairns-Australien)
www.safarinow.com
Ausflüge – Touren:
Www.seastarcruises.com.au
(Cairns Schnorcheln am Great Barrier Reef-Australien)

www.etangolatours.com
(Swakopmund Ausflüge zu den „Little Five"-Namibia)
www.clelandwildlifepark.sa.gov.au
(Tierpark Adelaide-Australien)
www.airsafaris.co.nz
(Flug Lake Tekapo-Neuseeland)
https://themailboat.co.nz/
(Marlborough Sound-Neuseeland)
www.laramontours.com
(Katamaran-Tour in Walvis Bay-Namibia)

Tranport:

www.flugladen.de (Flüge)
www.skyscanner.com (Flüge)
www.adelaidemetro.com.au/planner
(Nahverkehr in Adelaide)

Informationen:

www.wikipedia.de
www.in-australien.com
www.abs.gov.au